普通高等教育“十一五”国家级规划教材

FALÜ SHEHUIXUE JIAOCHENG

法律社会学教程

第3版

陈信勇 著

ZHEJIANG UNIVERSITY PRESS
浙江大学出版社

图书在版编目(CIP)数据

法律社会学教程 / 陈信勇著. —3 版. —杭州：浙江大学出版社，2014. 11（2019. 8重印）

ISBN 978-7-308-14019-5

Ⅰ. ①法… Ⅱ. ①陈… Ⅲ. ①法律社会学—高等学校—教材 Ⅳ. ①D90－052

中国版本图书馆 CIP 数据核字（2014）第 253287 号

法律社会学教程(第三版)

陈信勇　著

责任编辑　曾建林

装帧设计　续设计

出版发行　浙江大学出版社

（杭州市天目山路 148 号　邮政编码 310007）

（网址：http://www.zjupress.com）

排　　版　杭州林智广告有限公司

印　　刷　虎彩印艺股份有限公司

开　　本　710mm×1000mm　1/16

印　　张　20

字　　数　348 千

版 印 次　2014 年 11 月第 3 版　2019 年 8 月第 13 次印刷

书　　号　ISBN 978-7-308-14019-5

定　　价　38.00 元

目录
CONTENTS

第一编　绪　论

第一章　法律社会学学科概述

第一节　法律社会学的研究对象 …… 4
第二节　法律社会学的理论框架 …… 5
第三节　法律社会学的学科价值 …… 10
第四节　法律社会学的学习方法 …… 13

第二章　法律社会学的发展

第一节　法律社会学在国外的发展 …… 21
第二节　法律社会学在中国的发展 …… 32

第二编　本体论

第三章　法律制度要素论

第一节　法律制度的社会学含义 …… 49
第二节　法律制度三要素 …… 54
第三节　法律制度的结构性调适 …… 62
第四节　法律制度的支持系统 …… 66

第四章　法律机构分析

第一节　法律机构的组织特征 …… 75

第二节　法律机构的内部结构 …… 78
第三节　法律机构的外部关系 …… 86
第四节　法律机构的功能分析 …… 90

第五章　法律职业者分析

第一节　法律职业者角色分析 …… 97
第二节　法律职业者共同体 …… 103
第三节　法律职业奖励机制 …… 105

第六章　法律规范体系分析

第一节　法律规范微观分析 …… 111
第二节　法律规范中观分析 …… 114
第三节　法律规范宏观分析 …… 116

第七章　法律制度手段体系分析

第一节　法律制度实用设备 …… 126
第二节　法律制度象征标识 …… 130

第八章　法律制度模式的维护

第一节　法律制度的理想模式 …… 136
第二节　法律机构组织界线的维护 …… 137
第三节　法律职业者的职务保障 …… 139
第四节　法律规范的实施保障 …… 144
第五节　法律制度的手段保障 …… 148

第三编　运行论

第九章　法律制度运行论

第一节　法律制度运行的内涵 …… 153
第二节　法律制度运行的评价 …… 157

第十章　法律与社会变迁

第一节　社会变迁与现代化理论 …………………………… 168
第二节　法律对社会进步的引导 …………………………… 172
第三节　法律对社会退步的遏制 …………………………… 177
第四节　法律参与现代化进程 ……………………………… 180
第五节　法治与生活方式 …………………………………… 183
第六节　中国的法治进程 …………………………………… 187

第十一章　法律与社会冲突

第一节　社会冲突理论 ……………………………………… 191
第二节　社会冲突与法律制度的关联 ……………………… 194
第三节　法律制度内冲突分析 ……………………………… 197
第四节　法律制度外冲突分析 ……………………………… 203

第十二章　法律与社会控制

第一节　越轨、社会问题及社会控制理论 ………………… 213
第二节　通过法律的社会控制 ……………………………… 220
第三节　社会危机的法律控制 ……………………………… 225

第十三章　法律与社会整合

第一节　社会分化与整合理论 ……………………………… 231
第二节　社会分层及其法律整合 …………………………… 234
第三节　社会分工及其法律整合 …………………………… 236
第四节　文化分化及其法律整合 …………………………… 237
第五节　法律制度的分化与整合 …………………………… 238

第十四章　法律与社会政策

第一节　社会公平与社会政策理论 ………………………… 244
第二节　社会政策法律化 …………………………………… 249
第三节　社会政策与社会立法 ……………………………… 251

第十五章　法律与社会文化

第一节　社会文化理论 …… 261
第二节　作为制度文化的法律 …… 265
第三节　作为精神文化的法律 …… 267
第四节　法律制度运行的文化因素 …… 268

第十六章　法律内化

第一节　社会化理论 …… 273
第二节　法律内化过程 …… 275
第三节　法律内化条件 …… 278

第四编　方法论

第十七章　法律社会学研究方法

第一节　法律社会学方法论 …… 283
第二节　法律社会学基本方法 …… 288
第三节　法律社会学操作方法 …… 290

第十八章　法律社会学研究过程

第一节　法律社会学课题设计 …… 298
第二节　法律社会学课题实施 …… 304
第三节　法律社会学课题总结 …… 305

Table of Contents

PART ONE INTRODUCTION

CHAPTER 1 INTRODUCTION TO SOCIOLOGY OF LAW

1.1 The Objects of Sociology of Law 4
1.2 Theory Framework of Sociology of Law 5
1.3 The Value of Sociology of Law 10
1.4 The Methods to Study Sociology of Law 13

CHAPTER 2 THE DEVELOPMENT OF SOCIOLOGY OF LAW

2.1 The Development of Sociology of Law Oversea 21
2.2 The Development of Sociology of Law in China 32

PART TWO THE ONTOLOGY OF LEGAL INSTITUTION

CHAPTER 3 THE ELEMENTS OF LEGAL INSTITUTION

3.1 The Sociological Conceptation of Legal Institution 49
3.2 Three Elements of Legal Institution 54
3.3 The Structural Congruity of Legal Institution 62
3.4 The Sustaining Systems of Legal Institution 66

CHAPTER 4 ANALYSIS TO LEGAL ORGANIZATION

4.1 The Organizational Characteristics of Legal Organization 75

4.2 The Interior Structure of Legal Organization …………………… 78
4.3 The Exterior Connection of Legal Organization ………………… 86
4.4 Functional Analysis of Legal Organization ……………………… 90

CHAPTER 5 ANALYSIS OF THE LEGAL PROFESSIONAL

5.1 Role Analysis of Legal Professional ……………………………… 97
5.2 Legal Professional Community ………………………………… 103
5.3 The Mechanism of Legal Professional Encouragement ……… 105

CHAPTER 6 ANALYSIS OF THE LEGAL NORM SYSTEM

6.1 Microscopic Analysis of Legal Norms ………………………… 111
6.2 Mesoscopic Analysis of Legal Norms ………………………… 114
6.3 Macroscopic Analysis of Legal Norms ………………………… 116

CHAPTER 7 ANALYSIS OF THE LEGAL DEVICE SYSTEM

7.1 Equipments of Legal Institution ……………………………… 126
7.2 Symbols of Legal Institution ………………………………… 130

CHAPTER 8 LATENT PATTERN MAINTENANCE OF LEGAL INSTITUTION

8.1 Ideal Pattern of Legal Institution ……………………………… 136
8.2 Maintenance of Legal Organization Borderline ……………… 137
8.3 Professional Guarantee to Legal Professional ……………… 139
8.4 Actualization Guarantee to Legal Norm ……………………… 144
8.5 Artifice Guarantee to Legal Institution ……………………… 148

PART THREE THE OPERATIONISM OF LEGAL INSTITUTION

CHAPTER 9 LEGAL INSTITUTION OPERATIONISM

9.1 The Intension of Legal Institution Operation ………………… 153
9.2 Evaluation of the Legal Institution Operation ………………… 157

CHAPTER 10 LAW AND SOCIAL CHANGE

10.1 Theory of Social Change and Modernazation ………………… 168

10.2 Juristical Guidance to Social Progress ………………………… 172

10.3 Juristical Restraint to Social Regress ………………………… 177

10.4 Modernazation Progress Be Concerned with Law …………… 180

10.5 Rule of Law and Lifeway ……………………………………… 183

10.6 The Progress of Rule of Law in China ……………………… 187

CHAPTER 11 LAW AND SOCIAL CONFLICT

11.1 Theory of Social Conflict ……………………………………… 191

11.2 The Conjunction of Social Conflict and Legal Institution …… 194

11.3 Analysis of Inner Conflicts of Legal Institution ……………… 197

11.4 Analysis of Exterior Conflicts of Legal Institution ………… 203

CHAPTER 12 LAW AND SOCIAL CONTROL

12.1 Theory of Deviation, Social Problem and Social Control …… 213

12.2 Social Control by Law ………………………………………… 220

12.3 Legal Control to Social Conjuncture ………………………… 225

CHAPTER 13 LAW AND SOCIAL INTEGRATION

13.1 Theory of Social Differentiation and Integration …………… 231

13.2 Social Stratification and its Legal Integration ……………… 234

13.3 Division of Labour and its Legal Integration ……………… 236

13.4 Cultural Differentiation and its Legal Integration …………… 237

13.5 Differentiation and Integration of Legal Institution ………… 238

CHAPTER 14 LAW AND SOCIAL POLICY

14.1 Theory of Social Justice and Social Policy ………………… 244

14.2 Legalization of Social Policy ………………………………… 249

14.3 Social Policy and Social Legislation ………………………… 251

CHAPTER 15 LAW AND SOCIAL CULTURE

15.1 Theory of Social Culture ······ 261
15.2 Law as a Institutional Culture ······ 265
15.3 Law as a Mental Culture ······ 267
15.4 Cultural Elements in the Operation of Legal Institution ······ 268

CHAPTER 16 LEGAL INTERNALIZATION

16.1 Theory of Socialization ······ 273
16.2 Process of Legal Internalization ······ 275
16.3 Condition of Legal Internalization ······ 278

PART FOUR METHODOLOGY OF SOCIOLOGY OF LAW

CHAPTER 17 RESEARCH METHOD OF SOCIOLOGY OF LAW

17.1 Methodology of Sociology of Law ······ 283
17.2 Basic Methods of Sociology of Law ······ 288
17.3 Operational Methods of Sociology of Law ······ 290

CHAPTER 18 RESEARCH PROCESS OF SOCIOLOGY OF LAW

18.1 Project Design in Sociology of Law ······ 298
18.2 Project Actualization in Sociology of Law ······ 304
18.3 Project Summing-up in Sociology of Law ······ 305

第一编　绪　论

第一章　法律社会学学科概述

一个学科之所以成为一个学科，是因为其有独特的研究对象、独特的概念体系、独特的理论体系、独特的方法体系和独特的学科价值。法律社会学[①]作为一门学科，具有与其他学科不同的研究对象，以及不同于其他学科的概念、理论、方法体系和学科价值。

社会学是一门重要的社会科学，是研究社会的结构及其运行规律的社会科学。[②] 社会学可分为理论社会学和应用社会学，前者是关于社会学基础理论的部分，是关于社会结构、社会运行一般问题的理论；后者是社会学的应用部分，是运用社会学原理和方法对现实社会生活具体问题进行研究的学科。应用社会学往往具有学科交叉的特点，并注重实际社会问题的研究。由于社会生活领域的复杂性，应用社会学领域出现诸多分科社会学，如法律社会学（sociology of law）、政治社会学（political sociology）、经济社会学（economic sociology）、文化社会学（cultural sociology）、教育社会学（sociology of education）、宗教社会学（sociology of religion）、犯罪社会学（sociology of crime）、农村社会学（rural sociology）、都市社会学（urban sociology）、发展社会学（sociology of development）、民族社会学（ethnosociology）、劳动社会学（sociology of labor）、工业社会学（industrial sociology）、人口社会学（sociology of population）、家庭社会学（sociology of family）、儿童社会学（sociology of childhood）、老年社会学（sociology of aging）、医学社会学（medical sociology）、体育社会学（sport sociology）、艺术社会学（sociology of art）、知识社会学（sociology of knowledge）、科学社会学（sociology of science）、环境社会学（environmental sociology）、休闲社会学（sociology of leisure）等。法律社会学是其中一门重要的分科社会学。

---

① 法律社会学，也称作法社会学。但法律社会学与社会法学、社会法学派不是同一概念。

② 关于社会学的性质，向来有多种观点，如认为社会学是研究社会的科学，社会学是社会结构的科学，社会学是研究社会关系的科学，社会学是研究社会群体的科学，社会学是研究社会行为的科学，社会学是研究社会制度的科学，等等。郑杭生主编的《社会学概论新修》（中国人民大学出版社 2003 年第 3 版）认为社会学是关于社会良性运行和协调发展的条件和机制的综合性具体社会科学。

本章将对法律社会学学科的研究对象、理论框架、科学价值和学习方法作一简要的阐述。

第一节　法律社会学的研究对象

一、法律社会化

探讨法律社会学的研究对象,需要从法律社会化入手。

人们对"法律社会化"有不同的理解。有人将"法律社会化"理解为个人信赖法律的思想的发展的机制和过程。本书中的"法律社会化"概念是指法律制度如何有机地融入社会结构的机制和过程。它包含狭义和广义两种。狭义的法律社会化是指个体的法律社会化。社会化,在社会学中是指人自身的发展成长过程,即"生物人"转变为"社会人"的过程,包括内化、社会学习、角色学习和获取价值标准等内容。个体的法律社会化是指个体法律知识内化、承担法律角色和适应法治社会的过程。个体的法律社会化是法律制度与社会结构相融合的基本条件之一,同时也是这种融合过程的重要内容。在存在法律制度的社会里,个体均承担各种法律角色,享受、承担法律权利和义务,进行各种法律行为,其中一部分人专门分化出来担任特殊的法律角色——法律职业者(法律人)角色,主持法律制度的运行。因此,研究个体的法律社会化过程,即抓住了法律制度在社会结构中的一处"行踪"。广义的法律社会化既可以指个体的法律社会化,也可以指某一社会群体,甚至一个国家、一个社会的法律社会化,实际上是指法律制度渗透到社会的全部过程和方式。本书中的"法律社会化",除特定场合,一般采用广义。因为,广义的法律社会化可以为法律社会学的研究提供更广阔的视野,具有更丰富的理论价值。

法律社会化有其自身的规律,这正是法律社会学要追寻的目标。法律社会化过程中的课题,与纯法学的课题是不尽相同的,后者侧重于法律制度的自身结构,而前者侧重于社会结构与法律制度的融合,即使在研究法律社会化过程中涉及法律制度自身结构的课题,其出发点和归宿点仍然在于社会结构和法律制度的融合。法律社会化为我们提供了一条新的客观线索。

二、法律社会学研究对象

笔者认为,法律社会学就是研究法律社会化过程及其规律的科学。

从法律社会学的历史看，创始人及其继承者均遵循这一线索，虽然其理论各有差异。法律社会学的课题虽然广泛，但无非是法律与社会之间的种种联系，特别是社会建制法律的过程和法律控制社会的过程。庞德在《社会法学的范围和目的》(1911 年)一书中，强调法律是社会的产物，不仅仅是主权者的命令；法律是社会工程的工具，有计划、有步骤地推进社会和经济的秩序。埃利希在《法律社会学原理》(1913 年)一书中指出，法律导源于社会而非立法与司法等过程或机关。活的法律必须符合社会事实，满足社会需要。卢曼认为，法律在社会中占有一个重要位置，因此必然会有一种社会理论来专门研究社会的法律。①

我国法律社会学学科的学者们也在关注法律社会化过程及其规律这一线索，只是在表述上有所不同。如：

赵震江、季卫东、齐海滨等人认为："法律社会学是对法律现象形成和运动的机制与规律以及法律体系的功能进行客观研究的社会科学。"②

沈宗灵(1923—2012)认为，我国法律社会学的对象是"通过各种社会现实问题来研究法律的实行、功能和效果"。③

陈明华认为，法律社会学"应当是以法与社会实际的联系为基础的、关于法的作用、发展和法现实化的社会条件的一门科学"。④

王子琳、张文显认为，法律社会学"是以法和社会的关系为研究对象，横跨法学和社会学两个领域的边缘学科"。⑤

朱景文认为："法社会学是研究法律与社会的关系的学科，是法学与社会学相互结合的产物。"⑥

第二节　法律社会学的理论框架

一、关于法律社会学学科理论框架的观点

菲利普·塞尔茨尼克认为，法律社会学的研究可分为以下三个阶段：第一

① 卢曼：《社会的法律》，郑伊倩译，人民出版社 2009 年版，前言。
② 赵震江、季卫东、齐海滨：《论法律社会学的意义与研究框架》，《社会学研究》1988 年第 3 期。
③ 沈宗灵：《法律社会学的几个基本理论问题》，《法学杂志》1988 年第 1 期。
④ 陈明华：《法社会学刍议》，《西北政法学院学报》1987 年第 4 期。
⑤ 王子琳主编：《法律社会学》，吉林大学出版社 1991 年版，第 1 页。
⑥ 朱景文主编：《法社会学》，中国人民大学出版社 2005 年版，第 2 页。

阶段是原始或初步阶段,主要工作是运用社会学的概念和原理以说明法的现象;第二阶段是建设阶段,其工作是运用特殊社会学的研究技术与理论于法律现象的调查与分析;第三阶段是完成或成熟阶段,在此阶段中主要任务为建设其本身原理。① 上述观点体现了分科社会学建设的一些规律,可作参考。目前我国的法律社会学尚不成熟,一方面应积极运用(而非消极地、机械地搬用)社会学的成熟的理论和方法,另一方面应积极总结此前我国法律制度经验研究的成果和方法,汲取多方面的理论和经验,不能机械地套用普通社会学或其他分科社会学的概念系统和理论框架。尽管我们应积极引进国外的社会学理论,从中汲取精华,但中国的法律社会学仍应植根于中国的法律制度现实和社会结构现实。总之,应多方汲取,大胆设想,努力构筑出合理的法律社会学理论框架。

庞德在他的《社会学法学的范围和目的》一书中首次系统地提出并阐述了法律社会学的纲领。他认为法律社会学应当坚持以下几点:

1. 研究法律制度和法律学说的实际社会效果,而不是封闭的规范体系和概念。

2. 结合社会学研究和法学研究,为立法作准备。单纯对法律条文进行比较是不够的,更为重要的是研究法律的社会作用和产生的实际效果。

3. 研究使法律规则生效的手段。法律的生命在于它的适用和施行,因而迫切地需要认真、科学地研究如何使大量的立法和司法判例得以生效。

4. 对法律史进行研究,即不是仅仅研究法律原理和原则如何演变,仅仅把它们当作法律资料,而且还要研究这种法律原理和原则在过去发生了什么效果以及是如何发生的。

5. 研究如何使各个案件能够合理地和公正地得到解决。

6. 研究如何使法律的目的更为有效地实现。

庞德的上述阐述对建立本学科的理论框架有一定的启发意义。我们在构筑法律社会学理论框架的时候,应当更多地把目光投向法的社会实践领域。

恢复法制建设以来,我国法律社会学的学者们提出了法律社会学理论框架的若干设想。如:

赵震江等学者于 1988 年提出了法律社会学研究基本构架的初步设想,即:法意识—法文化研究,法行为—法关系研究,法组织—法结构研究,法职业—法专家研究,法功能—法运行研究。② 1998 年,赵震江主编的《法律社会学》分为

① 龙冠海主编:《云五社会科学大辞典·社会学》,台北商务印书馆 1973 年第 2 版,第 115 页。

② 赵震江、季卫东、齐海滨:《论法律社会学的意义与研究框架》,《社会学研究》1988 年第 3 期。

导论、法律规范、法律功能、法律运行、法律职业、法律文化等六个部分。①

王子琳主编的《法律社会学》建立了以下理论体系：导论；法律社会学的对象、范围和方法；法律社会学的法概念；法的社会功能；法律文化；法律社会化；法与社会文明；法与社会制度；法与社会意识；法与社会组织；法与社会控制；法与社会问题；法与社会变迁；法在社会实践中的反差；法律职业。②

马新福在《法社会学导论》中提出如下理论体系：绪论；法的社会基础；法的社会历程；法的社会演化状态；法结构的社会学分析；法的社会功能；法的社会运行；法与社会制度；法与社会分层；法与社会变迁；法与社会文明；法社会化。③

李瑜青等的《法律社会学导论》的体系如下：法律社会学基础理论；法律与社会基础；法律与社会发展；法律职业角色。④

朱景文主编的《法社会学》包括以下四篇：法社会学的概念、框架和方法论；行动中的法：法律、自由裁量与交易；社会对法律作用研究；法律对社会作用研究。⑤

郭星华主编的《法社会学教程》包括理论脉络与研究方法、法律运行与法律秩序和社会转型与法治建设三编。⑥

高其才所著《法社会学》主要包含以下内容：法社会学的基本认识；西方法社会学的发展；西方法社会学的思想；中国法社会学的发展；法与社会的一般关系；中国传统基层社会的社会结构与社会秩序；当代中国法律适用的平衡性；异常行为和异常行为社会学；国家制定法与农村习惯法的关系；法社会学的方法论意义；法社会学问卷调查与问卷设计。⑦

二、法律社会学理论框架设想

（一）法律社会学原理研究与法律社会学应用研究

基于研究层面的考虑，法律社会学可分为法律社会学原理研究（或称为理论法律社会学）和法律社会学应用研究（或称为应用法律社会学）两部分。从西方法律社会学的文献看，法律社会学的研究范围可以分为理论研究（一般研究）

---

① 参见赵震江主编：《法律社会学》，北京大学出版社 1998 年版。
② 参见王子琳主编：《法律社会学》，吉林大学出版社 1991 年版。
③ 参见马新福：《法社会学导论》，吉林人民出版社 1992 年版。
④ 参见李瑜青等：《法律社会学导论》，上海大学出版社 2004 年版。
⑤ 参见朱景文主编：《法社会学》，中国人民大学出版社 2005 年版。
⑥ 参见郭星华主编：《法社会学教程》，中国人民大学出版社 2011 年版。
⑦ 参见高其才：《法社会学》，北京师范大学出版社 2013 年版。

和应用研究(具体研究)两个方面。有的著作侧重于理论研究,有的则侧重于应用研究。

法律社会学原理研究是对法律社会化过程及其规律的一般性研究。法律社会学学科的基本问题,法律社会学思想的发展,应用社会结构理论对法律制度结构的分析,应用社会组织理论对法律机构的分析,应用社会角色对法律职业者的分析,应用社会规范理论对法律规范的分析,应用社会运行理论对法律运行的分析,应用社会变迁、社会冲突、越轨、社会问题、社会控制、社会分层、社会分工、社会公平、社会排斥、社会政策、社会文化等社会学理论对法律运行过程及其功能的分析,法律社会学的研究方法和研究过程等,均属法律社会学原理研究的范畴。本书及前述法律社会学著作均属于法律社会学原理研究的成果。

法律社会学应用研究是根据法律社会学原理对法律社会化具体过程及具体问题的研究。我们可以从以下两条线索对法律社会学应用研究进行分科:

第一,以法律的运行过程为线索,法律社会学应用研究可分为立法社会学、行政社会学、司法社会学等分支学科。刘旺洪认为,立法社会学是法律社会学的分支学科之一,它关注社会立法现象与社会整体系统之间的相互适应、相互推动和相互制约的关系,试图运用现代社会学的观点和方法理性地把握立法的社会本质、目的、功能以及有效立法的社会制约因素,在社会中把握立法,通过立法透视社会。① 行政社会学,或称执法社会学,对行政执法过程及其规律进行法律社会学应用研究。司法社会学则对司法过程及其规律进行法律社会学应用研究。美国的唐·布莱克在《社会学视野中的司法》一书中提到的“案件社会学”,即属司法社会学的范畴。②

第二,以法律部门为线索,法律社会学应用研究可分为宪法社会学、民法社会学、刑法社会学等分支学科。宪法社会学是将宪法规范、宪法制度、宪法意识、宪法关系、宪法运动等宪法现象与政治、经济、文化、教育等社会现象联系起来进行研究的法律社会学分支学科。韩大元认为,宪法社会学在学科性质与功能体系上,能够满足宪法现象多样化的社会需求,为人们从社会角度客观地分析宪法现象提供了有效的研究方法。③ 民法社会学是研究民法现象与社会之间

① 刘旺洪:《立法社会学的几个理论问题论要》,《南京师大学报》社会科学版1996年第4期。

② [美]唐·布莱克:《社会学视野中的司法》,郭星华等译,法律出版社2002年版,第2页。

③ 韩大元:《试论宪法社会学的基本框架与方法》,《浙江学刊》2005年第2期。

关系的法律社会学分支学科。社会思潮、社会价值观与民法基本原则，社会习俗与民法渊源，民法建构和维护社会秩序的功能，社会平等、人权与人格权制度，社会组织化与法人制度，婚姻家庭现象与亲属法制度，财富分配与物权制度，土地制度的演变与土地所有权、使用权制度改革，市场经济体制与民商法律制度，生命科学、生命伦理学与生命法学，灾害、事故与侵权责任制度，风险与保险法律制度等，都属于民法社会学研究的范畴。刑法社会学是研究刑法现象与社会之间关系的法律社会学分支学科。许发民在《刑法的社会学分析》一书中分析了刑法基本原则的社会根据、犯罪界定的社会根据、犯罪构成的社会根据、刑罚的社会根据、刑罚的社会功能等五个问题。[①] 犯罪社会学可以视为刑法社会学的一个分支，是研究犯罪原因和犯罪预防的学科。与其他分支学科相比，犯罪社会学已成为一门较为成熟的学科。

（二）本书的理论框架

从静态和动态研究社会结构与社会运行是社会学研究的两个基本视角。有鉴于此，我们可以将法律社会学的理论框架区分为本体论、运行论两部分，其中本体论立足于法律制度结构的静态研究，是研究法律制度及其构成要素的理论；运行论立足于法律制度运行的动态研究，是研究法律制度运行方式和功能的理论。法律社会学的方法论是相对独立的一个部分，是研究法律社会学方法论、基本方法和操作方法的理论。由此，我们把法律社会学的理论框架分为本体论、运行论和方法论三部分。本书包括绪论、本体论、运行论和方法论等四编。

本书第一编"绪论"（第一章、第二章），是对法律社会学学科及其发展的一般性阐述，包括法律社会学学科概述和法律社会学的发展两章。

第二编"本体论"（第三章至第八章），是对法律制度及其构成要素进行社会学分析的理论。这一部分应用社会学的理论和方法，阐述法律制度的社会学含义，并提出法律制度三要素的理论构想。法律制度三要素是指法律制度主体体系（包括法律机构和法律职业者）、法律规范体系和法律制度手段体系。对上述三大体系分别进行原理创设并研究其相互之间的有机联系，对法律制度结构性调适机制的探索，[②]属于法律社会学学科基础建构的任务。当然还应该研究法律制度的辅助支持系统（如社会组织的规章制度，人民调解、治安保卫组织等具

---

① 参见许发民：《刑法的社会学分析》，法律出版社 2003 年版。

② 法律制度在运行中需要不断调适，这种调适大体可分为结构性调适和功能性调适两类情况。

有替代功能的社会组织),法律制度的理想模式及其维护,理论模式与现实状况的差距等。本体论基本上属于法律制度的结构研究或静态研究(当然是在社会情景中研究)。

第三编"运行论"(第九章至第十六章),是对法律制度运行方式和功能进行社会学分析的理论。这一部分应用社会学的理论和方法,追寻法律社会化的具体轨迹和规律,探讨法律制度运行的内容,合理运行的主、客观条件,法律制度与社会变迁的关系,法律制度与社会冲突的关系,法律制度与社会控制的关系,法律制度与社会整合的关系,以及法律与社会政策的关系,探讨法律的安全阀机制,以及从文化和内化的角度探讨了法律社会化的特殊过程。运行论是对法律制度与社会结构互动关系的动态研究,主要是过程和功能研究,其核心是研究法律制度的社会整合的过程和功能。

第四编"方法论"(第十七章、第十八章)。这一部分是在借鉴社会学现有方法、技术的基础上,结合法律制度现象特点,总结出来的一套研究方法。这套方法着眼于培养社会学想象力,建立法律社会学视角及法律指标体系,广泛进行社会调查研究,获取大量经验材料,并进行科学的统计分析。法律社会学不仅需要定性分析,同时需要定量分析;不仅需要宏观研究,同时需要微观研究。

为保持全书思路的清晰性,在全书之首,以"绪论"(第一章、第二章)总导全书;在第二编"本体论"中,以第三章"法律制度要素论"引导其余各章(第四章至第八章);在第三编"运行论"中,以第九章"法律制度运行论"引导其余各章(第十至十六章);在第三部分"法律社会学方法"(第十七章、第十八章)中,从"社会学想象力"开始引导出法律社会学的具体研究方法和过程。

第三节　法律社会学的学科价值

沿着法律社会化的线索建构一门法律社会学学科,对于中国的法律制度建设和法律科学建设都具有重大意义,也可为社会学开拓新的应用领域。法律社会学承担着新的学术任务和实践功能。

一、法律社会学的学术任务

赵震江等学者指出,"法律社会学从其诞生之日起就担负起打破'法律关门主义'禁锢的历史重任。不同时期、不同国别的法律社会学研究者们(不论他们自己是否有意识地将自己的学术思想和研究成果归入法律社会学的范畴)已在近一个世纪的时间里从法律社会学的视角对法律进行了不同层次、不同角度的研究和探索。而这些研究和探索的成果已经产生并将日益扩大着其深远的影响。”[①]法律社会学已不仅仅是法律学与社会学之间的一个交叉边缘学科，它几乎已经渗透到了当今社会科学领域的各个角落，成为一种被广大社会科学学者广泛接受和采用的思维方式和研究方法。赵震江等学者还指出法律社会学至少可以在以下五个层面上为我国法学理论的发展作出贡献：(1)向其他法律学科提出大量现实课题或命题；(2)对法学命题进行科学验证；(3)总结各种法律现象的经验模型，提出中间层次的理论；(4)发现法律制度的一般原理和规律；(5)从社会整体和发展过程的角度揭示法律的本质属性和基本规律。[②]

法律社会学的学术任务首先体现在它作为一门新学科(法律社会学在国外已有近百年的历史，但在中国仍属新学科)，承担着促进传统法学更新的任务。我们一方面不能低估新中国成立以后特别是恢复法制建设以来中国法学的丰硕成果，另一方面应客观地认识到中国法学在研究方法和研究领域上的局限性。法律社会学为法学提供了一个新视角，为法学开辟了广阔的天地。法律社会学的研究线索，正是现有法学所忽视的线索，法律社会学的研究重心，正是现有法学所欠缺的环节。把法律制度放在活生生的现实生活中去研究，强调法律制度的实际运行，着眼于法律制度与社会结构的融合(尽管在现实社会，法律制度与社会结构存在分离现象，有时甚至达到惊人的程度)，这种理论和方法将促进传统法理学及其他法学学科在理论上和方法上的突破。

其次，法律社会学承担丰富、发展社会学学科的任务。在我国，社会学重建已取得了喜人的成就。通过对马克思主义的和西方的社会学理论的介绍和研究，初步建立起理论社会学的框架，为社会学的进一步发展奠定了基础；应用社会学方面的探索，也打开了新的局面，人口社会学、家庭社会学、文化社会学、社会心理学、科学社会学、军事社会学等分科社会学先后创建起来。法律社会学的创建是大势所趋，它在对法律制度社会化的广泛课题的研究中取得成果，必将与其他分科社会学的研究成果相互借鉴，共同丰富整个社会学的理论宝库。

第三，法律社会学承担促进法律教育改革的任务。法学思想制约法律教育事业，封闭式的法学思想只能导致封闭式的法律教育。法律社会学将法律教育

① 赵震江主编：《法律社会学》，北京大学出版社 1998 年版，第 39 页。

② 参见赵震江、季卫东、齐海滨：《论法律社会学的意义与研究框架》，《社会学研究》1988 年第 3 期。

纳入社会化的有机过程,将法律教育与法律分化和生成、法律运行、法律内化的过程有机地结合在一起,使之成为一个不可分离的整体结构。将法律教育置入这样一个循环系统,法律教育工作者们将会得到新的启示:法律院校并不是封闭的,它是日夜运行着的法律制度的一个部分、一个环节。法律教师将增强自身的主体意识。我们可以按照法律社会化规律的客观要求,规划我国的法律教育事业(包括法律职业教育和法律普及教育),确定法律教育的规模、布局、结构、层次,探索法律教育的新方法,按照个体法律社会化的客观规律,部署全民普及法律常识的宏大社会工程,使之更为有效和深入。法律社会化的思路也就是法律教育改革的思路。

二、法律社会学的实践功能

法律社会学还有一项重要的任务是承担指导法律实践的任务。

王子琳等学者认为法律社会学具有直接为我国的法制建设服务的功能,具体可分解为以下四项功能:

一是描述的功能。法律社会学能够对法律现象作出实证的描述。它根据可经验的事实来说明法与各种社会因素(作为法制的社会环境)之间的相互关系。

二是检测的功能。法律社会学可以用于检测法律理想与社会现实,法制目标与实际效果之间的重合程度,从而为自觉地改进我们的工作创造条件。

三是评价的功能。法律社会学是在充分考察经验事实的基础上作出评价的,其可信度较高。因此,大力开展法律社会学研究将有助于我们在法制建设中发扬成绩,纠正错误,提高效率。

四是预测的功能。预测是理论对实践发挥指导作用的方式之一。法律社会学通过各种技术性方法充分地考察可经验的事实,大量收集资料并按照各种因素相互联系的程度进行分类,在此基础上,对各组相关变量之间的关系进行研究,归纳出一个具有普遍意义的命题。然后,用新近发现的资料和事实对此命题进行反复的检验和修正,得出通则。通则一方面可以用来对未来事件进行预测,一方面还要在实践中继续接受检验。[①]

描述、检测、评价和预测,是法律社会学指导法律制度实践的几种不同的方式。在我国社会主义法治进程中,法律社会学的实践功能将会越来越充分地发

---

① 王子琳主编:《法律社会学》,吉林大学出版社1991年版,第17—20页。

挥出来，正如赵震江等学者所言："法律社会学研究的不断发展，已经促使法律日益成为社会变革与'制度重建'的工具。"①

法律社会学的丰富理论一旦为立法、司法和行政执法工作者、律师等法律职业者掌握，并将其应用于制定、实施(复现)法律制度的过程中，就可使法律制度真正成为社会整合的重要手段，促进我国社会结构的日益完善。法律社会学是加快我国法治进程的不可缺少的理论武器。

第四节　法律社会学的学习方法

一、学习、掌握社会学的基本原理和方法

(一) 掌握社会学的基本原理

社会学是一门博大精深的学问，是法律职业者必备之知识。学习和研究法律社会学，必须具备社会学的基本素养，对社会学的基本概念和基本原理有较好的了解。

我们可以从以下两本教材的体系中了解哪些概念是社会学的基本概念，哪些理论是社会学的基本原理。

郑杭生(1936—2014)主编的《社会学概论新修》共有五编。第一编"社会运行概述"阐述社会学的研究对象、社会运行的条件和机制、社会和社会运行以及文化与社会运行等问题，涉及社会学、社会、社会运行、文化等基本概念；第二编"社会运行的微观分析"阐述人的社会化，社会角色，社会互动，社会群体，家庭、婚姻、性与社会性别等问题，涉及社会化、社会角色、社会互动、社会群体、初级社会群体(首属群体)、家庭、婚姻、性、社会性别等基本概念；第三编"社会运行的宏观分析"阐述社会组织、社会分层与社会流动、社会设置②、社区、城市化、社会变迁与社会现代化等问题，涉及社会组织(次属群体)、社会分层、阶级、阶层、社会不平等、社会流动、社会设置、社会改革、社区、城市化、社会变迁、社会现代化等基本概念；第四编"社会运行的问题与对策分析"阐述社会问题一般理论、主要社会问题、社会控制、社会政策、社会保障与社会工作等问题，涉及社会问

① 赵震江主编：《法律社会学》，北京大学出版社 1998 年版，第 40 页。

② 社会设置，英文 social institution，也译作社会制度、社会建制，不同于 social system，系指在特定的社会活动领域中所创设和形成的一整套持续而稳定的规则体系，包括社会价值观、社会规范体系、权威与地位结构以及社会机构与设施。

题、社会整合、社会转型、社会越轨、社会控制、社会政策、社会保障、社会工作等基本概念;第五编"社会运行的研究手段"阐述社会学研究方法一般理论、个案研究与问卷调查、抽样技术与数据处理基础、社会指标问题,涉及定性分析、定量分析、个案研究、问卷调查、抽样、社会指标等基本概念。①

范和生的《现代社会学》共分七个部分。第一部分"社会学论"阐述什么是社会学、社会学的历程、社会学的方法等问题,涉及社会学、社会调查等基本概念;第二部分"社会论"阐述什么是社会、社会的构成要素等问题,涉及社会、社会转型、社会危机、自然环境、人口、生产方式、文化等基本概念;第三部分"社会关系论"阐述个人、社会行为、社会关系等问题,涉及生物人、社会人、社会行为、社会互动、集体行为、社会运动、社会关系等基本概念;第四部分"社会结构论"阐述社会的自然结构、社会的分析结构、社会的逻辑结构等问题,涉及社会结构、社会群体、初级群体、次级群体、家庭、社区、社会组织、性别结构、种族结构、民族结构、阶级结构、阶层结构、人际关系等基本概念;第五部分"社会运行论"阐述社会运行的一般理论、社会变迁、社会流动等问题,涉及社会运行、社会变迁、社会发展、社会流动等基本概念;第六部分"社会控制论"阐述社会问题、社会控制、社会制度等问题,涉及社会问题、社会控制、越轨行为、社会制度②等基本概念;第七部分"社会保障论"阐述社会保障、社会工作等问题,涉及社会保障、社会工作这两个基本概念。③

(二) 掌握社会学的基本方法

法律社会学从社会学中汲取的不仅是理论,还有方法。社会学方法对于法律社会学来说,其重要性并不亚于社会学理论。

埃米尔·迪尔凯姆④认为,一门学科的产生,必须有它的特殊对象,以及研究这种对象的特殊方法。他在《社会学方法的规则》一书中提出了观察社会现象的规则、区分规则现象和不规则现象的规则、确定社会类型的规则、解释社会现象的规则和检验社会现象的规则。他强调,社会学应独立于哲学,社会学研究方法具有客观性,必须把社会现象当作社会的事务。⑤ 埃米尔·迪尔凯姆的社会学方法虽然带有时代的局限性,但《社会学方法的规则》一书仍值得一读。

---

① 参见郑杭生主编:《社会学概论新修》,中国人民大学出版社 2003 年第 3 版。

② 这里的"社会制度"即 social institution,或称社会设置、社会建制。

③ 参见范和生:《现代社会学》(上、下册),安徽大学出版社 2005 年版。

④ 也译作杜尔克姆、杜尔干。

⑤ [法]埃米尔·迪尔凯姆:《社会学方法的规则》,胡伟译,华夏出版社 1999 年第 2 版。

风笑天的《社会学研究方法》一书将社会研究的方法体系划分为方法论、研究方式和具体方法及技术。①

社会学研究方法,需要学习,更需要在科学研究的实践中运用和掌握。

二、学习、掌握法律制度的基本结构及其功能

不学社会学,就不可能学好法律社会学;但法律社会学要研究的问题毕竟是法律问题,所以要学好法律社会学,必须掌握法律制度的基本结构及其功能。

我们可以从不同的角度观察法律制度的结构。从法律制度构成要素的角度观察,法律制度由主体体系、规范体系和手段体系构成;从法律制度形式特征和文化渊源的角度观察,法律制度有大陆法系(亦称罗马法系、民法法系)、英美法系(亦称普通法系、海洋法系)、中华法系之分;从表现形式方式角度观察,法律制度可分为成文法和习惯法(不成文法);从社会制度本质的角度观察,法律制度有奴隶制法律制度、封建制法律制度、资本主义法律制度和社会主义法律制度之别;从所维护法益的角度观察,法律制度可分为公法、私法和社会法②;从法律制定的依从关系和地位的角度观察,法律制度可分为母法(宪法,根本法)和子法(部门法,普通法);从规定的内容角度观察,法律制度可分为实体法(包括宪法、民商法、行政法、社会法、刑法)和程序法(诉讼法、非诉讼程序法);从适用范围角度观察,法律制度可分为普通法和特别法,法律原则和法律具体规则;从制定和实施的主体角度观察,法律制度可分为国际法和国内法;从制定主体的级别角度观察,法律制度可分为中央法和地方法;按效力层级高低,法律制度可分为宪法、法律(基本法律和法律)、行政法规、军事法规、地方性法规、自治条例和单行条例、部门规章、地方政府规章;从法律体系构成的角度观察,法律制度包括宪法部门、民商法部门、行政法部门、社会法部门、刑法部门以及诉讼与非诉讼程序法部门;从法律制度所调整的社会生活领域角度观察,法律制度可分为政治法、经济法、文化法、社会法。我们还可以作其他分类。

法律制度结构中的不同组成部分各有各的功能。如公法、私法和社会法分

---

① 风笑天:《社会学研究方法》,中国人民大学出版社2005年第2版,第6—9页。

② 公法、私法和社会法之分,是因为确实存在相互不能替代的国家利益、私人利益和社会利益,同时也是因为需要以不同方式维护利益平衡。私法规定平等,以奠定利益平衡基础的方式维护利益平衡;公法规定公权力优先,以公权力抑制强势(包括刑法惩治犯罪,治安管理处罚法制裁违反治安管理行为,税法去有余补不足,等等),恢复利益平衡局面;社会法倾斜保护弱者,通过对劳动者等弱势群体以及脆弱的环境、资源的特别保护,恢复利益平衡局面。故平等、抑强、扶弱分别为私法、公法和社会法之核心理念。

别具有维护国家法益、私人[①]法益和社会法益的功能;宪法、民商法、行政法、社会法、刑法、诉讼与非诉讼程序法具有调整不同领域、不同层次社会关系的功能;国际法和国内法具有维护国际社会秩序和国内社会秩序的不同功能。

学好法理学和部门法学课程,掌握法律制度的基本结构及其功能,掌握具体的法律制度,是学习、研究法律社会学的重要基础。

三、关注社会生活和法律动态

法律社会学看重的是"活法"[②]和"行动中的法"[③],因此不能把视野局限在"书本上的法",而应密切关注社会生活和法律制度的活动状态。法律社会学的学习、研究者,一方面要关注社会生活动态,另一方面要关注立法、执法、司法、守法、学术等方面的前沿动态。

(一) 关注社会生活动态

学习、研究法律社会学,一方面需要掌握有关的理论知识,培育观察和分析社会问题的能力;另一方面需要养成观察社会现象的习惯,既能把握社会的整体结构和社会发展的总趋势,又能对社会生活中有研究和思考价值的突出事件保持敏感,能够将个别的事件、个人的境遇与社会的宏观背景、社会结构相互联系,能够从向我们扑面而来的来自真实世界和虚拟空间的繁杂信息中辨别出有价值的研究选题。比如要观察社会的法治进程,就必须观察这个社会的市场经济、民主政治、道德自觉的进程;思考刑事政策问题,必须观察导致犯罪的各种社会因素,观察社会变迁以及人们应对社会变迁的方式。

社会生活是活生生的教科书,每天都会给我们提出问题和启示。关注社会生活动态,才能感知社会的法律需求,社会被法律改变的事实,社会生活对法律制度的支持或削弱。

(二) 关注立法动态

学习、研究法律社会学,需要及时、全面、准确了解立法动态,对中央立法活动以及具有制度创新价值的地方性立法活动保持敏感。法律是一种公共产品,

① 这里的私人法益不等于个人法益,而是指私法上的法益,国家和集体均可享有"私人法益",即私法上的法益。

② 活法,即 living law,法律社会学创始人埃利希提出的一个概念,是指"与国家执行的法律相对立的社会实行的法律",是人类组织(商会、教会、学校、工会等)的"内在秩序"。

③ 行动中的法,即 law in action,相对于"书本上的法"(law in books)而言,是指在现实中一切发挥法的作用的事物,表现为两种形式:一种是"活法"(相当于"非国家的法"),另一种是现实中的各种法律行为。

具有产品的需求—生产—消费—再生产的生命周期。了解社会大众对法律公共产品的需求，了解法律公共产品的供求状况，了解人们消费法律公共产品的渠道和方式，发现在生产中和消费中的法律公共产品的质量缺陷，是学习、研究法律社会学的重要方式和内容。

(三) 关注执法、司法、守法动态

学习、研究法律社会学，需要了解行政执法者、司法者和包括全体公民和社会组织在内的守法者的执法、司法和守法的真实状态。我们可以通过各种行政活动、行政诉讼的统计数据以及重大事例、典型案例的分析了解行政执法的动态；可以通过司法统计数据以及重大事例、典型案例的分析了解司法的动态；可以通过履约、维权、违法、犯罪等方面统计数据以及重大事例、典型案例的分析了解公民和社会组织的守法状态。

(四) 关注学术动态

学习、研究法律社会学，就要关注学术动态，不断汲取社会学和法律社会学的学术营养。

1. 关注本学科的经典作品和最新研究成果[①]

国内外法律社会学学者为法律社会学的创建和发展进行了艰辛的努力。学习、研究法律社会学，一方面要研读法律社会学的经典作品，另一方面要关注仍在发挥学科推动作用的一批法律社会学学者的最新研究成果。

2. 关注本学科研究前沿问题

可以通过现有文献的阅读，或者社会调查，发现并判断本学科研究有研究前景的前沿问题。法律社会学是一门新兴学科，学科基本原理体系构筑的任务尚未完成，又面临社会主义和谐社会、社会主义法治国家建设以及社会转型期、矛盾凸显期的研究背景，需要研究的问题层出不穷。

四、掌握研究性学习方法

单纯灌输式教学的弊端众所周知。法律社会学的施教与学习尤其不能采取单纯灌输式教学方法，应当采取研究性教学方法。

(一) 研究性教学方法优于单纯灌输式教学方法

所谓研究性教学方法，是指在教师启发下，以学生为中心，发现问题、分析问题和解决问题的教学方法。单纯灌输式教学方法，是以教师为中心，以教师

① 本书每章章末的“文献指引”已经为读者提供了一部分文献目录。

单方面的知识传授为主线,学生被动接受的教学方法。以研究性教学方法替代单纯灌输式教学方法,可以从书本的学习走向生活的学习,从注入知识的学习走向开掘智能的学习,从被动学习走向富于创新精神的主动学习。

(二)将法律社会学课程作为研究型课程进行学习

认真阅读教科书以及其他相关的社会学、法律社会学著作,掌握法律社会学的基本原理和方法是进行法律社会学研究的基础。在课程学习过程中,一方面要制订理论学习计划,明确需要掌握和深入钻研的理论问题,以及需要收集和整理的文献资料和阅读计划;另一方面要制订社会调查计划,明确调查研究选题、调查时间、调查地点、调查组人员组成、调查经费、调查方法、资料收集范围和方式、资料分析方法以及调查成果形式。可以在课程实施过程中进行力所能及的调研项目,也可以在假期实施调研项目。

有关社会学、法律社会学文献的读书报告,社会学、法律社会学文献的译文,有关社会学、法律社会学理论专题的研究综述,有关法律事件或案件的研究综述,法律社会学社会调查报告,法律社会学调研论文,法律社会学学术论文(包括立论性学术论文和商榷性学术论文),均可成为本课程的学习、研究成果。

【重要概念】

社会学(sociology) 理论社会学(theoretical sociology) 应用社会学(applied sociology) 法律社会化(legal socialization) 法律社会学(sociology of law) 法律社会学本体论(the ontology of sociology of law) 法律社会学原理研究(theoretical sociology of law) 法律社会学应用研究(applied sociology of law) 法律社会学运行论(the operationism of sociology of law) 法律社会学方法论(the methodology of sociology of law)

【文献指引】

1. 孙本文(1892—1979)在《社会学原理》一书中曾系统介绍过从19世纪中叶起到20世纪30年代初为止的9种关于社会学的定义:(1)以社会学为研究社会现象的科学,持此说的有孔德、美国的E. A. 罗斯和英国的E. A. 韦斯特马克等;(2)以社会学为研究社会形式的科学,其代表是德国的G. 齐美尔;(3)以社会学为研究社会组织的科学,美国的E. 梅尧—斯密和W. I. 托马斯主此说;(4)以社会学为研究人类成绩或文化的科学,其代表是美国的L. F. 沃德;(5)以社会学为研究社会进步的科学,美国T. N. 卡维尔和蒲希持此说;(6)美国的J.

赖特和C. W. 哈特认为社会学是研究社会关系的科学;(7)美国的A. W. 斯莫尔认为社会学是研究社会过程的科学;(8)P. A. 索罗金认为社会学是研究社会现象间的关系的科学;(9)美国的R. E. 帕克、E. C. 林德曼以及德国的L. von维泽等主张社会学是研究社会行为的科学。参见孙本文:《社会学原理》,商务印书馆1935年版。

2. 关于社会学理论,可以参考社会学教材,如郑杭生主编的《社会学概论新修》,中国人民大学出版社2003年第3版;冯钢主编的《社会学》,浙江大学出版社2004年版;范和生的《现代社会学》(上、下册),安徽大学出版社2005年版;赵孟营主编的《社会学基础》,高等教育出版社2006年版;周运清等的《新编社会学大纲》,武汉大学出版社2004年版;李强主编的《应用社会学》,中国人民大学出版社2004年第2版。

翻译成中文的社会学著作有[美]乔纳森·H. 特纳的《社会学理论的结构》,吴曲辉等译,浙江人民出版社1987年版;[美]刘易斯·科塞等的《社会学导论》,杨心恒等译,南开大学出版社1990年版;[美]戴维·波普诺的《社会学》,李强等译,社会科学文献出版社2006年版;[俄]弗·伊·多博林科夫、阿·伊·克拉夫琴科的《社会学》,张树华、冯育民、杜艳均等译,社会科学文献出版社2006年版等可供参考。

此外还可参阅宋林飞的《西方社会学理论》,南京大学出版社1997年版;刘少杰主编的《国外社会学理论》,高等教育出版社2006年版;贾春增主编的《外国社会学史》,中国人民大学出版社2000年第2版;谢立中主编:《西方社会学名著提要》,江西人民出版社1998年版。

3.《西方社会学名著提要》对社会学创建以来的43部经典著作进行了介绍。阅读该书有助于对社会学学史和社会学经典理论的了解。参见谢立中主编:《西方社会学名著提要》,江西人民出版社1998年版。

4. 魏镛认为,事实上,各种社会科学家研究的最后目标都是人,不过他们是从不同的角度去研究人罢了。体质人类学家是从人类的身体特征去研究人;文化人类学家是从人类生活方式去研究人;心理学家是从人类的思想(即头脑)去研究人;社会学家是从人类的群居生活中去研究人;经济学家是从人类的交换行为中去研究人;政治学家是从人类的权力关系中去研究人;地理学家是从人类与环境的关系中去研究人;历史学家是从人类的"记忆"中去研究人;法律学家是从人类社会中的强制性的规范上去研究人。详见魏镛:《社会科学的性质及发展趋势》,黑龙江教育出版社1989年版。

5. 法律社会学作为一门法学与社会学的交叉学科,与法学以及社会学的学科之间有着密切的联系。赵震江主编的《法律社会学》第四章专门分析了法律社会学与其他学科之间的关系。详见赵震江主编:《法律社会学》,北京大学出版社1998年版。

王威所著《法律社会学——学科辨析与理论源流》一书对此也有详尽的分析。详见王威:《法律社会学——学科辨析与理论源流》,群众出版社2004年版。

6. 从教科书的体系可以了解作者对法律社会学理论构成和研究视角的基本立场。托马斯·莱塞尔(Thomas Raiser,1935—)的《法社会学导论》包括法社会学的性质、法社会学理论家和法律与社会(一般法哲学)等三个部分。参见[德]托马斯·莱塞尔的《法社会学导论》,高旭军等译,上海人民出版社2008年版。

马修·戴弗雷姆(Mathieu Deflem)的《法社会学讲义:学术脉络与理论体系》分成法社会学的理论基础、法社会学的发展与演变、法律的社会学维度和及格法律的特别问题等4编。参见[美]马修·戴弗雷姆:《法社会学讲义:学术脉络与理论体系》,郭星华、邢朝国、梁坤译,北京大学出版社2010年版。

【研究选题】

1. 有的学者认为法律社会学属于法学学科,有的认为属于社会学学科,有的认为是法学的边缘学科,有的认为是法学与社会学的交叉学科。你认为法律社会学是什么性质的学科?

2. 关于法律社会学的研究对象有各种不同的表述,你认为法律社会学的研究对象是什么?

3. 关于法律社会学的理论框架有各种不同的表述,你认为法律社会学的理论框架应当是怎样的?

4. 了解我国法律社会学学者的研究领域及其研究成果。

5. 你准备制订怎样的课程学习和社会调查计划?

第二章 法律社会学的发展

法律社会学作为一门学科诞生于19世纪末至20世纪初的欧洲，而后在美国得到长足的发展。当代法律社会学在欧美、日本以及中国和其他国家都得到了不同程度的发展。

本章将分别阐述法律社会学在国外的发展、法律社会学在中国的发展，以便对该学科的产生和发展有一个概括的了解。

第一节 法律社会学在国外的发展

法律社会学产生的思想根源主要有四个方面：一是欧洲启蒙运动；二是社会学学科的兴起；三是批判概念法学和分析法学的自由法运动；四是马克思主义。在这些运动中，法律社会学的先驱思想家和法律社会学的创始人诞生了。

一、欧洲启蒙运动中的法律社会学思想先驱

欧洲启蒙运动，是17—18世纪欧洲资产阶级和人民大众反对封建专制和教权主义的思想文化运动，是文艺复兴之后近代人类的第二次思想解放运动。启蒙一词，英语为the enlightenment，法语为les lumières，德语为die aufklärung，按照德国哲学家康德的说法，“启蒙”就是使人们脱离未成熟状态，把人们从迷信或偏见中解放出来。启蒙运动提倡理性，批判专制主义、教权主义、等级制度，追求政治民主、权利平等、个人自由，其矛头直接指向欧洲“黑暗的中世纪”。启蒙运动为摧毁腐朽的封建制度、确立资本主义制度作了思想上和理论上的准备。启蒙思想家所宣传的自由、平等、民主和法治的思想，对1775—1783年的北美独立战争、1789年的法国大革命，以及19世纪欧洲爆发的一系列资产阶级革命都产生了极大的影响。欧洲启蒙运动诞生了诸如格劳秀斯、霍布斯、洛克、孟德斯鸠、伏尔泰、卢梭、狄德罗、康德等一大批思想家，以及《论战争与和平法》《利维坦》《政府论》《波斯人信札》《论法的精神》《路易十四的时代》《论风俗》《论人类不平等的起源和基础》《社会契约论》《爱弥儿》《忏悔录》《百科全书》《纯粹理性批判》《实践理性批判》和《判断力批判》等经典著作。

欧洲启蒙运动是法律社会学产生的重要思想根源。其中启蒙运动最卓越的代表人物之一孟德斯鸠(De Montesquieu,1689—1755)所著《论法的精神》是启蒙运动中诞生的第一部政治、法学理论巨著。他在《论法的精神》一书中着重分析了人定法与各种社会现象及自然现象的关系。孟德斯鸠以前的法律学者主要满足于法律条文的解释。“孟德斯鸠则在法律之外,从历史、生活、风俗习惯种种方面去研究法律的‘精神’,从社会的演进去探求这种力量在政制、法律方面所起的作用和一般的规律,这是一个伟大的尝试;它在社会理论的‘前科学’时期,使法学向科学前进了一大步。”[①]在西方法学著作中,他往往被奉为法律社会学的思想先驱。

卢梭(J. J. Rousseau,1712—1778)是18世纪启蒙运动最卓越的代表人物之一,其《社会契约论》为18世纪法国资产阶级民主革命和美国资产阶级民主革命提供了理论纲领。该书的中心思想是:人是生而自由与平等的,国家只能是自由的人民自由协议的产物,如果自由被强力所剥夺,则被剥夺了自由的人民有革命的权利,可以用强力夺回自己的自由;国家的主权在人民,而最好的政体应该是民主共和国。[②]

二、社会学学科兴起过程中的法律社会学思想先驱

社会学学科兴起于19世纪40年代的法国。在社会学产生和形成时期,出现了孔德、斯宾塞、滕尼斯、迪尔凯姆、齐美尔、韦伯和帕累托等著名社会学家,他们的思想都在很大程度上对包括法律社会学创始人在内的后世法律社会学学者产生影响。

社会学的创始人孔德(Auguste Comte,1798—1857)在其六卷本的《实证哲学教程》中首次提出“社会学”的概念和建立实证主义社会学的思想。孔德把社会学定义为社会转型社会秩序和社会进步的科学,[③]并把社会学分为社会静力学和社会动力学。社会静力学研究社会有机体的组织和结构及其各部分之间的相互关系,社会动力学主要是应用关于人类智力发展的三阶段(神学阶段、形而上学阶段和科学或实证阶段)理论解释社会历史的进步规律。孔德虽然没有直接研究法律问题,但他的社会学的目的论和方法论却启

① 张雁深:《孟德斯鸠和他的著作》,《论法的精神》译序,商务印书馆1961年版,上册第18页。

② 参见卢梭:《社会契约论》,何兆武译,商务印书馆1997年版。

③ 巴西的国旗上用葡萄牙文写着孔德的格言:“ORDEM E PROGRESSO”(秩序和进步)。

发了一大批学者运用社会学的原理和方法观察和研究法律现象，开始把法律置于社会中进行实证研究，把法学和社会学结合起来，对法律社会学的诞生与发展均有很大的影响。

迪尔凯姆（Emile Durkheim，1858—1917），法国社会学巨擘。他在一生的学术生涯中，发表了诸如《社会劳动分工论》《自杀论》《宗教生活的基本形式》和《社会学方法论》等名著，其法律社会学思想可参阅后人编纂的《迪尔凯姆与法》一书。他对于法律和法律现象的思考贯穿于其全部著作，尤其在《社会劳动分工论》中对于法律与社会之间的连带关系的研究。由他创办的《社会学年鉴》对法律制度以及法律社会学的讨论，一直持续到第一次世界大战爆发。但迪尔凯姆的学说尚不能构成真正意义上的“法律社会学”。

齐美尔（Georg Simmel，1858—1918）是德国早期社会学的代表人物之一。他强调社会学以社会交往形式为其研究对象，故在社会学史上称他的社会学为形式社会学，其社会学代表作有《社会学：关于社会交往形式的研究》《社会学基本问题：个人与社会》。齐美尔指出了他认为比较重要的一些社会交往形式，如：统治、服从、竞争、合作、党派、分工、亲密、疏远、权力交换、上层制度和下层制度、群体的外部界限和内部结合等等。齐美尔对社会冲突类型与功能的研究成果，不仅对此后的冲突论主要人物科塞产生重要影响，也给法律社会学学者以较大的启发。

三、对概念法学和分析法学的反思促使法律社会学诞生

（一）概念法学和分析法学

概念法学源于德国的潘德克吞法学，从萨维尼的弟子普希达开始出现概念法学的倾向，温特夏德更将概念法学推向顶峰。到了 19 世纪后期，概念法学已成为大陆法系国家的共同现象，对于普通法系国家如英美等国也有相当影响。直到 20 世纪初期，概念法学占据了支配地位。概念法学在法源上独尊成文法，排斥习惯法和判例；强调法律体系具有逻辑自足性，不承认法律有漏洞；法律解释着重于形式逻辑的操作，排除利益衡量及目的考量；否定法官的能动作用，否定司法活动的造法功能；认为法学系纯粹的理论认识活动，无须进行价值判断。①

分析法学是 19 世纪西方法学的一个主要法学流派之一，边沁（1748—

① 梁慧星：《民法解释学》，中国政法大学出版社 1995 年版，第 62 页。

1832)是倡导者,奥斯丁(1790—1859)是真正的奠基者。1832年,奥斯丁出版了生前出版的唯一著作——《法理学的范围》①。奥斯丁夫人整理了奥斯丁生前准备的大量的法理学讲稿,于1861年出版了定名为《法理学讲义》的著作。《法理学讲义》所开创的新的法学研究方法和在此方法下确立的法理学研究对象,使奥斯丁成了分析法学之父。哈特在总结奥斯丁的理论时,把奥斯丁的理论分为三个部分:第一,法律命令说,即法律是主权者的一种命令,这种命令以制裁作为后盾;第二,严格区分法律和道德,法理学的任务是研究法律,而不管它道德上的善与恶,也就是后人所谓的"恶法亦法";第三,严格界定法理学的任务,区分"法律的应然"和"法律的实然",将法理学的研究范围限定于"法律的实然"。

(二) 批判概念法学和分析法学的自由法运动

概念法学和分析法学所存在的不顾社会事实,将法律与社会生活隔离的弊端,引起当时一些法学家的批评。学者基尔希曼(1802—1884)率先发难,对主流派的概念法学大加抨击。此后,耶林的目的法学,撒莱(1855—1912)、惹尼(1861—1953)的科学学派,埃利希、坎特诺维茨(1877—1940)的自由法学派,赫克(1858—1943)的利益法学形成了批判概念法学和分析法学的自由法运动。法律社会学就是在这场自由法运动中诞生的。

耶林(Rudlof Jhering,1818—1892),德国法学家。他的法理学名著《为权利而斗争》《法律的目的》从"法是国家权力通过外部强制手段所保证实现的最广义的社会生活条件的总和"和"权利的基础是利益"的认识出发,深入探讨了法律的目的以及法律是如何处理互相冲突的利益的。他对概念法学的批判,启发后人跳出法律条文去探索法律背后的社会利益和社会需要。

(三) 社会连带主义法学

与自由法运动并驾齐驱发展起来的另一个欧洲法律社会学派别,是法国的社会连带主义法学。社会连带主义法学派首创人狄骥(Leon Duguit,1859—1928),是一位深受社会学家孔德和迪尔凯姆影响的法国法学家,主要著作有《法和国家》(1901年)、《公法研究》(1901—1902年)、《社会权利、个人权利和国家的变迁》(1908年)、《宪法论》(1911年)、《从拿破仑法典以来私法的变迁》(1912年)和《公法的变迁》(1913年)等。狄骥学说的主要思想渊源来自孔德的实证主义哲学和法国社会学家迪尔凯姆在《社会劳动分工论》(1893年)中所阐述的社会连带主义理论。他认为,社会连带关系包括同求的连带关系

① 有中译本《法理学的范围》,刘星译,中国法制出版社2002年版。

(即人们有共同需要,只能通过共同生活才能满足这一关系)和分工的连带关系(即人们有不同的能力和需要,必须通过交换服务才能满足这种需要),构成包括法在内的一切社会规范的基础。社会连带关系产生出三种“客观的”社会规范,即经济规范、道德规范和法律规范,其中法律规范属于最高等级。在人与人互相依赖的社会中,只有服从连带关系的义务,服从维护和发展集体生活的义务。

(四) 法律社会学学科的主要创始人

在诸多先驱思想家的努力下,法律社会学到了呼之欲出的时刻。韦伯、埃利希、坎特诺维茨、庞德等学者的卓越贡献,最终促成了法律社会学的诞生。

1. 埃利希

埃利希(Eugen Ehrlich,1862—1922),德国法学家(原籍奥地利),自由法学派代表人物。主要著作有《法律的自由发现和自由法学》《法律社会学基本原理》[①]和《法学逻辑》,其中《法律社会学基本原理》一书为他赢得“欧洲法律社会学之父”的称号。埃利希提出“活法论”,认为无论现在和过去,法发展的重心不在立法,不在法学,也不在司法判决,而在社会本身。他所谓的“活法”(living law),是指“与国家执行的法律相对立的社会实行的法律”,是人类组织(商会、教会、学校、工会等)的“内在秩序”。“活法”不仅是原始的法的形式,而且直至今天,仍然是最基本的法的形式。由此,埃利希极力主张法官应当自由地去发现“活法”。

2. 韦伯

韦伯(Max Weber,1864—1920),德国社会学巨匠。他在西方社会学的发展中居于中心地位。韦伯对法律现象给予极大的关注,其遗作《经济、诸社会领域及权力》[②]研究了社会学的法律概念,国家法律与超国家法律,法律、惯例与习俗法律与经济最一般关系等问题,被公认为法律社会学的经典著作。当代一些

---

① 埃利希的《法律社会学基本原理》一书共分 21 章,内容依次为:实用的法概念;社会性组织的内部秩序;社会组织与社会规范;社会的强制规范和国家的强制规范;法的事实;审判规范;国家与法;法规的形成;法规的构造;正义的内容;罗马、英国、早期德国的法学;德国普通法学的历史倾向;法学的任务;国家法;在国家和社会中法的变迁;法律家法的制度法化;习惯法的理论;法社会学的方法等。它对法社会学的诞生作出的贡献主要在于四个方面:第一,将法视为社会团体(组织)、社会生活演变的一个组成部分;第二,提出了“活的法律”理论;第三,第一部以“法社会学”为书名的著作,构筑了一个比较系统完整的法社会学理论体系,宣告了法社会学的正式成立;第四,提出用社会学来观察、研究法这一社会现象的法社会学方法。参见何勤华主编:《二十世纪百位法律家》,法律出版社 2001 年版,第 322—328 页。

② 参见《经济、诸社会领域及权力》,甘阳编,李强译,生活·读书·新知三联书店 1998 年版。

法律社会学家认为,韦伯对法律社会学所作出的最主要的贡献在于提出了法律社会学面临的三个主要难题,即法律与统治的关系问题,法律与政治结构(特别是与国家)的关系问题,以及法律与经济之间的关系问题。而对这三个难题的解答将仍然在很大程度上构成当代法律社会学理论发展的基本框架。韦伯关于合理性法律秩序的问题,是他对于现代资本主义社会分析的一项核心内容。韦伯被认为是现代法律社会学的主要创始人之一。

3. 庞德

庞德(Roscoe Pound,1870—1964),美国社会法学的创立者。庞德一生著作等身,其中最重要的著作有《社会法学的范围和目的》《普通法的精神》《法律哲学总论》《法律史解释》《法律和道德》《通过法律的社会控制》《法律的任务》《法理学》等。他对法律社会学的贡献,主要体现在以下几个方面:批判"机械主义法学",强调法律的社会目的和效果;反对法哲学在理论上的闭关自守,提倡法学流派的联合,汲取其他社会科学的成就;提出法律的社会控制理论,认为道德是早期国家的主要社会控制手段,宗教是中世纪国家的主要社会控制手段,法律是近代社会的主要社会控制手段,通过法律的社会控制的目的是"在最少的阻碍和浪费的情况下给予整个利益方案以最大的效果";提出法律系统工程论,认为法律是一项社会工程。

4. 坎特诺维茨[1]

坎特诺维茨(H. Kantorowicz,1877—1940),欧洲社会法学派的领袖人物。主要著作有《法学与社会学》《为法律科学而斗争》《罗马法注释派研究》《法的定义》。他主张法学和社会学的结合,认为没有社会学的法学是空洞的,没有法学的社会学是盲目的。他把法定义为"规定外部行为的、其适用是由法官进行的规则的总和",法分为"正式法"和"自由法",自由法——习惯、法律解释、判例理由、法学家的权威论述等也是法的渊源。在正式法的空白点,法官不得不求助于自由法,法官的职责不限于适用现成的法律,还应当创制法律规则。

四、马克思主义的社会学思想

马克思主义社会学是由马克思和恩格斯共同创立的,由后来的马克思主义理论家和社会思想家经过不懈的努力和斗争逐步丰富和发展起来的,根本不同于以孔德为创始人的西方社会学的社会学。

① 也译作康托诺维其。

马克思主义社会学思想产生于19世纪40—80年代，以马克思和恩格斯共同创立的基本理论和方法为主要内容。其基本特点是，以揭露批判资本主义社会弊端为己任，以推翻资本主义制度为目标。在《英国工人阶级状况》《德意志意识形态》《〈政治经济学批判〉序言》《资本论》和《家庭、私有制和国家的起源》等一系列著作中，马克思和恩格斯逐渐形成和确立了马克思主义社会学思想的基础，即唯物主义历史观。这种历史观，把人们在社会生产中必然形成的，同他们的物质生产力的发展阶段相适合的生产关系的总和，即社会的经济结构，看作是决定整个人类社会生活的基础；把受它制约并与之相适应的法律、政治及其意识形态称之为上层建筑，以社会生产力的发展为最终动力所引起的两大结构之间的矛盾运动及其阶级斗争的表现形式，决定了整个人类社会历史的变迁过程。在这一总的原则指导下，马克思和恩格斯对资本主义社会的经济结构、政治结构、阶级结构和思想文化结构之间的关系和作用，以及它们的产生、存在、发展和灭亡的必然规律，进行了大量而详细的社会学的科学探讨。在科学研究中，他们创造并娴熟地运用了多种社会学方法，创立了具有鲜明的科学性、革命性和实践性的无产阶级的社会学理论。①

五、法律社会学在欧美、日本等国的发展

在西方法律社会学诞生以后，该学科的发展重心转移到了美国。美国现实主义法学派以及此后的“伯克利学派”和“纯粹法律社会学”均产生了较大的学术影响。“伯克利学派”和“纯粹法律社会学”之间的学术争论引起了广泛的关注。北欧、日本、苏联以及一些发展中国家的法律社会学也随之兴起。

1. 美国的社会法学、现实主义法学、“纯粹法律社会学”和批判法律研究运动

在美国法律社会学发展过程中，先后出现过的社会法学、现实主义法学、“纯粹法律社会学”和批判法律研究运动等流派。

美国现实主义法学②的创始人是美国大法官霍姆斯（Oliver Wendell Holmes, Jr. 1841—1935）。霍姆斯著有《普通法》。他基于实用主义和经验主义观点，认为法律“大体上相当于社会方便的东西”，“法律的生命不是逻辑，而是经验”，法律就是对法院的判决所作的预测。霍姆斯对此后的美国社会法学

① 参见百度百科“马克思主义社会学思想史”条目。

② 也译作实用主义法学。

产生了巨大影响。

卡多佐(Benjamin N. Cardozo,1870—1938)美国历史上最伟大的法官之一,美国社会法学的代表人物之一,被公认为全美最聪明的法学家,著有《司法过程的性质》《法律的成长》《法律科学的悖论》《法律与科学》。[①] 卡多佐认为司法必须与社会现实相适应,要想司法取得预期的效果,关键在于法官选择正确的司法方法。卡多佐把司法方法分为四类:哲学方法(也称逻辑方法)、历史方法(进化论方法)、习惯方法(传统方法)、社会学方法,并认为社会学方法将成为最重要的司法方法。

弗兰克(Jerome New Frank,1889—1957),美国现实主义法学的主要代表人物之一,曾任律师、政府官员和法官,著有《法律和现代精神》《开庭期间的法庭》《法官是人吗?》等。弗兰克认为,法全部是由法院作出的判决组成的,是法院的判决或关于法院判决的推测。法官个人癖性的好恶,是形成司法判决的决定性因素。弗兰克以法律案件事实的虚无主义或事实怀疑论著称。

卢埃林(Karl Nickerson Llewellyn,1893—1962),美国现实主义法学的另一主要代表人物,历任耶鲁大学、哥伦比亚大学、芝加哥大学法学教授,著有《棘丛——法律及其研究》《美国判例制度》《普通法传统——上诉审》和《法理学:现实主义的理论和实践》等。卢埃林反对传统法学,高扬具有批评和改革精神的现实主义法学旗帜,驳斥概念法学派的教条论。他以法律虚无主义著称,其观点主要表现在他本人归纳的四点上:(1)由于法律概念的可变性,所以要看重法官实际创造的法;(2)社会变化比法律变化更快,所以任何一部分法律都需要重新加以审订,以便为社会服务;(3)要把法律中的"应然"同"实然"分开,以避免影响法官对实际的观察;(4)怀疑约定俗成的价值规则对法官判决有决定性的影响。

加利福尼亚大学伯克利分校法律和社会研究中心主任塞尔茨尼克(Philip Selznick,1919—2010)及其弟子诺内特(Philippe Nonet,1939—)等法律社会学学者创立了"伯克利学派",不断地探求说明法怎样适应社会需求、解决现实问题,积极为解决各种社会问题提供对策。塞尔茨尼克继承和发展了古典法律社会学,他认为法律社会学的发展经历了"交流看法"的阶段、"社会学工匠"的阶段和"真正的理性上自治和成熟"的阶段等三个阶段。在第三阶段,

① 中译本有:《司法过程的性质》,苏力译,商务印书馆1998年版;《法律的成长 法律科学的悖论》,董炯、彭冰译,中国法制出版社2002年版。

法律社会学家重新研究理性在法律秩序中的作用，合法性，道德上的权威，社会的正义基础等重大理论问题。诺内特与塞尔茨尼克合著的《转变中的法律与社会：迈向回应型法》一书，提出了法律的三类型论，即把社会上存在的法律分为三种类型：压制型法、自治型法和回应型法。塞尔茨尼克著有《法律社会学》《社会学与自然法》《法律、社会与工业正义》等，诺内特著有《行政的正义》《行政司法》等。

布莱克（Donald Black，1941—　）是美国"纯粹法律社会学"的代表人物，著有《法律社会学的范围》《法律的运作行为》[①]、《警察的行为方式》《社会控制的一般理论》《社会学视野中的司法》等。受凯尔森纯粹法学的影响，布莱克提出一种纯粹法律社会学的观点。他认为"真正的法律社会学不应卷入对法律政策的评价"[②]。在《法律的运作行为》一书中，他试图建立一个超越时空的命题体系，用以在定量分析层次上说明贯穿于"社会宇宙"（social space）之中的法的运行轨迹。他认为社会生活有若干可变方面，包括分层、形态、文化、组织性和社会控制，法律是政府对社会的控制，并提出了法律变化的定量分析与预测的一系列命题，从而开始了对法律变化的定量分析与预测研究的先河。

批判法律研究运动是美国于 20 世纪 70 年代末兴起的一股批判美国乃至整个西方法律传统的左翼思潮，主要代表人物有昂格尔（Roberto M. Unger，1947—　）、肯尼迪（Duncan Kennedy）、楚贝克（David M. Trubek）、图什内特（Mark Tushnet）、霍维茨（Morton Horwitz）、戈登（Robert Gordon）和凯尔曼（Mark G. Kelman）等。批判法律研究运动是一个反潮流的学术运动，其学术观点与传统法学观点有很大的不同，朱景文先生将其基本观点概括为以下三点：第一，法律推理的非确定性。法律推理的大前提和小前提都具有非确定性，某一案件究竟适用什么法律规则，确认哪些事实，都不是客观决定的，而是法官或陪审员选择和认定的，它是人的选择的产物，因此无客观性可言，判决的结果依司法人员的选择为转移，必然是非确定的。第二，法反映统治者的意志。法比统治阶级的直接暴力包含着更多的东西，它把社会上占统治地位的观念与关系以普遍化的形式固定下来，把偶然的、社会的产物装扮成必然的、自然的产物，把有政治倾向、有利于统治者的东西打扮成中性的、有利于全社会的东西。第三，法不是适应社会需要的必然产物，而是阶级统治的偶然产物。法是政治

① 中译本有《法律的运作行为》，唐越、苏力译，中国政法大学出版社 1994 年版。

② 沈宗灵：《现代西方法理学》，北京大学出版 1992 年版，第 336 页。

的,是不同社会力量、阶级、个人相互斗争的产物,完全没有必然性可言。[①]

2. 欧洲法律社会学的发展

欧洲的法律社会学在二战前后出现了断层,20 世纪 60 年代末开始复苏。

英国著名法律社会学家科特威尔(Roger Cotterrell,1946—)于 1984 年出版其代表作《法律社会学导论》,标志着英国法学家在法律社会学领域有所建树。该书涉及的主要内容有:法律研究的理论和方法;法律的社会基础;作为社会变迁工具的法律;法律的整合机制;法律、权力和意识形态;法律的接受及其合法性;法律职业保护;法官、法院和诉讼;法律的执行和援引;对法律的预测等。他认为,为了克服法律实证主义的缺陷,需要对法律进行综合性的社会学研究,因为在社会科学中唯独社会学具备这种综合性。[②]

德国二战后杰出的法律社会学家卢曼[③](Niklas Luhmann,1927—1998)于 1985 年出版其代表作《法社会学理论》。卢曼的理论基础来自哈佛大学的教授、20 世纪社会学的领袖人物帕森斯(Talcott Parsons,1902—1979)的社会系统理论。他认为,法与社会不可分离,人类的共同生活,都直接或间接地带有法的性质。应当将法和社会结合起来研究,即必须将作为社会结构之一部分的法和作为社会系统的全体社会,置于彼此具有相互依存关系的角度来进行观察、研究,这种研究就是法律社会学。卢曼还提出法和社会之间关系的"三纬度"(暂时性纬度、社会性纬度、实在性纬度)和法律发展的三种类型(古代法、前现代法、实在法)。[④]

3. 日本

日本法社会学的萌芽可追溯到明治时代穗积陈重的《法律进化论》与冈松参太郎的民间习惯研究,但日本法律社会学的形成与发展是第一次世界大战以后在末弘严太郎领导下实现的。日本法社会学的代表人物有末弘严太郎、川岛武宜、六本佳平、棚濑孝雄以及马克思主义法律社会学家渡边洋三。

末弘严太郎(1888—1951),1920 年开始用社会学理论研究法律问题,对日本近现代法学的发展的贡献,主要表现在三个方面:首先,末弘严太郎是日本现代法律社会学学科的创始人之一,他运用社会学方法对日本社会中的一些特有

---

① 朱景文主编:《对西方法律传统的挑战——美国批判法律研究运动》,中国检察出版社 1996 年版,第 11—13 页。

② 参见[英]罗杰·科特威尔:《法律社会学导论》,潘大松等译,华夏出版社 1989 年版。

③ 也译作鲁曼。

④ 参见高宣扬:《鲁曼社会系统理论与现代性》,中国人民大学出版社 2005 年版。

的重大法律问题进行考察、分析，出版了《物权法》《民法杂考》《民法杂记账》和《劳动法研究》；第二，末弘严太郎与穗积陈重一起创建了民法判例研究会，编辑发行《判例民法》，率先在日本开始了判例研究；第三，末弘严太郎积极投身于日本劳动法制建设和劳动法学的研究，为日本劳动法学科的诞生和发展奠定了基础。[①]

川岛武宜(1909—1992)，日本当代民法学家、法律社会学家和法律文化学家，著有《日本社会的家族性构成》《日本人的法律意识》《法社会学中法的存在构造》《"作为科学的法律学"及其发展》《所有权法的理论》和《民法解释学的诸问题》等。川岛武宜的法律社会学体系包括启蒙和反思两个方面，其中启蒙性方面由六本佳平继承，反思性方面则由棚濑孝雄继承。

渡边洋三(1921—2006)，日本当代马克思主义法律社会学家、民法学家，著有《法社会学与法解释学》《现代法与经济》《现代法的构造》以及《法社会学与马克思主义法学》。《法社会学与马克思主义法学》是战后马克思主义法学的代表作之一，该书共分六个部分：第一部分为序论，分析马克思主义法学对各国法社会学的影响和其本人研究马克思主义法学的历程以及他对马克思主义法学原理的理解；第二部分阐述了马克思主义关于资产阶级法的基础理论；第三部分为市民法与现代法之关系；第四部分是财产制度；第五部分为阶级斗争与法；第六部分为补论，阐述战后日本现代法的状况以及《日本资本主义发达史讲座》在日本现代民主主义法学发展中的地位等问题。

六本佳平(1939—　)，日本当代法社会学家，著有《民事纠纷的法律解决》《法社会学教材》《日本法与日本社会》[②]等。《法社会学教材》(有斐阁 1986 年版)包括总论和分论，总论包括古典法社会学、法的社会学理论、日本的法社会学、经验的探究方法等内容；分论包括法律意识、纠纷的非公式处理、法律运用、律师与法律服务、审判过程等内容。六本认为，法社会学研究主要包括三个领域：法律的社会学理论；法律与社会的变动理论；法律运行过程理论。

棚濑孝雄(1943—　)，日本当代法社会学家，以解决纠纷和审判程序方面的开拓性学说而闻名，著有《本人诉讼的审理结构——自治的司法模式》《现代社会与律师》和《纠纷与审判的法社会学》等。[③] 他在方法论上最初得益于帕森

① 参见何勤华主编：《二十世纪百位法律家》，法律出版社 2001 年版，第 424—426 页。

② 中译本有《日本法与日本社会》，刘银良译，中国政法大学出版社 2006 年版。

③ 中译本有《纠纷解决与审判制度》，王亚新译，中国政法大学出版社 1994 年版；《现代日本的法与秩序》，易平译，中国政法大学出版社 2002 年版。

斯的结构功能分析,后来转而倡导以行为主体为中心的过程分析或称之为“方法论个人主义”,因此表现出从个案归纳一般类型、从微观总结宏观理论、从动态寻求均衡关系的特色。

第二节 法律社会学在中国的发展

法律社会学于19世纪末至20世纪初在西方兴起,西学东渐,中国学者也开始了法律社会学的探索。由于新中国成立以后社会学学科被当作“资产阶级学科”撤销,法学也好运不长,所以法律社会学学科停滞多年,最终才被改革开放的春风唤醒。中国法律社会学的发展大致上可分为1949年以前的发展和1980年以来的复兴与发展两个阶段。

一、1949年以前法律社会学的发展

1949年以前,我国法律社会学的发展又可细分为三个阶段:法社会学在中国的早期萌芽(19世纪末至1911年);法社会学在中国的初兴(1912—1927年);法社会学在中国的短暂繁荣(1928—1949年)。[①]

(一)法社会学在中国的早期萌芽(19世纪末至1911年)

这一阶段的主要成果是移译若干西方法律社会学著作,并出现关注社会法律问题的风气。

对中国思想界产生极大影响的严译八大名著,在这一阶段翻译出版。这八大名著包括:《天演论》(即赫胥黎的《进化论与伦理学》)、《群己权界论》(即约翰·密尔的《论自由》)、《穆勒名学》(即约翰·密尔的《逻辑学体系》)、《群学肄言》(即斯宾塞的《社会学研究》)、《原富》(即亚当·斯密的《国民财富的性质和来源》)、《法意》(即孟德斯鸠的《论法的精神》)、《社会通诠》(即甄克思的《政治学的历史》)、《名学浅说》(即耶方斯的《逻辑学入门》)。严复(1853—1921)所译著作中的《法意》属于法律社会学著作,《群学肄言》则是社会学最早的译著。

此外,留日学生创立的译书汇编社翻译了卢梭的《民约论》(即《社会契约论》)、孟德斯鸠的《万法精理》(即《论法的精神》)、耶林的《权利竞争论》(即《为权利而斗争》)、海留司烈的《社会行政法论》、斯宾塞的《政治进化论》和《社会平

① 参见韩亚峰:《法社会学在中国早期发展史略》,载于郑永流主编《法哲学与法社会学论丛》(七),中国政法大学出版社2005年版。

权论》等。其他翻译团体也有许多翻译作品。

在这一阶段，严复大量译介西方社会科学著作，传播西方自由、平等、民主思想；沈家本(1840—1913)主持修律，主张会通中西，都为国人开阔视野，关注和研究社会法律问题，发挥了重要作用。但这一时期并未明确提出法律社会学的概念和进行学科建设。

(二) 法社会学在中国的初兴(1912—1927 年)

这一阶段除继续移译西方法律社会学著作外，也出现了中国学者对法律社会学的初步研究。

这一阶段出现了"法律社会学"概念[①]，对西方法律社会学理论的介绍和研究走向深入。朝阳大学同学会创办的《法律评论》、东吴大学法律学院创办的《法学季刊》以及《北洋法政学报》、北京法政同志研究会创办的《法政学报》、北京法律周刊事务所创办的《法律周刊》等在译介和传播西方法律社会学著作和理论方面均有建树。

在这一阶段，李炘著《法形论》(根据穗积陈重、穗积重远的作品编译而成)、《思达本蘖法律学说大纲》(介绍德国新康德主义代表人物施塔姆勒法学理论的专著)、《社会法学派》(该书介绍法学研究方法及派别、社会法学派的沿革和代表人物)；张志让发表《法国立法司法两权之消长》《社会法学派之起源主义及批判》等论文，并对狄骥的理论进行述评；吴经雄发表《霍姆斯大法官的法律哲学》《法律三度论》《法律的艺术》和《庞德之法律哲学》等论文，为中国开展自觉的法律社会学研究作出了贡献。

(三) 法社会学在中国的短暂繁荣(1928—1949 年)

这一阶段除大量移译欧美法律社会学著作外，对法律社会学的研究走向深入，出现法律社会学的经典作品。

在这一阶段，美国庞德的《法学史》(时译《法学肄言》)、《法律的目的》(时译《法律之目的》)，卡多佐的《法律的成长》(时译《法律的意义》)、《司法过程的性质》(时译《裁判论》)，霍姆斯的《法律之道路》《普通法》(《英美普通法之精神》)，法国鲍那尔的《狄骥的著作及其学说》，日本穗积陈重的《法理学大纲》《法律进化论》，牧野英一的《法律上之进化与进步》等法律社会学著作被译成中文。

① 此外还出现"法社会学""社会法""社会法学""社会法学派""社会学法学""社会化法律""法律社会化"等用语。

除此之外，中国的法律社会学家也开始尝试构筑法律社会学原理，探讨中国的法律社会实际问题。

张知本(1881—1976)于1931年出版《社会法律学》[①]。该书共分以下七章：社会法律学的意义；社会法律学之发生；社会法律学之派别；社会法律学之法律观；社会进化与法律；今日应有之立法；现代法律社会之趋势。该书是近代中国法律学人所著第一部法律社会学专著。

瞿同祖(1910—2008)于1947年出版《中国法律和中国社会》[②]。该书包括家族、婚姻、阶级、巫术与宗教、儒家思想与法家思想等内容，表达了他关于中国古代法律研究的一些基本观点，指出家族主义和阶级概念是我国古代法律的基本精神和主要特征，它们是儒家意识形态的核心和中国社会的基础，而且是古代法律所着重维护的社会制度和社会秩序，在法律上占有极为突出的地位。1948年又发表《中国法律之儒家化》一文，指出以礼入法的过程即法律儒家化的过程，它是中国法律发展史上最重要的大事，法律因此发生重大、深远的变化，形成了礼法结合的体系。该文把在《中国法律与中国社会》一书中提出的关于儒家思想对于中国法律的影响问题的认识向前推进了一步。

新中国成立以前的中国法律社会学，虽然有过萌芽、初兴及短暂的繁荣，但毕竟受时代背景的限制，未能得到充分的发展。经过新中国成立初期的院系调整，社会学学科被取消，法学学科被严重削弱，法律社会学中断了发展。

二、1980年以来法律社会学的复兴与发展

(一) 法律社会学在中国复兴的社会背景与学术条件

中国的法律社会学因为历史原因沉寂了三十年后，终于随着我国社会主义法制事业的恢复而复兴。

法律社会学学科在20世纪80年代复兴，有其特定的社会背景。其复兴与以下的社会背景与学术条件有着密切的联系。

1. 改革开放推动了前所未有的、急剧的社会变迁，社会转型期出现诸多社会问题，法律整合的任务异常艰巨

社会学界较为一致地认为，改革开放以来，我国进入了一个社会转型期。在这个社会转型期内，社会结构发生较为明显和频繁的变化，社会体制的改革

---

① 张知本：《社会法律学》，上海法学编译社1931年版。

② 商务印书馆1947年版；中华书局1981年重印。

不断深入,社会利益格局时有失衡,部分社会成员的价值观与社会发展的要求时有脱节,在某些时段和社会领域不可避免地出现社会聚合力弱化和社会离心力增强的现象。经济、政治、文化、道德乃至婚姻家庭领域可能出现某些社会问题甚至社会动荡。承担社会整合任务的法律制度面临着尖锐的挑战。

2. 在社会转型期内产生的诸多社会法律问题为原有的法律制度、法学理论所难以承受,传统法学理论中的某些论断和方法使法学工作者产生困惑

在法学教育和法学研究事业恢复后,中国的法律职业者和法学工作者面临着继承怎样的法学理论和方法,以怎样的法学理论和方法培育法律人才,以怎样的方法研究社会对法律的需求,以怎样的思路构建社会主义法律体系,创造怎样的法学理论以回应时代的需要等一系列问题。由于当时我国法学人才奇缺,法律理论积淀浅薄,解决上述问题显得异常困难。如果走概念法学[①]的老路,我国的法学难以适应社会经济发展的需求。法律职业者和法学工作者于是产生了探讨新型法治路径和更新传统法学理论的强烈使命感;法律的社会实践和若干重大法学理论问题的论争则使中国的法学工作者日趋成熟,增强了创设新的法学学科、获取新的研究方法的勇气和能力。

3. 社会学学科的恢复和发展是法律社会学兴起的重要学术条件

社会学学科在新中国成立初期被撤销,实行改革开放政策后得以迅速恢复与重建。我国社会学学科在 20 世纪 80 年代的蓬勃发展促成了众多部门社会学(如人口社会学、家庭社会学、犯罪社会学、社会心理学、科学社会学、宗教社会学、文化社会学、城市社会学、农村社会学等)的兴起。[②]

在社会学学科发展及其理论的启发下,法学工作者尝试运用社会学理论和方法研究社会法律问题,以弥补传统法学理论存在的不足;在汲取社会学理论营养的同时,积极探索法律社会学学科的理论模型以及发展方向。

4. 党的十一届三中全会以来的思想解放运动是法律社会学兴起的重要思想条件

宽容的社会氛围有利于新观点、新思想和新学科的产生。在法学理论领域,以法理学(法哲学)为主流,法律社会学、法律逻辑学、法律经济学等新的交叉学科相继涌现,这些新学科各自代表了一种新的法学思维方式。法律社会学

---

① 何况当时连概念法学的底子也不扎实。

② 关于社会学学科的重建及发展状况,可参阅郑杭生:《新时期以来中国社会学发展的回顾及反思》,《江西社会科学》2005 年第 8 期。

代表了"通过法律研究社会,同时在社会中研究法律"或者"在法律与社会的互动过程中观察法律社会问题"的思维方式,它在法学研究中的应用,突破了法学工作者长期固守的注释法学或规范法学以及教条主义的思维方式,给我国的法学研究带来了新鲜的气息。有志于法律社会学研究的理论工作者积极汲取中外社会学的成熟理论,大胆借鉴外国法律社会学的理论和方法,结合中国的法律制度实践,提出一系列范畴、命题及若干理论框架。法律社会学学科的发展,也是我国法学研究领域思想解放的一种体现。

(二) 1980 年以来中国法律社会学的成就

1. 大规模翻译及评述外国法律社会学理论

由于我国法律社会学学科处于严重滞后状态,在创设该学科的初期介绍外国法律社会学家及其理论是必不可少的。1980 年以来,我国法学工作者和社会学工作者对外国法律社会学论著进行了一些翻译,对一些著名法律社会学家进行了介绍。

(1)陆续翻译出版了若干种西方法律社会学著作

恢复法制建设以来,我国学者翻译了数十部美、英、法、日等国法律社会学家的著作。这些译作包括:庞德的《普通法的精神》(法律出版社 2001 年版),诺内特、塞尔茨尼克的《转变中的法律与社会:迈向回应型法》(中国政法大学出版社 1994 年版),布莱克的《法律的运作行为》(中国政法大学出版 1994 年版)和《社会学视野中的司法》(法律出版社 2002 年版),昂格尔的《现代社会中的法律》(中国政法大学出版社 1994 年版),弗里德曼的《法律制度——从社会科学角度观察》(法律出版社 1994 年版)、麦克尼尔的《新社会契约论》(中国政法大学出版社 1994 年版)、戴弗雷姆的《法社会学讲义:学术脉络与理论体系》(北京大学出版社 2010 年版);科特威尔的《法律社会学导论》(华夏出版社 1989 年版),麦考密克和魏因贝格尔的《制度法论》(中国政法大学出版社 1994 年版),阿蒂亚的《法律与现代社会》(辽宁大学出版社、牛津大学出版社 1998 年版);布律尔的《法律社会学》(上海人民出版社 1987 年版);德国莱塞尔的《法社会学导论》(上海人民出版社 2008 年版),卢曼的《社会的法律》(人民出版社 2009 年版);埃利希的《法社会学原理》(中国大百科全书出版社 2009 年版);川岛武宜的《现代化与法》(中国政法大学出版社 1994 年版),棚濑孝雄的《纠纷的解决与审判制度》(中国政法大学出版社 1994 年版)和《现代日本的法和秩序》(中国政法大学出版社 2002 年版),千叶正士的《法律多元——从日本法律文化迈向一般理论》(中国政法大学出版社 1997 年版);等等。

(2)翻译了反映西方法律社会学流派和理论的一些论文

翻译的法律社会学论文有博登海默的《欧洲的社会法律理论和心理法律理论》《利益法学和自由法律运动》(《国外法学》1984 年第 3、4 期),索科洛夫的《法律职业者的法律意识:概念、实质和内容》(《外国法学译丛》1984 年第 3 期),博安南的《法与法律组织》(《法学译丛》1984 年第 6 期),波特的《社会的聚合力与法律危机》(《法学译丛》1985 年第 5、6 期),齐格特的《法律社会学评介》(《国外社会科学》1987 年第 3 期),六本佳平的《日本的法社会学》(《国外社会学》1988 年第 4 期),科特雷尔的《当代英国的法社会学》(《比较法研究》1989 年第 2 期),庞德的《法律社会学的法概念》(《法学译丛》1989 年第 4 期),拉巴耶娃的《立法社会学的基本方向》(《法学译丛》1990 年第 6 期),伯尔曼的《韦伯法律社会学的若干错误前提》(《比较法研究》1994 年第 4 期),布莱克的《司法社会学导论》(《外国法译评》1996 年第 2 期)、卡多佐的《司法过程中历史、传统和社会学方法的作用》(《中外法学》1997 年第 6 期),卢曼的《法律的自我复制及其限制》(《北大法律评论》第 2 卷第 2 辑,法律出版社 2000 年版),恩迪科特的《论法治的不可能性》(《比较法研究》2004 年第 3 期),以及埃利希的《法社会学方法——关于“活法”的研究》(《山东大学学报》哲学社会科学版 2006 年第 3 期),等等。这些论文侧重于法律社会学的基本原理,对中国法律社会学学科的建设有一定的借鉴意义。

(3)评介西方社会法学派和法律社会学的代表人物及其理论

朱景文对西方法社会学和比较法社会学的研究在国内首屈一指。《现代西方法社会学》以研究主题为线索,系统地展示了现代西方法社会学在方法论,法的概念,社会分层、社会分工、社会组织、文化、社会控制与法的关系,解决争端方式,法律效果以及法律进化、法律预测等方面的各种观点。朱景文的《比较法社会学的框架和方法——法制化、本土化和全球化》是一部比较法社会学的力作,以法制化、本土化和全球化为基本框架,其法制化部分从比较法的框架和方法论入手,对世界法律体系分类、法的结构、法的渊源、法的适用、法律职业进行比较研究;其本土化部分从法社会学的框架和方法论入手,对行动中的法(法律、自由裁量与交易)、社会结构对法律的影响、法律对社会的作用等问题进行研究;其全球化从法律和全球化的理论框架和方法论入手,对全球化和中国法制的回应、国内法的国际化(发达国家援助发展中国家法律改革研究)、国际法的国内化(世界贸易组织研究)、国际法的国内化(欧盟法研究)等问题进行研究。朱景文主编的《对西方法律传统的挑战——美国批判法律研究运动》则是一部全面评述美国批判法律研究运动的专题著作。[①]

何勤华在其法学史和法律文化的著作中对法社会学多有涉及,如他的《西方法学史》对西方的社会法学派和法律社会学代表人物及其理论进行评述;由他主编的《二十世纪百位法律家》对西方和日本等国社会法学派和法律社会学代表人物进行介绍。[②]

此外,孙文恺著有《社会学法学》(法律出版社 2005 年版),许章润主编《萨维尼与历史法学派》(广西师范大学出版社 2004 年版)。其他学者对西方社会学法学和法律社会学理论及其代表人物进行述评的论著,此处不一一赘述。

2. 20 世纪 80 年代以来中国法律社会学的理论创新

20 世纪 80 年代中期,我国法律社会学工作者开始该学科创建的基础工作,发表了若干有创见的论文,对法律社会学的学科性质、任务及其研究框架等进行了大胆的探索。至 20 世纪 90 年代初,若干部法律社会学的专题著作问世,标志着法律社会学创建工作的全面展开。21 世纪开始以来的法律社会学研究进一步走向深入。

(1)法律社会学原理研究

法律社会学原理研究涉及法律社会学研究对象、研究框架、法律制度结构研究、法律制度运行研究以及法律社会学方法论等内容。

我国学者出版的法律社会学系统性著作,按照出版时间顺序,先后有苏梅凤等的《法律社会学》(武汉出版社 1990 年版)、王子琳主编的《法律社会学》(吉林大学出版社 1991 年版)、陈信勇的《法律社会学》(中国社会科学出版社 1991 年版)、马新福的《法社会学导论》(吉林人民出版社 1992 年版)、赵震江主编的《法律社会学》(北京大学出版社 1998 年版)、李楯所编的《法律社会学》(中国政法大学出版社 1999 年版)、陈信勇的《法律社会学教程》(浙江大学出版社 2000 年版)、饶艾、张洪涛的《法社会学——社会学视野》(西南交通大学出版社 2002 年版)、田成有的《法律社会学的学理与运用》(中国检察出版社 2002 年版)、刘焯的《法与社会论——以法社会学的视角》(武汉出版社 2003 年版);李瑜青等的《法律社会学导论》(上海大学出版社 2004 年版)、王威的《法律社会学——学

---

① 参见朱景文:《现代西方法社会学》,法律出版社 1994 年版;朱景文:《比较法社会学的框架和方法——法制化、本土化和全球化》,中国人民大学出版社 2001 年版;朱景文主编:《对西方法律传统的挑战——美国批判法律研究运动》,中国检察出版社 1996 年版。

② 何勤华:《西方法学史》,中国政法大学出版社 1996 年版;何勤华主编:《二十世纪百位法律家》,法律出版社 2001 年版。

科辨析与理论源流》(群众出版社 2004 年版)、朱景文主编的《法社会学》(中国人民大学出版社 2005 年版)、李瑜青的《法律社会学教程》(华东理工大学出版社 2009 年版)、郭星华主编的《法社会学教程》(中国人民大学出版社 2011 年版)、张曼莉主编的《法律社会学》(中央广播电视大学出版社 2012 年版)、高其才的《法社会学》(北京师范大学出版社 2013 年版)、何珊君的《法社会学》(北京大学出版社 2013 年版)、付子堂主编的《法社会学新阶》(中国人民大学出版社 2014 年版),等等。这些著作对法律社会学基本原理都做了各自的探索。

关于法律社会学研究对象和研究框架的研究状况,在第一章已作阐述。

关于法律制度结构或构成要素的研究,学者们有不同观点。马新福认为法的结构包括法规范、法原则、法制度和法体系。① 笔者认为法律社会学意义上的法律制度由主体体系(各类法律机构和法律职业者)、法律规范体系以及手段体系(包括为法律制度运行而配置的各类实用设备和象征标识)等三大要素构成。

关于民间法和习惯法的研究,也取得了丰硕的成果,如高其才《中国习惯法论》(湖南出版社 1995 年版)、《中国少数民族习惯法研究》(清华大学出版社 2003 年版)、《瑶族习惯法》(清华大学出版社 2008 年版)、《当代中国民事习惯法》(法律出版社 2011 年版);梁治平《清代习惯法:社会与国家》(中国政法大学出版社 1996 年版);费成康主编《中国的家法族规》(上海社会科学院出版社 1998 年版);俞荣根《羌族习惯法》(重庆出版社 2000 年版);田成有《乡土社会中的民间法》(法律出版社 2005 年版);李卫东《民初民法中的民事习惯与习惯法》(中国社会科学出版社 2005 年版);李可《习惯法——一个正在发生的制度性事实》(中南大学出版社 2005 年版);杨经德《回族伊斯兰习惯法研究》(宁夏人民出版社 2006 年版);马长山《法治进程中的“民间治理”——民间社会组织与法治秩序关系的研究》(法律出版社 2006 年版);陈金全《西南少数民族习惯法研究》(法律出版社 2008 年版);张晓萍《论民间法的司法运用》(中国政法大学出版社 2010 年版)。谢晖、陈金钊主持、山东人民出版社出版的《民间法》论丛也发表了许多民间法的论文。

法律职业和法律角色研究受到重视。王子琳主编的《法律社会学》、赵震江主编的《法律社会学》和李瑜青等的《法律社会学导论》均专门研究法律职业问题。苏力的《法律活动专门化的法律社会学思考》②从社会分工的角度研究了法

---

① 马新福:《法社会学导论》第四章,吉林人民出版社 1992 年版。

② 载于《中国社会科学》1994 年第 6 期。

律活动专门化问题,包括法律人员的职业化、专业化和司法活动相对独立的问题。李清伟的《法律职业化发展的法社会学思考》[1]通过职业发展和法律现代化的互动关系的描述,研究了法律职业化发展与法律现代化这两个变量间的关系。尹忠显所著《司法能力研究》提出司法能力的概念,并对司法服务能力、司法审判能力、司法管理能力以及司法能力的评估和建设进行了研究。孙笑侠等所著的《法律人之治:法律职业的中国思考》也是研究法律职业的一部力作。

法律制度与其他社会制度(及其他社会现象)的关系也是被普遍关注的一个问题。出版的几本法律社会学专著均对上述问题进行了阐述。还有一些论文对法与道德的关系进行了新的探讨。[2] 法与社会冲突,法与社会变迁,法与社会分化,法与社会问题,法与社会控制等问题尤其受到重视。如尹伊君著有《社会变迁的法律解释》(商务印书馆 2003 年版)。

关于社会变迁中的一个重要问题——法治问题的理论探讨,也取得进展,如吴玉章所著《法治的层次》(清华大学出版社 2002 年版),马长山在法治的社会根基领域也有独具有特色的成果,如《国家、市民社会与法治》(商务印书馆 2002 年版)、《法治的社会根基》(中国社会科学出版社 2003 年版)。

法律制度功能及其实现问题,是法律社会学研究的重点领域之一。赵震江等学者于 1988 年指出现代社会中法律功能不断扩张的倾向,并认为正义实现、纠纷处理、利害调整、资源分配、权利保障和社会控制是法律最为基本的功能,[3]赵震江主编的《法律社会学》一书进一步阐述法律功能理论。付子堂的《法律功能论》(中国政法大学出版社 1999 年版)是研究法律功能的一部力作,对法律功能作了分类并作深入阐述。黄建武的《法的实现——法的一种社会学分析》(中国人民大学出版社 1997 年版)深入探讨了法的实现过程和形式,法的实现的行为动力,合法行为,法律能量,法的适用,法作用结果的评价等问题,是该领域的一部力作。

法律文化问题也进入了法律社会学工作者的视野,并取得了一些成绩。虽然法律文化问题与法律制度的社会运行息息相关,但随着法律文化研究的发展,法律文化研究似乎已成为法理学科中相对独立的一支。该领域的著作有梁

① 载于《法制与社会发展》1996 年第 5 期。

② 如范进学:《论道德法律化与法律道德化》,《法学评论》1998 年第 2 期;贺培育:《论道德的法律化趋势》,《求索》1998 年第 6 期;马长山:《法治社会中法与道德关系及其实践把握》,《法学研究》1999 年第 2 期。

③ 赵震江、季卫东、齐海滨:《论法律社会学的意义与研究框架》,《社会学研究》1988 年第 3 期。

治平的《法律的文化解释》(生活·读书·新知三联书店 1994 年版)和《寻求自然秩序中的和谐——中国传统法律文化研究》(中国政法大学出版社 1997 年版),朱苏力的《法治及其本土资源》(中国政法大学出版社 1996 年版),刘作翔的《法律文化理论》(商务印书馆 1999 年版),武树臣的《中国传统法律文化》(北京大学出版社 1994 年版),俞荣根的《道统与法统》(论文集)(法律出版社 1999 年版)、姜军和孙镇平的《中国伦理化法律的思考》(华文出版社 1999 年版),张中秋的《中西法律文化比较研究》(南京大学出版社 1999 年第 2 版),崔永东的《中西法律文化比较》(北京大学出版社 2004 年版),喻中的《法律文化视野中的权力》(山东人民出版社 2004 年版);马建兴的《丧服制度与传统法律文化》(知识产权出版社 2005 年版),等等。

关于法律社会学的研究方法,学者们强调既要积极借鉴社会学的研究方法,又要探索法律社会学独特的研究方法;既要继承和吸收西方法律社会学的研究方法,又要根据中国国情进行创新,形成我们自己的法律社会学研究方法。

(2)法律社会学应用研究

要明确划分法律社会学原理研究与应用研究的范围,存在一定的困难。因为法律社会学的原理往往贯穿于法律社会学应用研究之中,来源于法律社会学的应用研究。即便是法律社会学的应用研究,也有宏观研究、中观研究和微观研究之别。笔者认为,法律社会学的原理研究是法律制度运行过程及其规律的基础理论研究,是进行所有社会法律问题研究的理论基础;法律社会学应用研究是对具体社会法律问题的研究(在中国,主要是对现实社会法律问题的研究)。对一国全局性的社会法律问题的研究(譬如中国法治进程问题、中国的反腐败问题、中国的社会控制体系问题),属于宏观应用研究;对一国中某一类社会法律问题的研究(譬如中国的审判制度改革问题、中国的法律职业化问题、中国的法律意识培育问题),属于中观应用研究;就某一特定事件(或案件)、某一特定区域的社会法律问题进行的研究,属于微观应用研究。恢复法制建设以来,我国教学科研部门和实际工作部门的法律社会学工作者在上述三个层次上都取得了一定的成就。下列宏观或中观问题,尤其受到关注:

中国法治问题研究。中国的法治问题,法律社会学的一个重要课题。1999 年 3 月 15 日《宪法修正案》规定"中华人民共和国实行依法治国,建设社会主义法治国家"以来,对法治问题的研究更加广泛和深入①。"法治社会""法治国家"

① 《法学研究》《中国法学》及其他法学刊物发表了大量有关法治问题的论文。

等课题值得法律社会学工作者继续深入研究。与此相关的中国法律现代化问题研究也早就引起法学研究者的注意,中国法律现代化的一般研究及部门法的现代化研究都有一定的成果。如苏力所著《送法下乡:中国基层司法制度研究》(中国政法大学出版社 2000 年版),贺卫方所著《具体法治》(法律出版社 2002 年版)。

中国反腐败问题研究。这一课题引起了政治学、法学、社会学、经济学等多学科理论工作者的研究兴趣。从法学角度看,关于腐败与反腐败问题的研究,并不仅仅是某一个部门法学科(如刑法学)的任务,也不仅仅是法理学的任务,它同时是法律社会学的任务。与此相关的司法公正问题研究、司法地方保护主义研究取得了若干成果。①

中国法律实施问题研究。宏观、中观角度观察中国法律实施问题的成果已经不少。龚祥瑞先生主持的"《中华人民共和国行政诉讼法》实施现状与发展方向调查研究"则是一项卓有成效的大型法律社会学实证研究,其成果载于《法治的理想与现实——〈中华人民共和国行政诉讼法〉实施现状与发展方向调查研究报告》(中国政法大学出版社 1993 年版)一书。此外还有邓世豹主编的《中国法治进程调查报告 2005——以广东省法治环境调查为例》(法律出版社 2006 年版)、马怀德主编的《法律的实施与保障》(北京大学出版社 2007 年版),等等。

公众法律意识问题研究。我国法学理论工作者普遍重视公众法律意识与法治进程的关联性。关于"普法"活动的经验总结以及法律内化的研究,以及对"厌讼"现象等社会法律心理问题的研究,均有助于进一步研究中国法律文化建设等重大课题。

中国法律机构改革研究。中国的法治进程必然对现有的法律机构设置提出新的改革要求,理论工作者近年来对中国法律机构的设置、功能等方面提出了有价值的建议。法律职业化、法律职业道德、法律职业资格考试、法律职业就业、法律职业保障等有关法律职业问题的研究越来越受重视。

三、中国法律社会学发展前瞻

中国法律社会学学科取得了可喜的成就,在更新传统法学研究方法,充实

---

① 笔者认为"地方保护主义"的提法并不恰当。谁都知道"保护"不是贬义词,也不是中性词,而是褒义词。将褒义词当贬义词使用,并被长期、广泛地接受,就不仅仅是用词不当的问题了。笔者建议用"地方袒护主义"替代"地方保护主义"。

法学研究和法学教育内容，指导法律实践等方面均有建树。但面对社会转型期和迅速推进的法治进程，这一学科任重而道远。

（一）关于本学科发展的若干建议

首先要注重法律社会学原理研究与应用研究相结合。迄今为止，我国法律社会学学科的基础理论尚欠深厚，还需要继续对法律社会学的若干重大基础理论问题深入研究，如法与社会组织，法与社会角色，法与社会变迁（及社会转型），法与社会冲突，法与社会控制，法与社会分化，法与社会排斥，法与社会整合，法与社会政策，法与社会文化，法与社会发展，等等。立法社会学、司法社会学、行政社会学、宪法社会学、民法社会学、刑法社会学等部门法律社会学的研究也有待展开。我国社会主义法治进程的规划则是一项宏大的社会工程，需要法律社会学工作者参与。

其次要注重法律社会学理论研究与调查工作相结合。法律社会学是理论研究与实证研究相结合的学科，没有广泛而扎实的调查资料，就难以准确而真实地把握法律制度的运行轨迹及其与各社会因素的联系。调查研究是社会学的基本方法和优势所在，也应当是法律社会学的优势所在。很难设想法律社会学学科可以在没有持久而深入的调查研究的条件下得到长足的发展。法律社会学的调查研究还应与现代科学技术结合起来，以期取得更有效的成果。

最后还须注重法律社会学个人钻研与集体合作相结合。在学术领域，个人的钻研是进行集体合作与交流的前提，但个人的学术睿智应当在交流中得以发扬，研究者脱离一定的学术"场"是难以有所作为的。建议建立法律社会学的学术网络（包括具有一定稳定性的学术组织，专门的学术刊物，专业网站，定期学术研讨会），并加强法律社会学工作者及其与社会学界、法律实践部门的联系。

（二）需要继续研究的几个重点领域

对中国法治进程的研究是首要的领域。这一领域的课题研究可以从比较中外法治进程及其历史条件出发，具体构想中国法治进程步骤，分析中国法治进程的支持条件和制约因素，还应关注中国法治进程与社会发展战略的关系。法律文化建设问题也是中国法治进程中必须考虑的重要问题，应从法律制度文化和法律精神文化层面，城市法律文化和农村法律文化区域，立法文化、司法文化、执法文化及守法文化等环节，中国传统法律文化的扬弃与创新等不同视角进行分析，提出与我国社会主义法治建设相适应的法律文化发展战略。

司法领域应当成为法律社会学研究的一个重点领域。如主审法官制、主诉检察官制问题，法官与审判辅助人员分类培养与管理问题，国家统一法律职业资格考试及司法研修制度问题,法官、检察官待遇改善问题,司法经费制度改革问题,均可从法律社会学的视角进行应用性研究。

法治秩序的建构,一方面离不开国家机器,另一方面离不开市民社会(civil society)。法律社会学应当重视国家、社会、公民关系的研究,重视国家法律机构、社会中介法律机构和其他社会自治组织关系的研究,重视国家法和社会自治规范("活的法")关系的研究。对村民自治问题进行法律社会学研究,也有深刻的理论和实践意义。

【重要概念】

启蒙运动(the enlightenment) 《论法的精神》(《spirit of Law》) 概念法学(conceptual jurisprudence) 分析法学(analytical jurisprudence) 自由法运动(the free law movement) 活法(living law) 马克思主义法律社会学(Marxist sociology of law) 现实主义法学(legal realism) 纯粹法律社会学(pure sociology of law) 批判法律研究运动(the critical legal studies movement)

【文献指引】

1.《论法的精神》一书是孟德斯鸠一生辛勤研究的最后成果,是他的理论的总结,是亚里士多德以后第一本综合性的政治学著作,是到他的时代为止最进步的政治理论书。参见孟德斯鸠:《论法的精神》,张雁深译,商务印书馆 1961 年版。此外他还著有《波斯人信札》《罗马盛衰原因论》。参见《波斯人信札》,梁守锵译,商务印书馆 2006 年版;《罗马盛衰原因论》,婉玲译,商务印书馆 1962 年版。

2. 萨维尼(Friedrich Karl Von Savigny,1779—1861),德国历史法学派的主要代表人物。他认为,法律既不是理性的产物,也不是人的意志的产物。法律同民族语言一样,有自己产生和发展的历史,它是民族意识的产物,是自然而然形成的。法律起源于习惯,是民族精神的体现。萨维尼的学说经常受到批评,但他意识到了法律同民族生活和社会生活的密切关系,法律的发展变化源于本民族和社会的内部,这使他在法律社会学领域至今仍占一席之地。关于萨维尼与历史法学派,可参阅[德]弗里德里希·卡尔·冯·萨维尼:《论立法与法学的当代使命》,许章润译,中国法制出版社 2001 年版;许章润主编:《萨维尼与历史法学派》,广西师范大学出版社 2004 年版。

3. 耶林的《为权利而斗争》包括六章内容：法的起源；斗争是法的生命；为权利而斗争是对自己的义务；主张权利是对社会的义务；为国民生活权利而斗争的重要性；现代罗马法与为权利而斗争。详见鲁道夫·冯·耶林：《为权利而斗争》，胡宝海译，载于梁慧星主编《民商法论丛》第 2 卷，法律出版社 1994 年版。

4. 关于埃利希及其法律社会学理论，可参阅欧根·埃利希：《法社会学原理》，舒国滢译，中国大百科全书出版社 2009 年版（另有中译本尤根·埃利希：《法律社会学基本原理》，叶名怡、袁震译，九州出版社 2007 年版）；何勤华主编：《二十世纪百位法律家》，法律出版社 2001 年版；冯岚：《"活法"理论研究——埃利希法律社会学思想评述》，载于郑永流主编《法哲学与法社会学论丛》（六），中国政法大学出版社 2003 年版。

5.《通过法律的社会控制 法律的任务》（庞德的两本著作《通过法律的社会控制》《法律的任务》的合译本）是美国社会法学派代表人物庞德的代表性著作。该书提出了法律的社会控制理论，认为从文明发端至今，社会控制的主要手段经历了从道德、宗教到法律的演变，在 16 世纪以后，法律已取代宗教和道德而成为主要的社会控制手段。该书将利益区分为个人利益、公共利益和社会利益三大类，认为法律是利益保障的主要机制，作为社会控制最有效的工具的法律的任务就在于使人的合作本能与利己本能之间保持平衡。参见庞德：《通过法律的社会控制 法律的任务》，沈宗灵、董世忠译，商务印书馆 1984 年版。

6.《现代化与法》是日本当代著名的民法学家、法律社会学以及法律文化学代表人物川岛武宜的一本论文集，收录了《市民社会中的法与伦理》《守法精神》《日本人的法意识》《法律社会学中的法及其结构》等七篇代表性论文，集中反映了作者批判传统法律意识、确立现代法律意识及权利观念的精神追求。详见川岛武宜：《现代化与法》，申政武、王志安、渠涛、李旺译，中国政法大学出版社 1994 年版。

7.《纠纷的解决与审判制度》是棚濑孝雄的论文选集，包括《纠纷解决过程的理论框架》《准审判过程的基本理论》等 11 篇论文。详见棚濑孝雄：《纠纷解决与审判制度》，王亚新译，中国政法大学出版社 1994 年版。

8. 瞿同祖的《中国法律与中国社会》是法律社会史的独特作品，吴文藻主编《社会学丛刊》甲集第五种，商务印书馆 1947 年版。修订本《中国法律与中国社会》（附录《中国法律之儒家化》），中华书局 1981 年版。另有《瞿同祖法学论著集》（中国政法大学出版社 1998 年版）收录《中国法律与中国社会》《中国法律之儒家化》《礼与服制》《法律在中国社会中的作用》《清律的继承和变化清代的刑名幕友》和《清代地方司法》等论著。

9. 李瑜青等著《法律社会学经典论著评述》对恩格斯《家庭、私有制和国家的起源》、孟德斯鸠《论法的精神》、尤根·埃利希《法律社会学基本原理》等20部法律社会学著作进行了评述,具有重要的导读价值。参见李瑜青等著:《法律社会学经典论著评述》,上海大学出版社2006年版。

10. 张善根所著《当代中国法律社会学研究:知识与社会的视角》,基于知识社会学的方法,从法律社会学的知识呈现、知识生产者、知识生产、学科教育与训练以及知识变迁及其社会意涵等方面,展示了我国自改革开放以来法律社会学知识的变迁过程。参见张善根:《当代中国法律社会学研究:知识与社会的视角》,法律出版社2009年版。

11. 汤唯所著《法社会学在中国——西方文化与本土资源》从西方与中国,历史与现实,理论与实证对比的角度,分析了西方法社会学在中国的传播源流、学术风格、内涵形式、价值功能、特色原理与发展趋势。参见汤唯:《法社会学在中国——西方文化与本土资源》,科学出版社2007年版。

【研究选题】

1. 社会法学与法律社会学关系研究。
2. 撰写法律社会学名著读书报告。
3. 就某一法律社会学流派撰写研究综述。
4. 就法律社会学的某一主题(如民间法)撰写研究综述。
5. 你认为我国法律社会学的发展应注意哪些问题?
6. 你认为哪些课题应当成为我国当前法律社会学研究的重点课题?
7. 司法改革中的法律社会学课题。

第二编　本体论

第三章　法律制度要素论

按照社会学的基本观点，社会是人类生活的共同体，是人们相互交往的产物，是各种社会关系的总和。社会的基本构成因素包括人口、自然环境和文化。文化是人类创造的一切成果，包括物质文化、精神文化和制度文化。制度文化是人类为满足维护社会秩序需要而创造的经济制度、政治制度、法律制度、道德规范、教育制度、军事制度、宗教教规、风俗惯例等文化。法律制度是制度文化的重要组成部分，随着法治进程的推进，法律制度渗透到越来越多的社会生活领域。

法律制度也是由各构成因素构成的。

本章将探讨法律制度的社会学含义、法律制度的构成要素、法律制度的调适以及法律制度的支持体系等问题。

第一节　法律制度的社会学含义

我国法学的各种理论直接或间接地涉及法（或法律、法制、法律制度）的概念。恢复法制建设以来法学论坛上的几次争论源自对法的不同理解。如在关于法的阶级性和社会性的讨论中，论争双方对法的本质的理解并不相同，实际上提出了两个不同的法的概念；又如关于“权利本位论”（或“义务本位论”）的讨论，各方对权利和义务理解的层次不同，实质上是对法的概念作了不同层次的解释。法的概念是法学概念体系和理论体系的支撑点和出发点，是法哲学或法理学的基本课题之一，也是法律社会学的课题之一。

可以这样说，法律社会学是从对法的传统定义的怀疑甚至否定开始创建的。埃利希怀疑奥斯汀的法律实证主义关于法是统治者的命令的理论，他认为社会生活中实际被人们遵循的规则才是真正的“活的法”，法的应用范围比国家机构制定和运用的规则更为广阔。霍姆斯将法律定义为：法院将要作出的判决的预言。

法的概念之争往往是由于观察的角度和层次不同引起的。从不同角度和层次观察事物，可以更接近于事物的本质，避免片面性。对法这一社会现象可以从静态观察,也可以从动态观察;可以从立法者的角度观察,也可以从司法或守法者的角度观察;可以在哲学的层次上定义,也可以在法理学的层次或社会学的层次上定义。一个事物只有一个本质,但在不同的学科中因视角不同可能会作出不同的定义。

法律社会学对法的理解与传统法学观点略有不同,它对法(在本书中采用"法律制度"这一用语,以突出法作为一项社会制度的特征)作了社会学的解释,同时对法律制度进行构成要素的分析。

一、传统意义的法(法律制度)

在法学理论中,具有代表性的传统法概念是这样定义的:"法是国家按照统治阶级的利益和意志制定或认可、并由国家强制力保证其实施的行为规范的总和,包括宪法、法律(就狭义而言)、法令、行政法规、条例、规章、判例、习惯法等各种成文法和不成文法。法的目的在于维护有利于统治阶级的社会关系和社会秩序,是统治阶级实现统治的一项重要工具。"①20 世纪 80 年代的论著对法的定义与上述大同小异。②

万斌在《法理学》一书中对传统法概念作了补充,他认为:"法是由社会系统强制性规定的,由社会共同体制定或认可的制约人们外部行动,协调人与自然、人与社会、人与自身关系的规范体系,具有普遍性、确定性、强制性。在阶级社会,法反映着以特定物质生活条件为内容的统治阶级的国家意志,由国家制定、认可,以国家强制力为后盾。"③这个定义显然扩大了传统法的概念的内涵。

与法的概念直接相关的一个概念是"法制"。通常在两种意义上使用这个概念:第一,泛指国家的法律和制度;第二,特指统治阶级按照民主原则把国家事务制度化、法律化,并严格依法进行管理的一种方式。④ 法学界一般认为法制包含立法、执法、守法三方面的内容。社会主义法制的基本要求是有法可依、有法必依、执法必严、违法必究。

在法的理论中,虽然使用"法律制度"一词也非罕见,但人们没有给予它明

① 《中国大百科全书·法学》,中国大百科全书出版社 1984 年版,第 76 页。

② 如《法学基础理论》(孙国华主编,法律出版社 1982 年版,第 62 页)作了这样的表述:"法律是由一定物质生活条件所决定的统治阶级意志的体现,它是由国家制定或认可并由国家强制力保证实施的规范体系,它通过对人们的权利与义务的规定,确认、保护和发展有利于统治阶级的社会关系和社会秩序。"

③ 万斌:《法理学》,浙江大学出版社 1988 年版,第 148 页。

④ 参见《中国大百科全书·法学》,中国大百科全书出版社 1984 年版,第 114 页。

确的界定，法律制度的内涵也可大可小，狭义仅仅指一个法律部门中调整某一方面社会关系的法律规范的总和，如诉讼法部门中的辩护制度、诉讼代理制度、回避制度、上诉制度、证据制度等，广义则可指一个法律部门（如宪法制度、民商法制度、行政法制度、社会法制度、刑法制度、诉讼与非诉讼程序法制度）或整个法律体系（如社会主义法律制度）。

二、关于社会制度

法律社会学上的“法律制度”，与法、法制和法律制度的原有概念有联系，但并不完全等同。我们首先把法律制度视作一项社会制度（或称社会设置、社会建制），把它视为社会制度体系乃至社会结构的一个有机组成部分。

社会制度是在某一社会生活领域中设立的一整套相对稳定的活动体系，其目的在于规范人们的社会行为，维护社会秩序。在社会结构或社会系统中，社会制度具有重要位置。[①] 塔尔科特·帕森斯将社会系统分为经济体、政治体、社会共同体和托管系统，这四个子系统分别具有 A（Adaptation，适应）、G（Goal attainment，目标获取）、I（Integration，整合）和 L（Latency pattern maintenance，潜在模式维护）功能。法律制度承担整合功能，属于社会共同体子系统。有人将社会制度称为社会运行的软件，有人将社会制度视为适应社会需要而建立的庞大的惯性体系。社会制度作为社会结构的构成要素，对于维护社会结构的完整、秩序和平稳起决定作用。

社会制度本身也形成一个系统。各项社会制度体现了社会的种种基本需要，如经济制度体现了人类获取物资资料的需要，政治制度体现了维护阶级结构的需要，法律制度体现了规范社会行为和社会整合的需要，等等。每一项社会制度都针对一定的社会需要，具有一定的功能范畴，拥有一定程度的强制力。法律制度是其中具有明显特征的制度，它所体现的社会需要是非常广泛的，其功能范畴涉及所有的社会生活领域和所有的社会主体，它同时又具有最高程度的强制力。法律制度从其他社会制度中分化出来，又反作用于其他社会制度。

社会学家们对社会制度作过多种定义。如马林诺斯基（Bronislaw Malinowski，1884—1942）认为社会制度“是人类活动有组织的体系。任何社会制度都针对一种基本需要；在一合作的事务上和永久团聚着的一群人中，有它

① 根据历史唯物主义理论，法律制度作为上层建筑的组成部分服务于经济基础，并最终作用于社会生产力。法律制度与上层建筑的其他各组成部分（各项社会制度和意识形态）存在密切的联系。

特定的一套规律和技术;任何社会制度都建筑在一套物质的基础上,包括环境的一部分及种种文化的设备。"[①]横山宁夫则理解为"人们在其共同生活中所产生的有组织的行为方式"[②]。吴文藻(1901—1985)的定义与此相近:"制度是由于人类团体活动而起的某种社会关系","是有组织的人类关系的形式,或说是有组织的人类活动的体系。"[③]郑杭生的定义是:"社会设置是在特定的社会活动领域中所创设和形成的一整套持续而稳定的规范体系,它是制约社会行为的重要结构框架。"[④]郑杭生认为社会设置由社会价值观、社会规范体系、权威与地位结构以及社会机构与设施构成。上述定义中所提到的"体系性""有组织性""普遍性"等,确是社会制度的特征。值得注意的是上述定义所强调的社会制度中人类的主体地位和活动(行为)特征。社会制度不被视为离开人类及其活动的孤立的、静止的规范,而被视为在人类活动中体现的行为方式。我们认为这种观点是值得借鉴的。

从人类的个体习惯到群体风俗、惯例,到具有一定时空意义的社会规范,到体系化的社会制度,是一个量变到质变的过程。个别的、分散的社会规范不能视同于社会制度。一项社会制度除了包含众多的具有普遍意义、相对稳定和正式的社会规范,还包括了其他两项要素:承担特定角色的人和相应的文化设备。[⑤] 因此,法律制度不仅仅可视为是法律规范的总和,它也是人类有组织的一个活动体系,是由承担特定角色的人组织(或主持)的、利用种种文化设备进行运行的体系。

三、法律社会学意义的法律制度

在给法律制度下一个正式的定义之前,首先要明确法律制度应具备的三大构成要素[⑥]:

第一,有一整套体系化的法律规范;

---

① 费孝通:《生育制度》,商务印书馆 1981 年重版,第 1 页。

② [日]横山宁夫:《社会学概论》,毛良鸿等译,上海译文出版社 1983 年版,第 190 页。

③ 吴文藻:《论社会制度的性质与范围》,《社会科学学报》(云南大学)1941 年第 1 卷。

④ 郑杭生主编:《社会学概论新修》,中国人民大学出版社 2003 年第 3 版,第 254 页。

⑤ 各种社会学论著对社会制度的构成要素有不同的见解。有的认为是观念原则、地位结构和承担角色的人等三项基本要素;有的认为是概念系统、规则系统、组织系统和设备系统等四项基本要素,等等。

⑥ 学界关于法律和法律制度的构成因素的研究,多偏重于在规范层面上的划分。如马新福认为法的结构包括法规范、法原则、法制度和法体系(《法社会学导论》第四章,吉林人民出版社 1992 年版);吴传毅认为法律的构成因素包括法律规则、法律原则和法律概念(《试析法律构成要素》,《湘潭师范学院学报》社会科学版 2002 年第 2 期)。

第二，有一个由内化了法律规范的特定角色集团（即主体体系）主持法律规范的生成和复现；

第三，有一套按照法律规范生成、复现要求配置的手段（含实用设备和象征标识）。

法律制度不是上述三大要素的简单相加，而是上述三大要素的有机构成。这三大要素相互联系，缺一不可。法律规范是法律制度的灵魂，是法律制度主体体系行动的依据；法律制度主体体系主持法律制度从社会结构中分化（即生成），又主持法律制度复现于社会结构；主体体系和法律规范均离不开法律制度的手段，没有实用设备和象征标识，法律制度无法生成和延续，也无法协调活动，但手段体系只能依照法律规范配置，只能由承担特定角色的人及其机构（主体体系）管理、控制和使用。法律制度，就是统治阶级根据维护和发展社会秩序的需要组织起来的一整套法律规范化的活动体系。

法律社会学意义上的法律制度有两个明显的特征：

其一是法律制度的活动性。我们并不想把法律制度的外延无限制地扩大，以致混淆法律规范与其他社会规范的界线，混淆习惯和习惯法的界线，也不想把法律制度视为司法判决本身。我们所强调的法律制度只能在有组织的活动中存在，离开实际活动的、实际上已被废弃的（虽然仍可以在法律文件中找到的）“规范”，不能称之为法律制度的组成部分；反之，虽然不能在成文法中找到，而实际上与成文规范具有相同效力的不成文规范，同样是法律制度的组成部分。立法仅仅是法律制度的开端，而并不等于法律制度。一项法律制度并不等于几个规范性文件的总和。通过并颁布了一项法律（法律文件意义上的法律），并不等于建立了一项法律制度。一项法律制度，只有在具备了三个构成要素，并实际运行于社会，才称得上该项法律制度建立起来了。

其二是法律制度的主体性。法律制度是由内化了法律规范的特定角色集团的有组织的活动体系，离开主体体系的主持，法律制度是不存在的。我们不想将立法者、执法者和司法者等同于法律制度本身（尽管在英美法系中，法官往往被视为法律制度的中心），只是强调作为主体的法律职业者和法律机构在法律制度中的重要位置。我们在这里强调法律的活动性和主体性特征，并不是提倡“人治”，而是为了提醒人们，仅仅看重立法和法律条文本身的完善，轻视法律实施以及法律职业者素质的提高，无论从理论角度还是实践角度，都是十分片面的。

法律制度源于社会分化，又复现于社会。这一个过程称作“法律社会化”，也可以称之为“法律化”。但值得注意的是，有人在使用“法律化”一词时，往往只强调法律规范的生成，而不强调法律规范复现于社会的过程。法律规范从其他社会规范中分化出来，成为体系化的法律的组成部分之后，其复现于社会的过程应是“法律化”的最重要的步骤。这种“法律化”才真正具有规范社会生活的深刻含义。①

第二节　法律制度三要素

上一节已提出，法律制度由法律制度主体体系、法律规范体系和法律制度手段体系等三大要素构成。本节将对此再作详述并分析这一观点的理论和实践意义。

一、法律制度主体体系

法律制度主体体系是法律制度的组织系统，包括法律机构及其法律职业者。将其称作主体体系，旨在强调它在法律社会化过程中的主导地位。

法律规范不会凭空产生，不是在人类活动中自然形成的，也不能自行活动和实施。古人云，“徒法不能以自行”，正是此意。法律制度必须由特定的机构和人员主持生成和运行。

法律制度主体体系是按照各种组织法规和规章制度组织起来的，具有严密的结构。一个结构合理、成员精干、工作协调的主体体系对于法律制度的社会运行过程来说是非常重要的。法律规范的制定、执行、监督和遵守，首先依赖于具有较高政治、法律和道德素质的法律职业者组成的法律机构的保障。

我国宪法规定，全国各族人民、一切国家机关和武装力量、各政党和各社会团体、各企业事业组织，都必须以宪法为根本的活动准则，并且负有维护宪法尊严、保证宪法实施的职责。一切社会组织和公民都是守法的主体，同时公民对于任何国家机关和国家工作人员的违法失职行为，有向有关国家机关提出申诉、控告或者检举的权利。但是，主持法律制度运行的只能是专门的机构和专门的人员，即法律机构和法律职业者。

---

① 这里有必要比较一下法律化和制度化的含义。制度化是指将分散的、不稳定、非正式的、不具有普遍意义的社会规范上升、组合为社会制度并作用于社会的全过程。法律化即法律制度化，也是一种制度化，是一种最突出、最明显的制度化。但制度化并不一定都是法律化。我们强调制度化和法律化，是强调制定必要的制度和法律，并严格执行，而不一味追求社会生活的全盘制度化，也不一味追求社会制度的法律化。要建立稳固的社会结构，应兼顾制度因素和非制度因素的有机融合。

（一）法律机构

我国的法律机构包括权力机关、监察机关、审判机关、检察机关、行政执法机关、法律服务机构、仲裁机构、法律教育机构和法律研究机构。

1. 权力机关

我国的权力机关是人民代表大会及其常委会。《中华人民共和国宪法》规定，全国人民代表大会是最高国家权力机关，它的常设机关是全国人民代表大会常务委员会。地方各级人民代表大会是地方国家权力机关，县级以上的地方各级人民代表大会设立常务委员会。《全国人民代表大会组织法》和《地方各级人民代表大会和地方各级人民政府组织法》对各级权力机关的组织作了具体规定。

2. 监察机关

《中华人民共和国宪法》（2018 年 3 月 11 日第十三届全国人民代表大会第一次会议通过的《中华人民共和国宪法修正案》修正）规定，中华人民共和国各级监察委员会是国家的监察机关。中华人民共和国设立国家监察委员会和地方各级监察委员会。《监察法》对各级监察委员会的组织作了具体规定。

3. 审判机关

我国的审判机关是人民法院。《中华人民共和国宪法》规定，中华人民共和国人民法院是国家的审判机关。中华人民共和国设立最高人民法院、地方各级人民法院和军事法院等专门人民法院。《人民法院组织法》对审判机关的组织作了具体规定。2014 年 8 月 31 日，第十二届全国人大常委会第十次会议作出《关于在北京、上海、广州设立知识产权法院的决定》。

4. 检察机关

我国的检察机关是人民检察院。《中华人民共和国宪法》规定，中华人民共和国人民检察院是国家的法律监督机关。中华人民共和国设立最高人民检察院、地方各级人民检察院和军事检察院等专门人民检察院。《人民检察院组织法》对检察机关的组织作了具体规定。

5. 行政执法机关

我国的行政执法机关是由行政执法权的各级政府及政府部门。《中华人民共和国宪法》规定，中华人民共和国国务院，即中央人民政府，是最高国家权力机关的执行机关，是最高国家行政机关。省、直辖市、县、市、市辖区、乡、民族乡、镇设立人民政府。所有的行政机关都在执行某一方面的法律和行政法规。从这个意义上讲，所有的行政机关都是行政执法机关。这里特别要指出的是，某些行政机关与法律制度运行有特别密切的关系，如公安机关、国家安全机关、司法行政机关等。《国务院组织法》和《地方各级人民代表大会和地方各级人民政府组织法》对行政机关的组织作了具体规定。

6. 法律服务机构

我国法律服务机构主要包括律师机构、公证机构和司法鉴定机构。《律师法》规定,律师事务所是律师的执业机构。《公证法》规定,公证机构是依法设立,不以营利为目的,依法独立行使公证职能、承担民事责任的证明机构。① 根据《全国人民代表大会常务委员会关于司法鉴定管理问题的决定》的规定,司法鉴定是指在诉讼活动中鉴定人运用科学技术或者专门知识对诉讼涉及的专门性问题进行鉴别和判断并提供鉴定意见的活动,司法鉴定机构是依法设立的从事司法鉴定业务的机构。②

7. 仲裁机构

仲裁机构是根据当事人的协议,以第三人的身份对争议的事实和权利义务作出判断和裁决的专门机构。我国的仲裁机构包括商事仲裁机构、劳动争议仲裁机构、人事争议仲裁机构和农村土地承包纠纷仲裁机构。《仲裁法》规定,仲裁委员会可以在直辖市和省、自治区人民政府所在地的市设立,也可以根据需要在其他设区的市设立,不按行政区划层层设立。仲裁委员会独立于行政机关,与行政机关没有隶属关系。仲裁委员会之间也没有隶属关系。《仲裁法》规定的仲裁委员会是商事仲裁机构。《劳动争议调解仲裁法》规定,劳动争议仲裁委员会由劳动行政部门代表、工会代表和企业方面代表组成。《农村土地承包经营纠纷调解仲裁法》规定,农村土地承包仲裁委员会由当地人民政府及其有关部门代表、有关人民团体代表、农村集体经济组织代表、农民代表和法律、经济等相关专业人员兼任组成,其中农民代表和法律、经济等相关专业人员不得少于组成人员的二分之一。

8. 法律教育机构

法律教育机构是依照教育法律设立的从事法律教育的学校和其他教育机构。依照《高等教育法》的规定,高等教育包括学历教育和非学历教育。高等学历教育分为专科教育、本科教育和研究生教育。大学、独立设置的学院主要实施本科及本科以上教育。高等专科学校实施专科教育。经国务院教育行政部

---

① 已经废止的《公证暂行条例》曾规定:“公证处是国家公证机关。”

② 《全国人民代表大会常务委员会关于司法鉴定管理问题的决定》还规定,侦查机关根据侦查工作的需要设立的鉴定机构,不得面向社会接受委托从事司法鉴定业务。人民法院和司法行政部门不得设立鉴定机构。

门批准，科学研究机构可以承担研究生教育的任务。其他高等教育机构实施非学历高等教育。法律的高等教育按照上述规定，由取得不同层次教育资格的学校和其他高等教育机构实施不同层次的法律教育。

9. 法律研究机构

这里的法律研究机构是依法设立的专门从事法律研究的机构，如中国社会科学院和地方社会科学院设立的法学研究所。

（二）法律职业者①

我国的法律职业者包括人大代表及人大工作者、监察人员、法官、检察官、行政执法人员、法律服务人员、仲裁员、法学教师和法学研究人员。②

1. 人大代表及人大工作者

人大代表及人大工作者是指各级人民代表大会代表和在各级人民代表大会及其常委会工作的人员。《全国人民代表大会和地方各级人民代表大会代表法》规定，全国人民代表大会和地方各级人民代表大会代表依照法律规定选举产生。全国人民代表大会代表是最高国家权力机关组成人员，地方各级人民代表大会代表是地方各级国家权力机关组成人员。全国人民代表大会和地方各级人民代表大会代表，代表人民的利益和意志，依照宪法和法律赋予本级人民代表大会的各项职权，参加行使国家权力。人民代表大会各专门委员会和人民代表大会常务委员会各工作委员会的非代表组成人员也是人大工作者。人大代表及人大工作者依法行使职权。

2. 监察人员

监察人员是在各级监察机关中依法从事监察工作的人员。依照《监察法》规定，国家监察委员会由主任、副主任若干人、委员若干人组成，主任由全国人民代表大会选举，副主任、委员由国家监察委员会主任提请全国人民代表大会常务委员会任免。地方各级监察委员会由主任、副主任若干人、委员若干人组成，主任由本级人民代表大会选举，副主任、委员由监察委员会主任提请本级人民代表大会常务委员会任免。除监察委员会的组成人员之外，监察委员会还配

① 此处的法律职业者采广义，相对于《中国法学会章程》所称的“法学工作者、法律工作者”。学界多从狭义上理解法律职业者，即法官、检察官和律师。

② 在法律机构中工作的人员还有一些辅助人员，如书记员。由于他们不是典型的法律职业者，故不专述。中共中央组织部、国家人事部、最高人民法院于2003年10月20日发布的《人民法院书记员管理办法（试行）》规定，书记员是审判工作的事务性辅助人员，在法官指导下工作。书记员实行单独序列管理。该办法下发后人民法院新招收的书记员，实行聘任制和合同管理。

备所需要的工作人员。

3. 法官

依照《法官法》的规定,法官是依法行使国家审判权的审判人员,包括最高人民法院、地方各级人民法院和军事法院等专门人民法院的院长、副院长、审判委员会委员、庭长、副庭长、审判员和助理审判员。依照《人民陪审员法》的规定,人民陪审员依法产生,依法参加人民法院的审判活动。

4. 检察官

依照《检察官法》的规定,检察官是依法行使国家检察权的检察人员,包括最高人民检察院、地方各级人民检察院和军事检察院等专门人民检察院的检察长、副检察长、检察委员会委员、检察员和助理检察员。

5. 行政执法人员

依照《公务员法》的规定,公务员是指依法履行公职、纳入国家行政编制、由国家财政负担工资福利的工作人员。公务员职位类别按照公务员职位的性质、特点和管理需要,划分为综合管理类、专业技术类和行政执法类等类别。这里的行政执法人员,主要是指行政执法类公务员。人民警察是行政执法人员的突出代表。《人民警察法》规定的人民警察包括公安机关、国家安全机关、监狱机关的人民警察和人民法院、人民检察院的司法警察(法警)。

6. 法律服务人员

我国的法律服务人员包括律师、公证员和司法鉴定人。依照《律师法》的规定,律师是指依法取得律师执业证书,为社会提供法律服务的执业人员。依照《公证法》的规定,公证员是符合《公证法》规定的条件,在公证机构从事公证业务的执业人员。依照《全国人民代表大会常务委员会关于司法鉴定管理问题的决定》的规定,司法鉴定人是符合规定条件,经审核登记并在鉴定机构中从事司法鉴定业务的人员。

7. 仲裁员

这里的仲裁员包括在商事仲裁机构、劳动争议仲裁机构、人事争议仲裁机构和农村土地承包纠纷仲裁机构从事仲裁工作的仲裁员。按照《仲裁法》《劳动争议调解仲裁法》《农村土地承包经营纠纷调解仲裁法》等规定,仲裁员是受仲裁委员会聘任,在仲裁委员会从事仲裁工作的人员。

8. 法学教师

法学教师是取得教师资格,在法律教育机构从事法律教育工作的人员。

9. 法学研究人员

这里的法学研究人员专指在专门法律研究机构从事法律研究工作的人员。

上述法律机构和法律职业者既包括了国家机关及其工作人员，又包括非国家机关的法律服务、仲裁、法律教育和法律研究机构及其工作人员，这是从法律社会化角度进行界定的，因为只有上述9个专门机构和9种专门人员相互配合，才能成为一个完整的主体体系。

二、法律规范体系

法律规范体系是法律制度的核心，是法律机构和法律职业者的行动准绳——但是不能将法律规范体系视同于法律制度。法律制度的三大要素是相互制约的，尤其以法律规范对其他两项要素的制约最为突出。如果没有法律规范，专门的机构和人员无法进行组织活动，法律制度手段体系无法配置也无法使用和管理。所以，在社会学上，有人将组织系统和设备系统（即手段系统）比喻作躯体，将规范系统比喻作灵魂。

法律规范按照法律的建制要求严格地组合，按特定的秩序形成体系（形象地说，构成一张“法网”）。具体的法律规范是这个体系的分子（或细胞），这些分子有规律地结成条块，成为一个整体。我们可以将法律规范区分为微观结构、中观结构和宏观结构三个层次。

（一）法律规范的微观结构

法律规范的微观结构，即法律规范的单个结构。每一项法律规范由“条件—规则—后果”三个逻辑成分构成。法律条文是法律规范的文字表现形式，但并不等同于法律规范。在许多场合下，表示一般适用条件的条文往往省略；在另一些场合，由于立法不完善，规定后果的条文欠缺；表现“条件”“规则”和“后果”的条文在许多场合下被分置于不同的规范性文件。

（二）法律规范的中观结构

一定数量的、相互联结的法律规范围绕某一方面的社会关系（实体关系或程序关系）形成的结构，是法律规范的中观结构。它是处于法律规范个体与法律部门之间的一个层次。如民法的监护制度、宣告失踪和宣告死亡制度、合伙制度、法人制度、代理制度、物权制度、债权制度、知识产权制度、婚姻家庭制度、财产继承制度、时效制度等等。这里的每一项制度虽有范围广狭之别，但都围绕某一特定的社会关系。它是从法律规范个体到法律规范体系的中介环节。

(三) 法律规范的宏观结构

法律规范的宏观结构,是指一个国家的法律规范体系及其法律的结构。一般来说,一个国家只有一个法律规范体系,[①]这是由国家主权的统一所决定的。在实行联邦制的国家,各邦(或州、共和国)也往往有自己的宪法和法律,但均受联邦宪法的制约,所以联邦制国家仍有一个统一的法律规范体系,各邦(或州、共和国)的法律规范体系可称之为"亚法律规范体系"。在中国,因为特别行政区实行"一国两制",故可出现一国之内的多法域状况。《中华人民共和国香港特别行政区基本法》规定,全国人民代表大会授权香港特别行政区依照本法的规定实行高度自治,享有行政管理权、立法权、独立的司法权和终审权;《中华人民共和国澳门特别行政区基本法》规定,中华人民共和国全国人民代表大会授权澳门特别行政区依照本法的规定实行高度自治,享有行政管理权、立法权、独立的司法权和终审权。这样,在我国的法律规范体系中,就存在香港特别行政区和澳门特别行政区的"亚法律规范体系"。

法律规范体系由法律部门构成。根据法律规范所调整的社会关系的性质和层次不同,法律规范划分为若干法律部门,如中国现行法律规范可分为宪法、民商法、行政法、社会法、刑法和诉讼与非诉讼程序法等基本法律部门,宪法居于首要位置。

三、法律制度手段体系

法律制度的最后一个构成要素是手段体系。它是指保障法律制度运行的实用设备和象征标识,前者如法律机构的办公场所,看守、拘留、监狱等场所,办公用具,活动经费,武器装备等;后者如象征法律机构的印章、招牌,权力机关、行政机关和司法机关悬挂的国徽,法律职业者的证件、制服,以及在法律活动中使用的其他象征性手段。法律制度手段体系虽然是法律职业者运行规范的辅助系统,但却是必不可少的。离开它,法律职业者将寸步难行。试想如果没有办公场所,没有设备和经费,没有武器装备,只剩下法律规范和赤手空拳的法律职业者,这样的法律制度能运行吗?所以,没有手段体系也就没有法律制度。现代的法律制度已拥有一个较为发达的手段体系。即使是古代的法律制度,也具备基本的实用设备(包括官府衙门、监狱、刑具等)和象征标识(如官印、官服等)。

---

① 法学界一般称作"法律体系"或"法的体系"。《中国大百科全书·法学》解释为:由一个国家的全部现行法律分类组合为不同的法律部门而形成的有机联系的整体。

四、法律制度要素论的意义

把法律制度看成是由上述三大要素有机构成的一个有组织的活动体系，而不仅仅看成是离开人、离开物的纯法律规范的体系，具有重要的现实意义。

首先，这种观点可以避免把法律制度等同于条条杠杠的法律规范的片面见解。我国恢复法制建设以来，立法、司法、守法和法律服务、法律教育、法律研究相互脱节的现象仍然存在，一个重要因素是人们偏重于法律规范的完备，关心立法进程的程度甚于关心法律社会运行状况的程度。许多论著和新闻媒介将某项法律法规的颁布说成“某某工作走上了法制轨道”，似乎只要有了某项立法，即实现了法制化。这种观点难以解释为何我国 10 年“文革”期间虽有宪法和一些法律，却无法制可言。有法不依，从社会学角度看，虽有这种法律规范存在，却无法律的建制。恢复法制建设以来，我国颁布了众多的法律，但是否在相关的社会生活领域完成了法律的建制呢？这些社会生活领域是否真正纳入到法律制度所提供的框架呢？显然并非全部如此。

我们要强调的是，一项法律的建制，必须有三大要素的合理组合，并与社会结构相互融合。

第二，把法律机构、法律职业者和法律规范及手段体系看成是同一个系统的组成部分，更清楚地认识到这三者的不同功能及其整体功能。把法律机构、法律职业者直接视为法律制度的参与者，可以增强法律职业者的责任心和合作愿望，尤其是将各种法律职业者（人大代表及人大工作者、监察人员、法官、检察官、警察、法律服务人员、仲裁员、法学教师和法学研究人员）均视为法律制度主体体系的分子，可增强他们之间的凝聚力。把手段体系视为法律制度的构成要素，可以提高人们对完善手段体系的必要性和重要性的认识。

第三，正确分析“法治”与“人治”问题的争论。恢复法制建设初期，法学界曾有过一场颇有影响的“人治与法治”的讨论。[①] 从讨论的情况看，基本上没有人坚持单纯依靠人治的观点，但有一部分人认为只强调法治是不够的，应强调

① 《法治与人治问题讨论集》汇集了讨论法治与人治问题的三十余篇论文。这些论文反映出不同的观点，大致有：人治与法治是完全对立的，讲人治就不可能有真正的法治；人治与法治是统一的，历史上没有离开人治的法治，也没有离开法治的人治；人的作用不等于人治，有法不等于法治；人治与法治不能相结合；人治与法治相结合；法治不等于民主，人治不等于专制，应该跳出法治、人治的窠臼，根本没有必要再用“人治”“法治”一类徒然引起混乱的不科学的口号。参见《法治与人治问题讨论集》编辑组：《法治与人治问题讨论集》，群众出版社 1980 年版。

法治与人治相结合,其主要理由是"徒法不能以自行"。我们认为,"人治"与"法治"之争的关键之一在于对"法"的理解。如果仅仅将"法"理解为法律规范,那么仅提"法治"确实是不够的,况且单纯的法律规范如何治理国家?但是,如果我们将"法"理解为作为社会制度的法,赋予它在社会结构中应有的内涵,它就成了具有法律机构及其法律职业者、法律规范和手段体系三大要素的完整的活动体系,这样的"法"就真正成了"活的法",这样,我们可以说"徒法也能以自行"了,我们也不必担心因不加上"人治"的欠缺了。避开人的因素谈法治是片面的,如果我们将人的因素融进了法的概念,就可以理直气壮地打出"法治"的旗号。

第四,有助于提高对培养一支高素质法律职业者队伍的重要性的认识。从社会学角度分析法律制度,将谁在主导法律制度运行的问题摆在非常重要的位置。我国恢复法制建设以来的实践也足以证明,法律职业者队伍的素质直接制约着法律制度运行的效果。一支能把握我国立法前途的立法者队伍,一支能公正、有效地将法律付诸实施的执法和司法队伍,一支能提供优质法律服务的法律服务队伍,一支能培养高素质法律人才的法学教师队伍和一支能指导我国法律实践的法学理论队伍,是我国社会主义法治事业的希望所在。[①] 提高我国现有法律职业者队伍的职业水平,培养更多高素质的法律人才并充实到各种法律机构中去,已成为我国法治事业的一项战略任务,也是推进我国法治进程必不可少的一项条件。

第三节　法律制度的结构性调适

一、法律制度结构性调适的必要性

我们认为法律制度是人类有组织的一种活动体系,这种活动体系是在社会互动基础上发展起来的。社会分化加快了这种特定内容社会互动的制度化,在分化和整合的过程中,法律制度的结构日趋复杂化。因此,为了维护法律制度自身的模式,同时为使其以完整、健全的结构规范社会生活,必须随时进行结构性调适。

每一项社会制度,都由一定数量的构成要素组成,其结构也就是这些构成要

① 孙笑侠提出"法治乃法律人之治"。参见孙笑侠等:《法律人之治:法律职业的中国思考》,中国政法大学出版社 2005 年版。

素(及其单元)的相对稳定的模式关系的组合。每一构成要素及其单元都是独立的,但存在着特定的相互联系和作用,——对于制度整体来说,每一要素和单元各有各的分工,或者说,每一要素和单元以其独特的功能成为制度存在和活动的必要条件之一。制度的各个要素通过有机联系和组合,体现出制度的模式。

我们还有必要汲取系统论中“整体大于部分之和”的著名原理来说明制度中整体与要素、单元的关系。法律制度的各构成要素不是其组成单元的简单相加,整体法律制度也非各构成要素的简单相加。分散的、个别的法律规范,不具有法律规范体系的性质和作用;法官们只有组成审判机关才具有行使审判权的资格和能量,人大代表及人大工作者、监察人员、法官、检察官、行政执法人员、法律服务人员、仲裁员、法学教师和法学研究人员,只有各自组成法律机构,并相互合作、制约,才有可能承担主持法律制度运行的职责;法律制度的各种实用手段和象征手段,在没有成为法律制度的要素单元之前,并不具有规定的功能,如国徽悬挂在特定场所,才明确地显示了国家权力及法律的权威。这就是法律制度的整体性原理。

二、法律制度的层次和部门

在法律制度的结构中,层次的存在和变化具有重要意义。层次的存在使法律制度的结构呈现有序性。各种层次可分为较低层次、中间层次和最高层次,层次之间的功能各不相同,较高的层次制约、支配着较低的层次,较低的层次支撑着较高的层次。如整个法律制度的第一层次可分为主体体系、法律规范体系和手段体系。主体体系、法律规范体系和手段体系又各有自身的层次结构,它们由法律制度整体性质所决定和支配。

层次的存在是层次变化的起点,又是层次变化的结果。法律制度中的复杂而有序的层次,是长期分化和整合的结果,同时又处在稳定的变化中(在一定的条件下产生突变)。层次的变化比制度要素单元的变化要稳定得多。如国家经常进行的立法和法律解释,并不经常引起法律规范体系中层次的变化。一般来讲,法律制度的低级层次的变化比高级层次的变化频繁。

法律制度的层次体现了法律制度内部的垂直结构,而法律制度的部门则体现了水平(横向)结构。层次和部门纵横交织,构成法律制度的网状结构。在每一层次上有若干横向的部门分布着。

法律制度内部部门的合理设置及部门间的协调结合是法律制度结构是否完备的重要方面。法律制度内的某一层次上,设置部门数量及相互关系、设置部门的依据和标准必须认真考虑。如权力机关应设置多少专门委员会(工作委员会)、设置哪些专门委员会(工作委员会)?检察、审判机关设置哪些职能部门?公安机关的职能部门和按地区(或按社会系统)设置的派出机构如何确定协调关系?法律院校内设置多少系科、专业、专业方向和教研组织,以及哪些系科、专业、专业方向和教研组织?

法律制度自身结构及其与社会环境的结合方式决定了法律制度的功能状况。自身结构是否完善、健全,取决于它是否符合社会结构的要求。所以,我们应从社会角度考察法律制度的内部结构。从法律制度方面来说,应在结构上积极反映其与社会的联结。

任何法律制度都不是一成不变的。在社会环境和自身结构的作用下,法律制度功能状况随之变化。为维护法律制度的良好功能状态,须及时调适法律制度结构。这就是法律制度的结构性调适。

三、结构性调适的方式

法律制度的结构性调适可以采取以下几种方式。

第一种,增设,即增加法律制度中某些结构因素的设置,如增加层次,或增加部门等。"文化大革命"结束以后,百废待兴,法律制度从一片废墟和荒原上重新建构起来,所以恢复法制建设以来我国法律制度结构性调适的主调是增设。如:

在法律规范体系方面,中国特色社会主义法律体系已经形成。60多年来特别是实行改革开放政策以来,中国共产党领导中国人民制定宪法和法律,经过各方面坚持不懈的共同努力,到2010年年底,一个立足中国国情和实际、适应改革开放和社会主义现代化建设需要、集中体现中国共产党和中国人民意志,以宪法为统帅,以宪法相关法、民商法等多个法律部门的法律为主干,由法律、行政法规、地方性法规等多个层次法律规范构成的中国特色社会主义法律体系已经形成,国家经济建设、政治建设、文化建设、社会建设以及生态文明建设的各个方面实现有法可依。[①]

① 参见《中国特色社会主义法律体系》白皮书,国务院新闻办公室2011年10月27日发布。据统计,截至2011年8月底,中国已制定现行宪法和有效法律共240部、行政法规706部、地方性法规8600多部,涵盖社会关系各个方面的法律部门已经齐全,各个法律部门中基本的、主要的法律已经制定,相应的行政法规和地方性法规比较完备,法律体系内部总体做到科学和谐统一,中国特色社会主义法律体系已经形成。

在主体体系方面，1978年我国重新设立了人民检察院，县级以上人民代表大会均设立常务委员会，人民法院内部职能部门也增设了立案庭、行政审判庭、审判监督庭等职能部门，司法行政机关于1979年重建，恢复建立了行政监察部门和政府法制部门(2018年3月11日的《宪法修正案》决定设立监察委员会，行政监察部门因此撤销，政府法制部门职责并入司法行政部门)，仲裁委员会依照《仲裁法》的要求重新设置，大量的律师事务所、公证处、基层法律服务所和企业法律事务机构重新建立，恢复或新增了大批法律院校，法学研究机构也在各地设立。在上述法律机构中，法律职业者的从业人数一直在增加。

在手段体系方面，增设的内容也非常明显。法律制度手段体系建设成绩显著。

第二种，充实，即增加法律制度原有层次和部门中的构成单元。恢复法制建设以来，全国人民代表大会及其常委会通过的许多法律修正案和最高人民法院、最高人民检察院的司法解释，国务院及各部门的行政解释，均充实了原有法律规范部门的内容，从而使法律规范体系的结构得到调适。

第三种，合并，即将不适应法律制度运行的若干层次或部门合并为一个层次或一个部门。这种方式较少采用。这是因为我国恢复法制建设的速度较快，社会变迁又促进了法律制度内部的分化。但应当注意，分化到了一定程度，将会遇到难以统一协调的问题。因此，现在应重视法律制度的统一协调问题，并适当控制分化的速度(包括法律机构和法律职业者的分化、法律规范的分化、法律院校及其专业的分化、手段体系的分化等等)。《合同法》的制定结束了合同立法“一分为三”(《经济合同法》《技术合同法》和《涉外经济合同法》)的局面，我国高等学校本科专业目录调整将法学类专业(包括法学、经济法、国际法、国际经济法等)合并为统一的法学专业，这些措施都是根据法律制度发展需要所采取的合并措施。

第四种，撤销，即取消不适合法律制度运行的层次和部门。如曾有一些司法机关联合成立“讨债公司”，均已被撤销。人民法院与行政管理部门联合(或共同)设立专业法庭(如土地法庭、环保法庭)，混淆了审判机关的审判职能与行政机关的行政管理职能，这种做法应当制止，已经成立的应当撤销。法律规范被取消或修改的情况也较多见，如全国人民代表大会于1980年9月10日通过取消宪法中有关大鸣、大放、大辩论、大字报规定的决定。

在我国法律制度基本结构建立以后，主要的任务应是进行经常性的结构调适。这是一项长期的工作。特别要注意的是，法律制度的结构单元，正如建筑材料一样,也存在老化问题,法律规范经过一定时间后会渐渐不适应社会需要而老化,法律机构的层次和部门设置也会随着社会变迁而显得呆板,法律职业者的身体及知识、观念和思想也会老化,手段体系也是如此,必须随时进行各种方式的更新和调适,以保证法律制度新陈代谢,永葆活力。

第四节　法律制度的支持系统

法律制度的支持系统是指支持法律制度发展的各种主观和客观条件,包括社会法律态度和具有法律制度替代功能的社会组织、规范体系。

一、社会法律态度

法律态度是指社会主体在法律认知的基础上对法律所持有的情感以及选择法律行为的倾向。公众与社会组织的法律态度是法律制度的重要基石。

社会主体的法律态度状况受诸多因素影响,如法律制度是否满足社会主体的社会需求以及满足的程度;社会主体对法律制度的理解程度;法律文化传统;等等。

在我国,《中华人民共和国宪法》规定,中华人民共和国的一切权力属于人民。人民依照法律规定,通过各种途径和形式,管理国家事务,管理经济和文化事业,管理社会事务。人民理所当然可以通过合法途径管理法律事务。《中华人民共和国宪法》还规定,任何公民享有宪法和法律规定的权利,同时必须履行宪法和法律规定的义务。从根本上说,我国的法律制度,是人民的法律制度,符合人民的根本利益和长远利益。但我国有是一个有着数千年人治历史的国家,在文化传统中法治的根基不扎实,所以人民群众的法律意识有一个逐步提高的过程。因此党和国家非常重视在公民中普及法律常识,开展法制宣传教育和传播法治理念。1985 年 11 月,中共中央、国务院转发了中宣部、司法部《关于用五年左右时间向全体公民基本普及法律常识的五年规划》。同年 12 月,全国人大常委会作出了《关于在公民中基本普及法律常识的决定》。完成"一五"普法规划(1986—1990 年)后,我国又连续实施五年普法规划,取得了显著成效。

尽管法律教育和普法教育取得明显成效,我国公民的法律素质也有所提高,但按照社会主义法治国家的要求还有很大距离。大多数公民和社会组织以实际行动信任、支持法律制度,而少数公民和社会组织却在对抗、违背法律制度,或对法律制度表示出冷漠的态度。我们把公民和社会组织对待法律制度的态度大致分为以下三种：

第一种，支持。表现为积极履行权利和义务，在工作、生活事务中均能依法办事；协助法律机构和法律职业者实施法律规范，直接参加法律机构工作，为法治事业效力；制订辅助法律制度运行的规章制度，依照法律精神对所在社会组织及其成员进行管理；参加法律制度的支持组织（如人民调解委员会、治安保卫组织等），等等。

第二种，冷漠。表现为对于切身权利积极行使，对不切身的权利（如选举权、检举权等）不积极行使；消极履行义务；不主动协助法律机构和法律职业者的法律活动，对法律制度运行抱旁观态度。

第三种，反对。包括一般的违反和严重的对抗。前者表现为一般的违法行为，如滥用权利（越权）、侵权；后者表现为严重对抗性的违法行为即犯罪行为。对法律机构的活动采取逃避、对抗行为（如偷税、抗税，拒不执行人民法院生效的判决和裁定，妨碍公务，拒捕，等等）。

要充分发挥法律制度的积极功能，必须争取广大公民和社会组织的大力支持。群众是法律制度力量的源泉和基础。法律机构要善于利用各种社会力量，而不应“孤军作战”或“各自为政”。法律机构和法律职业者应通过自己的全部工作宣传社会主义法律制度，争取民心，支持、鼓励公民和社会组织的积极协助行为，对表现突出的（如举报犯罪线索、同违法犯罪行为做斗争，以及在法制宣传上有突出贡献的），应适时予以表彰和奖励，要坚决制止各种违法犯罪行为，做到执法必严、违法必究，对不同性质、不同程度的违法行为采取不同的法律制裁措施；同时应通过广泛而有效的普法工作和法律实际行动，教育、启发、争取持冷漠态度的公民和社会组织，为法律制度打下坚实的群众基础。

二、法律制度替代功能及其机制

法律制度替代功能是指法律制度外的社会设置所具有的与法律制度类似的维护社会结构和社会秩序的功能。这种社会设置主要包括具有法律制度替代功能的社会组织和具有法律制度替代功能的规范体系。

（一）具有法律制度替代功能的社会组织

在我国，具有法律制度替代功能的社会组织主要有基层法律事务机构、企业法律事务机构、人民调解组织、劳动争议调解组织、单位内部治安保卫机构、群众治安保卫组织和保安服务公司。

1. 基层法律事务机构

基层法律事务机构是根据我国实际情况设立的一种具有法律服务功能的机构。依据《基层法律服务所管理办法》的规定,基层法律服务所是依据本办法在乡镇和城市街道设立的法律服务组织,是基层法律服务工作者的执业机构。基层法律服务工作者是取得执业资格,在基层法律服务所提供法律服务的人员。基层法律服务所依照司法部规定的业务范围和执业要求,面向基层的政府机关、群众自治组织、企业事业单位、社会团体和承包经营户、个体工商户、合伙组织以及公民提供法律服务,维护当事人的合法权益,维护法律的正确实施,促进社会稳定、经济发展和法制建设。①

2. 企业法律事务机构

企业法律事务机构也是根据我国实际情况设立的一种具有法律服务功能的机构。1986年9月国务院颁布的《厂长工作条例》明确规定:"厂长可以设置专职或聘请兼职的法律顾问。"1997年3月,人事部、原国家经贸委和司法部联合颁布了《企业法律顾问执业资格制度暂行规定》,规定了企业法律顾问实行执业资格制度。此后,国家先后发布了《企业法律顾问执业资格考试实施办法》《企业法律顾问管理办法》《企业法律顾问注册管理办法》等法律文件。2004年5月国务院国有资产监督管理委员会发布了《国有企业法律顾问管理办法》。按照《企业法律顾问管理办法》的规定,企业可以设立企业法律事务机构,大型企业可以设置总法律顾问。企业法律顾问是指具有企业法律顾问执业资格,由企业聘任并经注册机关注册后从事企业法律事务工作的企业内部专业人员。随着市场化和法治化水平的提高,大中型企业设立法务部的比例也随之上升。

3. 人民调解组织

人民调解制度是我国的一项创举,②由来已久。人民调解组织具有解决民间纠纷的司法替代功能。按照《人民调解法》的有关规定,人民调解委员会是依法设立的调解民间纠纷的群众性组织。村民委员会、居民委员会设立人民调解委员会。企业事业单位根据需要设立人民调解委员会。经人民调解委员会调解达成的调解协议,具有法律约束力,当事人应当按照约定履行。

---

① 关于基层法律服务所的存废,学界有两种不同观点,一种是撤销论;另一种是规范论。参见炊长森:《关于建立县乡律师制度的思考》,《中国司法》2006年第2期;任金保、王琼:《基层法律服务所发展取向与农村基本法律服务制度之构建》,《中国司法》2006年第11期。

② 依靠人民调解组织解决民间纠纷是我国的独创,它在国际上被誉为"东方经验""东方一枝花"。

4. 劳动争议调解组织

按照《劳动争议调解仲裁法》的规定，发生劳动争议，当事人可以到下列调解组织申请调解：(一)企业劳动争议调解委员会；(二)依法设立的基层人民调解组织；(三)在乡镇、街道设立的具有劳动争议调解职能的组织。企业劳动争议调解委员会由职工代表和企业代表组成。职工代表由工会成员担任或者由全体职工推举产生，企业代表由企业负责人指定。企业劳动争议调解委员会主任由工会成员或者双方推举的人员担任。

5. 单位内部治安保卫机构

单位内部治安保卫机构具有维护社会治安的替代功能，是维护社会秩序的一支重要力量。按照《企业事业单位内部治安保卫条例》规定，单位应当根据内部治安保卫工作需要，设置治安保卫机构或者配备专职、兼职治安保卫人员。治安保卫重点单位应当设置与治安保卫任务相适应的治安保卫机构，配备专职治安保卫人员，并将治安保卫机构的设置和人员的配备情况报主管公安机关备案。

6. 群众治安保卫组织

群众治安保卫组织在新中国成立初期特殊的社会背景之下产生，在不同的历史时期承担不同的任务，现已成为我国社会治安的一种重要力量。《中华人民共和国宪法》规定，居民委员会、村民委员会设人民调解、治安保卫、公共卫生等委员会，办理本居住地区的公共事务和公益事业，调解民间纠纷，协助维护社会治安，并且向人民政府反映群众的意见、要求和提出建议。《城市居民委员会组织法》规定，居民委员会根据需要设人民调解、治安保卫、公共卫生等委员会。《村民委员会组织法》规定，村民委员会根据需要设人民调解、治安保卫、公共卫生等委员会。

7. 保安服务公司

保安服务公司是改革开放以来出现的新生事物，是协助公安机关维护社会治安，预防和减少违法犯罪的重要力量，具有维护社会治安的替代功能。保安服务主要指保安服务公司派出保安员为客户单位提供的门卫、巡逻、守护、押运、随身护卫、安全检查以及安全技术防范、安全风险评估等服务。保安服务公司是依法登记成立的，从事保安服务的公司。成立保安服务公司，须具备《保安服务管理条例》第 8 条规定的条件，并取得省、自治区、直辖市人民政府公安机关核发的保安服务许可证。国家机关及其工作人员不得设立保安服务公司，不得参与或者变相参与保安服务公司的经营活动。

(二) 具有法律制度替代功能的规范体系:民间法

习惯法、民间法问题,颇受学界关注。梁治平的《清代习惯法:社会与国家》(中国政法大学出版社 1996 年版),苏力的《法治及其本土资源》(中国政法大学出版社 1996 年版),高其才的《中国习惯法论》(湖南出版社 1995 年版)等研究成果,对习惯法、民间法进行了不同视角的探讨。此外还有数百篇与民间法相关的论文。[①]

梁治平认为:"事实上,国家法在任何社会都不是唯一的和全部的法律,无论其作用多么重要,它们只能是整个法律秩序的一个部分,在国家法之外、之下,还有各种各样其他类型的法律,它们在填补国家法遗留的空隙,甚至构成国家法的基础。"[②]研究民间法的学者主张法律分国家法和民间法,在国家法之外存在民间法。关于习惯法与民间法的关系,有的学者不加辨别;有的学者则作了辨别。李可认为,习惯法分民间习惯法和国家习惯法,制定法分国家制定法和民间制定法,故民间法包括民间习惯法和民间制定法。[③]

法律制度一方面为社会生活提供了一个框架,另一方面为全社会提供了依照制度办事的范例。社会群体,特别是具有一定规模的社会组织,往往仿照法律制度模式,制定各种规章制度,实行组织管理。目前,我国的各种社会组织,除直接援引宪法和法律进行内部管理外,在很大程度上依赖于其自身创制的规章制度。

中国共产党高度重视党内法规的建设,于 2013 年 5 月 27 日发布了《中国共产党党内法规制定条例》。依其规定,党内法规是党的中央组织以及中央纪律检查委员会、中央各部门和省、自治区、直辖市党委制定的规范党组织的工作、活动和党员行为的党内规章制度的总称。党章是最根本的党内法规,是制定其他党内法规的基础和依据。现行党内法规数量可观,并在继续完善中。[④] 由于中国共产党是执政党,党内法规在党和国家政治生活中发挥极为重要的作用,并非普通的民间法。

人民团体、企事业单位以及基层自治组织均可制订适合自身管理需要的规

---

① 参见李学兰:《中国民间法研究学术报告(2002—2005 年)》,《山东大学学报》哲学社会科学版 2006 年第 1 期。

② 梁治平:《清代习惯法:社会与国家》,中国政法大学出版社 1996 年版,第 35 页。

③ 参见李可:《习惯法——一个正在发生的制度性事实》,中南大学出版社 2005 年版。

④ 根据《中共中央关于废止和宣布失效一批党内法规和规范性文件的决定》(2013 年 8 月),1978 年以来制定的党内法规和规范性文件,有 300 件被废止和宣布失效,467 件继续有效,其中 42 件将作出修改。

章制度。如《中国共产主义青年团章程》《中华全国妇女联合会章程》《中国科学技术协会章程》《中华全国归国华侨联合会》《中华全国青年联合会章程》《中华全国工商业联合会章程》《中国法学会章程》等人民团体章程，高等院校等事业单位章程，公司章程，村民委员会、城市居民委员会制订的"村规民约"和"居民公约"，住宅小区业主共同制定的管理规约等。

各种社会组织的规章制度，只要不违背宪法和法律，在其适用的范围内就是具有合法效力的社会规范。我们可以将这些规章制度视为法律规范体系的自然延伸部分，通过这些规章制度具体体现法律制度的原则和精神，——或者称之为民间制定法。同时，这些规章制度又是法律规范的源泉之一，立法机关可以从富有成效的规章制度中汲取精华，使之上升为具有普遍约束力的法律规范。所以，我们将它视为法律制度支持系统的重要内容，视为法律制度的一块基石。

民间法可能与国家法发生冲突。① 郭星华、王平指出："大量的国家法律背后，不仅蕴涵着西方的法律思想，而且要求在治理社会的思维上发生根本性的转变，国家法律必然与民间规范发生冲突。国家法律与民间规范在冲突中互动，国家法律承认了一部分民间规范，改变了一部分民间规范，并创造了一些新的规范，同时民间规范也在影响国家法律的建设，特别在一些地方性法规的颁布和执行过程中。人们在面对这种两套规范体系同时存在并仍在互动的局面时，表现出了困惑和不适应。""在国家法律和民间规范的互动过程中，这两套规范并不是完全对立的。从国家法律的角度看待互动中的二者关系，可以分为三种类型，即一致、冲突和创新。"②

三、法律制度与其支持系统之间关系的协调

为保证法律制度支持系统的生命力，必须注意保持法律制度与支持系统的经常性联系，并加以指导。特别要注意以下两点：

第一，既保持法律制度与其支持系统的联系，又严格区分两者的界线。支

① 与国家法冲突的"民间法"不能得到国家的承认。浙江北部有这样一种农村习俗：大儿子赡养父亲，二儿子赡养母亲。浙江省德清县人民法院在一起赡养纠纷的判决中指出，乡风民约不得违背法律的规定。参见朱立毅：《乡风民约不得违背法律　儿女均负赡养父母义务》，载于新华网/法治频道/法治快递。

② 郭星华、王平：《国家法律与民间规范的冲突和互动——关于社会转型过程中的一项法社会学实证研究》，《江海学刊》2003 年第 1 期。

持系统是法律制度的第一道防线,替代了法律制度的若干功能,因此二者的经常性联系是必要的,不能互相脱节;支持系统与法律制度又有着不同的性质,二者的界线应区分开来。如社会组织的规章制度不具有法律规范的约束力,具有法律制度替代功能的社会组织及其工作人员不具有法律机构及法律职业者的职权,具有法律制度替代功能的社会组织工作人员不得非法使用制服、警械等工具,不得故意混淆与法律机构、法律职业者的界限。

第二,既指导法律制度支持系统的运行,又监督其是否合法运行。我国有关法律规定了法律机构对其支持系统的指导职责。如《人民调解法》规定,基层人民法院对人民调解委员会调解民间纠纷进行业务指导;《村民委员会组织法》规定,村民会议可以制定和修改村民自治章程、村规民约,并报乡、民族乡、镇的人民政府备案。村民自治章程、村规民约以及村民会议或者村民代表会议的决定不得与宪法、法律、法规和国家的政策相抵触,不得有侵犯村民的人身权利、民主权利和合法财产权利的内容。村民自治章程、村规民约以及村民会议或者村民代表会议的决定违反前款规定的,由乡、民族乡、镇的人民政府责令改正。如果支持系统的规章制度与法律规范相抵触,其工作人员不能依法办事,干预法律制度正常运行,则不但不能支持法律制度,反而削弱了法律制度的力量。

法律制度支持系统是我国法律制度的一笔宝贵财富,是我国法律制度优越性的体现,应充分发挥其支持功能。

【重要概念】

社会(society) 社会制度(或称社会建制、社会设置)(social institution) 法律制度(legal institution) 法律制度主体体系(the subject system of legal institution) 法律制度规范体系(the legal norm system of legal institution) 法律规范微观结构(microscopic structure of legal norms) 法律规范中观结构(mesoscopic structure of legal norms) 法律规范宏观结构(macroscopic structure of legal norms) 法律制度手段体系(the legal device System of legal institution) 法律制度支持系统(the sustaining systems of legal institution) 法律态度(legal attitude) 替代功能(substitute function) 民间法(folk law) 规章制度(regulations)

【文献指引】

1. 拙文《论法律产品》提出法律产品的概念,并认为法律产品可分为初级法律产品和最终法律产品。初级法律产品是指处于准备阶段、尚未直接影响法律消费者生活的法律产品，即法律制度；最终法律产品在指已直接影响法律消费者生活的法律产品，即法院裁决、仲裁裁决、行政决定、公证及其他一切能直接影响法律消费者生活的法律措施。详见拙文：《论法律产品》，《人民法院报》2003 年 11 月 10 日、17 日 B1 版。

2. 费孝通先生(1910—2005)，中国著名社会学家、人类学家和社会活动家，著有《江村经济》《生育制度》《乡土中国》和《学术自述与反思》等。参见《江村经济》，商务印书馆 2001 年版；《生育制度　乡土中国》，北京大学出版社 1998 年；《学术自述与反思》，生活·读书·新知三联书店 1996 年版。苏力有纪念文章《费孝通先生的学术与中国的法学》，刊于《南方周末》2005 年 4 月 28 日。

3. 与法律机构、法律职业者相关的现行立法有《宪法》《全国人民代表大会组织法》《全国人民代表大会和地方各级人民代表大会代表法》《国务院组织法》《监察法》《人民法院组织法》《人民检察院组织法》《国家安全法》《公务员法》《法官法》《检察官法》《人民警察法》《仲裁法》《律师法》《公证法》《仲裁法》《劳动争议调解仲裁法》《农村土地承包经营纠纷调解仲裁法》《人民调解法》《人民陪审员法》《全国人民代表大会常务委员会关于司法鉴定管理问题的决定》《司法鉴定机构登记管理办法》《人事争议处理规定》《基层法律服务所管理办法》和《企业法律顾问管理办法》等。请从全国人民代表大会、中央人民政府、司法部、人社部等网站或纸质图书中检索。

4. 苏力所著《法治及其本土资源》是一部在法律社会学有重要影响的著作，包括《变法，法治及本土资源》《秋菊的困惑和山杠爷的悲剧》等十余篇论文。参见苏力：《法治及其本土资源》，中国政法大学出版社 1996 年版。

5. 梁治平所著《清代习惯法：社会与国家》一书从法律社会学立场出发，依据官府档案、民间契约和司法调查等第一手资料，对清代习惯法进行了迄今为止最为系统的探究。参见梁治平：《清代习惯法：社会与国家》，中国政法大学出版社 1996 年版。

6. 高其才所著《中国习惯法论》对习惯法一般原理以及中国宗族习惯法、村落习惯法、行会习惯法、行业习惯法、宗教寺院习惯法、秘密社会习惯法、少数民族习惯法等方面进行了独特的研究。参见高其才：《中国习惯法论》，湖南出版社 1995 年版。

【研究选题】

1. 理解法律制度要素论的意义。
2. 《劳动争议调解仲裁法》实施研究。
3. 《农村土地承包经营纠纷调解仲裁法》实施研究。
4. 作为法律渊源的国家政策。
5. 作为法律渊源的习惯。
6. 基层法律服务所存废的法律社会学研究。
7. 企业法律事务机构存废的法律社会学研究。
8. 治安联防组织的法律社会学研究。
9. 民法典编纂问题的法律社会学研究。
10. 村规民约或学校章程调研。

第四章　法律机构分析

社会群体理论是社会学的基础理论。所谓社会群体,是指通过持续的社会互动结合起来的具有共同利益的人类集合体。社会群体是社会赖以运行的基本结构要素之一,是社会学的基本分析单位。社会群体的最基本分类是分为初级群体和次级群体。初级群体也称为直接群体、基本群体或首属群体,是指社会群体的最基本形式,是存在密切社会互动的基础群体,包括家庭、邻里、朋友、亲属等。次级群体也称为间接群体或次属群体,是指为了某种特定目标而建立的共同活动的群体。次级群体指的是各种社会组织,如政治组织(如政党组织、国家机关)、经济组织(如公司、合作社)、法律组织(如法院、检察院、仲裁委员会、律师事务所)、教育组织(如各类学校)、文化组织(如作家协会)、宗教组织(如教会)等。[①] 社会群体还可以作其他分类,如依据正规化程度分为正式群体和非正式群体,依据人际关系发生的原因分为血缘群体、地缘群体、业缘群体和趣缘群体,依据成员归属方式分为先赋群体和后致群体(前者如家庭、族群、性别群体,后者如业缘群体、趣缘群体)。法律机构属于次级群体中的正式群体、业缘群体和后致群体。

本章将根据社会组织的基本原理,分析法律机构的组织特征,法律机构的内部结构,法律机构的外部关系以及法律机构的功能。

第一节　法律机构的组织特征

法律职业者和法律机构都是在法律社会化历史进程中分化的产物。在很长的一段时间里,虽有法律规范,以及保证法律规范实施的政权组织和官员,但并无专门的法律职业者和专门的法律机构。在中国奴隶、封建社会里,行政、司法合一,当时的行政官吏即为“法官”,官府衙门即为“法律机构”。自资产阶级革命以后,“三权分立”的启蒙思想成为政治现实,国家职能开始了重大的分化。立法权、司法权从行政权中分离出来,专门的法律职业者(议员、法官、检察官、

---

① 民法上,社会组织可以是法人(包括公益法人和私益法人),也可以是非法人组织。

律师等)和专门的法律机构(议会、法院等)出现并实现了制度化。[①] 我们这里所说的法律机构,就是指国家为了保证法律规范运行(生成和复现)而专门设立的共同活动群体。

一、法律机构的一般组织特征

法律机构的组织特征,是指法律机构构成法律制度主体体系组成部分所具有的特征。

法律机构的组织特征表现在两个方面,即法律机构的一般社会组织特征和专业化特征。

法律机构属于次属群体,具有社会组织的一般特征。

首先,法律机构具有确定的组织原则、目标和章程。我国的国家机构实行民主集中制的组织原则,法律机构的目标在于合理地运行法律制度。属于国家机关的法律机构,其组织原则、目标和章程由组织法规定,非国家机关的法律机构,其组织原则、目标和管理体制等规定于章程。法律机构的组织法或章程明确自身的组织目标[②]、组织界线(包括活动范围、权限、成员资格和任职程序等)、成员的权利义务、组织纪律、管理体制。法律机构必须有这样一套保证组织目标实现的活动准则和规范,每一成员必须承认和遵守。

其次,法律机构拥有一定数量的符合条件的成员。法律机构是由专门的法律职业者构成的。人民代表大会由经过民主选举的人民代表组成,人民法院和人民检察院的审判、检察人员是根据《法官法》《检察官法》的规定条件产生的,[③]律师事务所是由依法取得律师执业证书的律师组成的,[④]等等。

---

① 需要说明的是,在此之前,出现过非制度化的个别专门法律职业者,如在共和制罗马时代即出现过专职的辩护人(律师),但在封建制时期,多数国家废除辩论式诉讼,使律师失去了作用。真正的律师制度是在资产阶级政权建立以后才产生的。中国三国时代的魏国首次设立"律博士",教授法律。

② 参见《中华人民共和国人民法院组织法》第 3 条,《中华人民共和国人民检察院组织法》第 4 条等。

③ 《法官法》规定,担任法官必须具备下列条件:(一)具有中华人民共和国国籍;(二)年满二十三岁;(三)拥护中华人民共和国宪法;(四)有良好的政治、业务素质和良好的品行;(五)身体健康;(六)高等院校法律专业本科毕业或者高等院校非法律专业本科毕业具有法律专业知识,从事法律工作满二年,其中担任高级人民法院、最高人民法院法官,应当从事法律工作满三年;获得法律专业硕士学位、博士学位或者非法律专业硕士学位、博士学位具有法律专业知识,从事法律工作满一年,其中担任高级人民法院、最高人民法院法官,应当从事法律工作满二年。初任法官采用严格考核的办法,按照德才兼备的标准,从通过国家统一法律职业资格考试取得法律职业资格,并且具备法官条件的人员中择优提出人选。《检察官法》也有相应规定。

④ 《律师法》规定,律师执业,申请律师执业,应当具备下列条件:(一)拥护中华人民共和国宪法;(二)通过国家统一法律职业资格考试取得法律职业资格;(三)在律师事务所实习满一年;(四)品行良好。

再其次，法律机构拥有一定权威的管理体制。我国的法律机构一般实行民主集中制的领导和管理体制，人民代表大会、人民法院、人民检察院和行政执法机关的组织原则由《宪法》《全国人民代表大会组织法》《地方各级人民代表大会和地方各级人民政府组织法》《监察法》《人民法院组织法》和《人民检察院组织法》等法律规定，如国务院实行总理负责制，地方各级人民政府实行省长、市长、县长、区长、乡长、镇长负责制，人民检察院实行检察长统一领导体制。律师事务所的管理体制律师事务所的章程规定。《全国人民代表大会常务委员会关于司法鉴定管理问题的决定》规定司法鉴定实行鉴定人负责制度。法律教育和法律研究机构的管理体制由各自章程规定，但按照《高等教育法》的规定，国家举办的高等学校实行中国共产党高等学校基层委员会领导下的校长负责制，社会力量举办的高等学校的内部管理体制按照国家有关社会力量办学的规定确定。

最后，法律机构拥有相应的设备。设备（包括物质性设备和象征性设备）是法律机构的活动手段，不可缺少。设备情况直接影响法律机构的活动效果。

二、法律机构的专业化特征

法律机构不是作为一般的社会组织存在，而是作为一个高度专业化的社会组织存在的。英国的罗杰·科特威尔在《法律社会学导论》一书中写道："对许多人来说，法律似乎是独立于生活其他方面的，它好似一个集中了一大堆深奥知识的职业化的神秘天地，这些知识是如此繁杂和令人高深莫测，以至于门外汉望而却步。所以外行通常是千方百计地逃避它，除了律师以外，很少有人愿意涉足法律诉讼，也很少有人知晓包含在浩如烟海的法律卷宗和司法报告中的秘密。人们一般都认为法的经验是不同于社会经验的另一个王国。"①这正是对法律机构高度专业化的写照。在严格实行法治的国家，存在着宏大的法律规范体系（包括成文法规范以及包含在判例、司法解释之中的不成文规范）。内化这些繁杂的法律规范，往往不是一件容易事。法律机构的工作人员应当具备与其职务相称的知识和能力，特别是法律专业知识和运行法律的技能。

法律专业和法律职业是社会分化的结果，也是社会分工发展的必然要求。这一专业应被视为一个技术性较强的专业。把法律专业工作看成是在法律规范性文件或《法律全书》中检索条文的工作，这是一种误解，法律专业工作不仅要求有坚实的法律知识基础，更要求有运用法律知识于具体事例的实际能力，

---

① ［英］罗杰·科特威尔：《法律社会学导论》，华夏出版社1989年版，第18页。

以及与此有关的广泛知识和能力。法律职业者都清楚,他们在法学院所学到的知识仅仅是法律专业工作的入门知识。一整套操作技巧是在法律实践的过程中逐渐掌握的。

严格地建立起法律机构的界线是维护法律机构专业特色的关键。法律机构通过成员资格、管辖范围和职权的规定建立本组织的界线。法律机构的成员必须具备一定的资格,每一法律机构都有自己的职权和工作任务及活动范围。宪法和有关组织法规定了各法律机构的职权、工作任务和活动范围。不同的法律机构和其他社会组织均应严守自己的法律地位,不可逾越。法律机构在自己的法定活动范围和权限之中活动,政党、社会团体和企业、事业单位不得越权行使法律机构的职权。

第二节　法律机构的内部结构

法律机构作为一种专业化的群体,因为业缘将其成员聚集在一起。法律机构成员之间相互作用,在法律机构中的各个职位、部门和层次间产生比较稳定的相互关系形式,这种形式被称为组织结构。

根据社会组织学的原理,为保证组织的生存与发展,在组织结构设计中应遵循以下原理：目标任务原则;有效管理原则;分工协作原则;统一指挥原则;责权对等原则;精简与效率原则;统一领导与分级管理的原则。组织机构的基本模式有直线职能组织结构、矩阵组织机构和事业部组织机构等模式。[①] 法律机构的组织机构设计也应遵循上述原则,并按照不同法律机构的性质、任务和规模确定不同的组织机构模式。

法律机构的结构包括内部结构和外部关系。法律机构的内部结构是指法律机构内部各部分之间的关系,反映法律机构内部社会关系的静止状态;法律机构的外部关系是指不同法律机构之间以及法律机构与非法律机构的社会组织、个人之间的相互关系。本节探讨法律机构的内部结构问题。

一、正式结构和非正式结构

法律机构是一个高度专业化的社会组织,它的内部组织结构也体现了这一特征。与其他社会组织一样,法律机构的内部结构也可分为正式结构和非正式

① 参见郑杭生主编:《社会学概论新修》,中国人民大学出版社2003年第3版,第201—202页。

结构，正式结构是法律机构内部各个职位、各部门之间按照组织章程和规范确立的正式的相互状态，非正式结构是指受组织章程和规范之外的因素影响形成的初级关系。法律机构的正式和非正式结构都客观存在，影响着法律机构的功能发挥。正式结构是法律机构的支柱，而非正式结构在一定条件可以弥补正式结构过于刻板的不足，促进工作成效，但任其发展则可能损害或架空正式结构并影响法律机构的正常活动。

法律机构的内部正式结构极为严密。从宏观上看，一国或者一个社会范围之内的法律机构浑然一体。如我国目前的法律机构由权力机关、监察机关、审判机关、检察机关、行政执法机关、法律服务机构、仲裁机构、法律教育机构和法律研究机构构成，它们相互之间发生种种联系（在大多数情况下由法律明确其相互关系）。这些法律机构分为属于国家机关的法律机构（包括权力机关、行政执法机关、监察机关、审判机关和检察机关）和不属于国家机关的法律机构（包括法律服务机构、仲裁机构、法律教育机构和法律研究机构）两大类，性质有所区别。再从法律机构某一子系统或区域分布来看，国家机关的法律机构都由上下级或平级的机关构成，非国家机关的法律机构则按区域分布。如权力机关由全国人民代表大会及其常务委员会、地方各级人民代表大会及其常务委员会组成，法律服务机构由互不隶属的众多律师事务所、公证处和司法鉴定机构组成，商事仲裁机构设置在全国各中心城市。每一区域内存在各种法律机构，它们相互配合，相互制约，构成该区域的法律机构网络。从微观上看，每一法律机构个体内部也具有正式结构。如人民法院，设置院长、副院长、审判委员会委员、庭长、副庭长、审判员和助理审判员等职位，设置审判委员会、办公室、政治部（处、科）、研究室、立案庭、民事审判庭（若干）、刑事审判庭（若干）、行政审判庭、审判监督庭、执行局、人民法庭等正式机构。

法律机构的宏观结构和微观结构都具有重要意义。宏观、微观结构上的平衡和协调，都是法律机构充分发挥积极功能的必要条件。虽然我国恢复法制建设以来对法律机构进行了较大规模的结构性调适，但目前我国法律机构仍存在薄弱环节。从宏观上看，法律机构尚需适当发展以求得与其他国家机关的平衡。法律机构的子系统和区域分布欠均衡，中西部和农村地区的法制力量也较薄弱。从微观上看，则应从工作需要出发调整具体法律机构内职能部门的力量。

法律机构的非正式结构也是值得关注的一个问题。法律机构中工作团队，临时性的工作“搭档”关系，亲密的同事关系，直接影响工作效果。充分利用法律职业者之间的非正式结构，可以促进协调和合作。警察 A 与警察 B 的配合可能比警察 A 与警察 C 的配合更为融洽,法官 A 与书记员 C 的配合可能不如法官 B 和书记员 C 的配合融洽;法学研究课题组负责人与某些成员合作比较融洽,等等。非正式结构也可能存在消极因素,如法律机构中存在的小团体,影响法律机构内部团结,甚至架空了正式结构。这些消极因素必须消除。

二、法律机构内部结构分析

我国 9 类法律机构的内部结构各有特点,所存在的结构问题也各有侧重,下面分别加以阐述。

(一) 权力机关

人民代表大会制度是我国的根本政治制度,我国不实行“三权分立”制度,“国家行政机关、监察机关、审判机关和检察机关都由人民代表大会产生,对它负责,受它监督”。从法律和理论角度看,在我国的宏观政治设计中,人民代表大会应在主持国家事务中起决定性、根本性的作用;从现实角度看,能否使根本政治制度在国家事务中发挥根本作用,是我国当前政治生活中的一个根本问题。要做到这一点,首先要解决人民代表大会制度内部的结构问题。

一个法律机构的内部结构,取决于该法律机构的活动目标。明确的目标引导法律机构内部结构合理化,内部结构的设置在于符合机构的目标。权力机关内部部门的设置和职位的设置均应符合权力机关的主旨:充分代表人民意志,便于人民管理国家事务,保证国家一切权力属于人民。权力机关决不能因人设事。应当充分发挥各级人民代表大会常务委员会作为常设机关的作用,防止人大常委会“虚职化”,还应当重视各级人民代表大会的专门委员会在行使权力机关职权方面的重要作用。

(二) 监察机关

各级监察委员会是行使国家监察职能的专责机关,依法对所有行使公权力的公职人员进行监察,调查职务违法和职务犯罪,开展廉政建设和反腐败工作,维护宪法和法律的尊严。为有效实现这一职能,《宪法》规定了监察委员会的双重领导体制:中华人民共和国国家监察委员会是最高监察机关。国家监察委员会领导地方各级监察委员会的工作,上级监察委员会领导下级监察委员会的工作。国家监察委员会对全国人民代表大会和全国人民代表大会常务委员会负责。地方各级监察委员会对产生它的国家权力机关和上一级监察委员会负责。

(三) 审判机关

我国审判机关的内部结构可以从下面几对关系中进行分析:

1. 上级法院—下级法院

根据宪法和法律规定，最高人民法院监督地方各级人民法院和专门人民法院的审判工作，下级人民法院的审判工作受上级人民法院监督。在审判工作方面，上下级人民法院是监督和被监督的关系。上级人民法院主要通过上诉审判程序和审判监督程序实行对下级人民法院的审判监督。[①] 由于司法环境不良和法院自身因素导致审判质量欠佳，当事人上诉、申诉的比重较高。最高人民法院和地方各级人民法院负担繁重，由于人力、物力、财力所限，不能及时、完全处理这些案件，大量的申诉不能立案处理。这样，由于审判力量的限制，使上下级人民法院之间的审判监督关系显得较为软弱。下级人民法院的个别法官在一审诉讼程序中就案件裁决请示上级人民法院法官的做法，也破坏了正常的审判监督关系。[②] 只有不断提高各级人民法院审判工作质量，才能健全上下级法院的正常监督关系。

2. 法院—人民法庭

基层人民法院除了设立审判庭外，还根据地区、人口和案件情况设立若干人民法庭，作为法院的派出机构。人民法庭是基层人民法院的组成部分，它的判决和裁定就是基层人民法院的判决和裁定。应当根据各地的具体情况（如人口、交通、经济发展、审判力量和条件、案件状况），决定人民法庭的设置。凡设立的人民法庭，应配备足够的审判力量和物质条件。最高人民法院一直重视“两庭”建设问题，现已取得明显成效，结束了人民法院靠租房、借房办公的历史。[③]

最高人民法院高度重视人民法庭的作用。《最高人民法院关于全面加强人民法庭工作的决定》(2005 年 9 月 19 日)指出，人民法庭是党通过司法途径保持同人民群众密切联系的桥梁和纽带，是展示国家司法权威和提高司法公信力的重要窗口。人民法庭处在维护社会稳定的第一线，处于化解和调处矛盾纠纷的

---

① 最高人民法院重视发挥指导性案例在统一法律适用标准、指导下级法院审判工作、丰富和发展法学理论等方面的作用。

② 最高人民法院《人民法院第二个五年改革纲要(2004—2008)》第 12 条提出：“改革下级人民法院就法律适用疑难问题向上级人民法院请示的做法。对于具有普遍法律适用意义的案件，下级人民法院可以根据当事人的申请或者依职权报请上级人民法院审理。上级人民法院经审查认为符合条件的，可以直接审理。”

③ 人民法院的“两庭”建设是指人民法院的审判庭和人民法庭的基础设施建设和物质建设。“两庭”建设是人民法院全面建设的基础和重要组成部分。20 世纪 80 年代中期在全国掀起的第一轮“两庭”建设高潮，彻底解决了基层人民法院审判庭、人民法庭办公用房问题；21 世纪在全国范围内掀起了第二轮“两庭”建设高潮，其内容是解决基层人民法院审判庭和人民法庭的规范化和现代化问题。

前沿,促进经济和社会发展、维护社会稳定的责任重大。只有不断增强司法能力,提高司法水平,人民法庭才能依法妥善处理和化解各种社会矛盾,推进基层社会主义民主法制建设的进程,维护社会的公平和正义。

3. 院长—审判委员会—庭长—合议庭(独任法官)

按照《法官法》的规定,院长、副院长、审判委员会委员、庭长、副庭长除履行审判职责外,还应当履行与其职务相适应的职责。按照《人民法院组织法》《法官法》及诉讼法的规定,院长主持各级人民法院审判委员会会议;根据合议庭提请决定将案件提交审判委员会讨论决定;对本院已经发生法律效力的判决和裁定,如果发现在认定事实上或者在适用法律上确有错误,提交审判委员会处理;任免助理审判员;提请人民代表大会常务委员会任免副院长、审判委员会委员、庭长、副庭长和审判员;参加合议庭时担任审判长;担任法官考评委员会主任;等等。庭长的职责包括指定审判员担任审判长;参加合议庭时担任审判长;等等。副院长、副庭长分别协助院长、庭长工作。各级人民法院设立审判委员会,实行民主集中制。审判委员会的任务是总结审判经验,讨论重大的或者疑难的案件和其他有关审判工作的问题。人民法院审判案件,实行合议制。人民法院审判第一审案件,由审判员组成合议庭或者审判员和人民陪审员组成合议庭进行;简单的民事案件,轻微的刑事案件和法律另有规定的案件,可由审判员一人独任审判。人民法院审判上诉和抗诉的案件,由审判员组成合议庭进行。

我国人民法院长期以来沿袭行政化色彩浓厚的管理体制,难以适应市场经济和法治国家的需要。最高人民法院于 1999 年 10 月 20 日发布的《人民法院五年改革的纲要(1999—2003)》明确指出:"审判工作的行政管理模式,不适应审判工作的特点和规律,严重影响人民法院职能作用的充分发挥。"2002 年 12 月 8 日,在"大法官讲坛"开幕式上,中国首席大法官、最高人民法院院长肖扬在题为"法院、法官与司法改革"的演讲中指出,我国现行法院制度存在的问题为三个方面:一是司法权力地方化;二是审判活动行政化;三是法官职业大众化。[①] 理顺院长—审判委员会—庭长—合议庭(独任法官)之间的关系,有利于解决审判活动行政化问题。

为克服司法行政化的弊端,最高人民法院实行了旨在扩大合议庭和独任法官的审判权限,强化合议庭和法官职责的司法改革。2002 年 7 月 30 日发布的《最高人民法院关于人民法院合议庭工作的若干规定》明确规定,合议庭的审判

① 参见肖扬:《法院、法官与司法改革》,《法学家》2003 年第 1 期。

活动由审判长主持，全体成员平等参与案件的审理、评议、裁判，共同对案件认定事实和适用法律负责。除列举的情形外，合议庭应当依照规定的权限，及时对评议意见一致或者形成多数意见的案件直接作出判决或者裁定。院长、庭长可以对合议庭的评议意见和制作的裁判文书进行审核，但是不得改变合议庭的评议结论。院长、庭长在审核合议庭的评议意见和裁判文书过程中，对评议结论有异议的，可以建议合议庭复议，同时应当对要求复议的问题及理由提出书面意见。合议庭复议后，庭长仍有异议的，可以将案件提请院长审核，院长可以提交审判委员会讨论决定。这些规定有利于改变院长、庭长审批案件的行政化惯习。

（四）检察机关

新中国成立以来，检察机关几经变更。“文革”期间曾一度被撤销，由公安机关代行其职权。1978 年才得以重建。重建后的检察机关成为我国法治事业中的一支重要力量。

人民检察院的领导体制不同于人民法院。人民检察院实行双重领导体制，即同级权力机关和上级检察机关双重领导。人民检察院内部设置侦查监督、公诉、控告申诉检察、民事行政检察等业务部门以及检察委员会。

由于我国经济和政治的变迁，以及检察制度自身不够完善，我国检察机关内部尚存在难以适应现实需要的现象。虽然规定双重领导体制，但检察机关往往更多地受地方同级权力机关、行政机关和党委的制约。而干部力量的不足和经费的短缺，使检察机关内部结构难以充实、齐备。

（五）行政执法机关

公安机关、国家安全机关、司法行政机关等行政机关承担不同的行政职责，其内部机构的设置也有所不同。如公安部设有办公厅、纪委监察、警务督察、人事训练、宣传、经济犯罪侦查、治安管理、边防管理、刑事侦查、出入境管理、消防、网络安全保卫、监所管理、交通管理、法制、国际合作、装备财务、禁毒、科信等局级机构，分别承担有关业务工作。交通运输部、中国民航局、国家铁路局、国家林业和草原局的公安局和海关总署缉私局列入公安部序列，接受主管部门和公安部双重领导。

由于诸多行政机关都有行政执法的职责，就出现了多头执法的局面。正如《国务院办公厅关于继续做好相对集中行政处罚权试点工作的通知》（2000 年 9 月 8 日）所指出的：“目前，政府职能转变和行政管理体制改革尚未完全到位，行政机关仍在管着许多不该管、管不了、实际上也管不好的事情，机构臃肿、职责不清、执法不规范的问题相当严重。往往是制定一部法律、法规后,就要设置一支执法队伍。一方面,行政执法机构多,行政执法权分散;另一方面,部门之间职权交叉重复,执法效率低,不仅造成执法扰民,也容易滋生腐败。实行相对集中行政处罚权制度,对于解决行政管理中长期存在的多头执法、职权交叉重复和行政执法机构膨胀等问题,提高行政执法水平和效率,降低行政执法成本,建立'精简、统一、效能'的行政管理体制,都有重要意义。"城市进行相对集中行政处罚权的试点工作已经取得一定经验,改变了"七顶八顶大盖帽管着一顶破草帽"的多头执法现象,城市管理行政执法部门已经在各城市普遍设立。

(六) 法律服务机构

法律服务机构是法律制度主体体系中不可缺少的组成部分。由于它的功能不同于立法机关、审判机关和检察机关,也不同于公安机关、司法行政机关等行政执法机关,其结构存在明显区别。

按照《律师法》的规定,司法行政部门依照《律师法》对律师、律师事务所和律师协会进行监督、指导。律师可以设立合伙律师事务所或个人律师事务所。合伙律师事务所可以采用普通合伙或者特殊的普通合伙形式设立。合伙律师事务所的合伙人按照合伙形式对该律师事务所的债务依法承担责任。设立人对个人律师事务所的债务承担无限责任。律师协会是社会团体法人,是律师的自律性组织。与国家机关的法律机构相比较,法律服务机构结构较为分散,成员具有较强的独立性。律师事务所之间不存在行政隶属关系,所以都是平等的,在必要时根据业务需要建立协作关系。律师和律师事务所实行自律和行政监督相结合的管理制度,律师事务所内部按照章程实行自治。

按照《公证法》的规定,公证机构按照统筹规划、合理布局的原则,可以在县、不设区的市、设区的市、直辖市或者市辖区设立;在设区的市、直辖市可以设立一个或者若干个公证机构。公证机构不按行政区划层层设立。司法行政部门依照本法规定对公证机构、公证员和公证协会进行监督、指导。公证协会是公证业的自律性组织,依据章程开展活动,对公证机构、公证员的执业活动进行监督。公证机构内部依章程管理。

司法鉴定机构按照《全国人民代表大会常务委员会关于司法鉴定管理问题的决定》《司法鉴定机构登记管理办法》和《司法鉴定人登记管理办法》进行自治和行政管理。

(七) 仲裁机构

按照《仲裁法》的规定,仲裁委员会可以在直辖市和省、自治区人民政府所在地的市设立,也可以根据需要在其他设区的市设立,不按行政区划层层设立。设立仲裁委员会,应当经省、自治区、直辖市的司法行政部门登记。仲裁委员会独立于行政机关,与行政机关没有隶属关系。仲裁委员会之间也没有隶属关系。仲裁委员会由主任1人、副主任2至4人和委员7至11人组成。仲裁委员会应当从公道正派的人员中聘任仲裁员,并按照不同专业设仲裁员名册。仲裁委员会独立于行政机关,与行政机关没有隶属关系,仲裁委员会之间也没有隶属关系。《仲裁法》规定,中国仲裁协会是社会团体法人,是仲裁委员会的自律性组织,根据章程对仲裁委员会及其组成人员、仲裁员的违纪行为进行监督。但由于各种原因,中国仲裁协会迟迟未能成立。①

自1995年《仲裁法》实施以来,仲裁机构在全国各中心城市相继设立。

(八)法律教育机构

法律教育是整个国民教育制度的重要组成部分,同时也是法律制度的一个组成部分。法律教育可以分为普通法律教育和专业法律教育,前者包括在高校开设法律基础课程,在中小学讲授法律常识,实施普法教育等;后者是指为培养法律人才而实施的法律教育,包括法学专科、法学本科、法学研究生(硕士、博士)教育。此处的法律教育机构专指专业法律教育机构。专业的法律教育直接培养法律职业者,是法律制度生成功能的体现,其自身结构直接影响法律制度的运行。

法律教育的结构是指法律教育的种类、办学形式、层次、专业设置和布局等。

法律教育可分为普通高等教育和成人高等教育两类;其办学形式有全日制和非全日制两种,非全日制形式包括函授、自学考试、电视广播大学、夜大学、远程教育等;教育层次分为大专、本科、硕士研究生、博士研究生;所设置的本科专业目前已调整为统一的法学专业,研究生专业按二级学科设置(共10个)。我国的法律教育布局采取中央和地方相结合的方式,包括教育部直属高校的法律教育机构(校、院、系)和其他高校中的法律教育机构。

专业的法律教育在我国已具备较大规模,但也应看到法律教育存在的问题和困难。比如我国法律专业学位(JM)已经明确其培养目标为高层次、复合型的法律职业者,那么法学本科生和科学学位硕士研究生的培养目标又是什么?

---

① 全国人大代表朱列玉律师在2013年两会期间提出议案,建议尽快成立中国仲裁协会。有关报道可从网络检索。

这三者之间的关系如何？法学本科、硕士、博士研究生层次如何衔接？是否应当建立全国统一的司法研修制度？如何改革法律人才培养模式和教学方法？通过教育教学改革，提高法律人才培养质量，已成为中国高等法学教育改革发展最核心最紧迫的任务。

（九）法律研究机构

我国社会主义法学研究体系已初具规模。这个体系既包括基础理论研究，又包括应用法学研究；既包括现行法学研究，又包括历史法学、比较法学研究；既包括立法研究，也包括司法、行政执法、守法研究。

从法学研究的组织管理形式看，基本上分为三种形式：院校系统、社科院系统和实际部门系统。全国法律院系集中了一大批法学人才，法学研究力量雄厚。中国社会科学院和各省、市、自治区的社会科学院一般设有法学研究所（室）。各实际法律部门结合法律实践进行研究。

从以上的分析中，我们可以得知，法律机构内部结构主要采用职能结构模式，根据法律机构的任务分工划分部门，编制员工。这样的结构模式有利于提高工作效率，锻炼专业能力，但容易滋长本位主义，部门之间难以协调，所以，法律机构的负责人应加强监督和协调，组织部门间的交流和合作。

第三节　法律机构的外部关系

一、法律机构的相互关系

每一社会组织均生存于社会环境，与社会结构其他部分发生种种联系。

法律机构总体上属于社会整合组织，它依赖于其他社会组织。如法律组织必须以经济组织的活动为物质条件，以政治组织为权力保障，以新闻出版组织为传播手段，等等。

各法律机构之间是相互制约、相互合作的，它们的活动都是法律运行过程中的一个环节。制约和合作是它们之间的链条，缺少一环即导致脱节，下列具体问题正是这方面的体现。

（一）权力机关对行政机关、审判机关和检察机关的监督问题

我国的政治制度不采用“三权分立”，但国家职能必须进行合理分工，这是国家政权正常运作和进行权力制约的需要。权力机关监督由它产生的国家机关，是防止权力滥用的重要保障。但这种监督尚未取得显著成效。我国县级以

上的地方权力机关一般只设法律、财经与文教卫生等专门委员会，没有足够的人力和健全的组织机构，难以对各国家机关进行有效的监督。实际上，有些地方权力机关对现实生活中的重大社会问题也没有主动关注，对各国家机关的重大失误也没有主动质询和纠正。人民代表也没有经常性视察本区域内的各项工作。

为保障全国人民代表大会常务委员会和县级以上地方各级人民代表大会常务委员会依法行使监督职权，有效监督行政机关、审判机关和检察机关行使国家权力，第十届全国人民代表大会常务委员会第二十三次会议于 2006 年 8 月 27 日通过了《各级人民代表大会常务委员会监督法》。该法规定各级人民代表大会常务委员会对本级人民政府、人民法院和人民检察院的工作实施监督，促进依法行政、公正司法，并规定了听取和审议人民政府、人民法院和人民检察院的专项工作报告；审查和批准决算，听取和审议国民经济和社会发展计划、预算的执行情况报告，听取和审议审计工作报告；法律法规实施情况的检查；规范性文件的备案审查；询问和质询；特定问题调查；撤职案的审议和决定等监督方式。

（二）监察机关与权力机关、行政机关、审判机关和检察机关的关系

监察机关由权力机关产生，接受权力机关的监督，对产生它的权力机关负责。各级人民代表大会常务委员会听取和审议本级监察委员会的专项工作报告，组织执法检查。

监察委员会依照法律规定独立行使监察权，不受行政机关、社会团体和个人干涉。监察机关办理职务违法和职务犯罪案件，应当与审判机关、检察机关、执法部门互相配合，互相制约。

（三）人民法院、人民检察院与人民政府的关系问题

人民法院、人民检察院和人民政府分别依法行使审判权、法律监督权和行政权，同时都对同级权力机关负责。但是，由于政府实际上掌握着法院、检察院的人、财、物权，法院、检察院的活动有时受到不良的制约。个别地方政府的负责人以人、财、物权相要挟，干预司法活动，助长了司法地方保护主义和司法部门保护主义。

为防止司法地方化，最高人民法院《人民法院第二个五年改革纲要（2004—2008）》提出要继续探索人民法院的设置、人财物管理体制改革，为人民法院依法公正、独立行使审判权提供组织保障和物质保障。改革和完善人民法院经费保障体制，探索建立人民法院的业务经费由国家财政统一保障、分别列入中央财政和省级财政的体制。研究制定基层人民法院的经费基本保障标准。最高

人民检察院《关于进一步深化检察改革的三年实施意见》(2005年9月12日)也提出探索建立人民检察院的业务经费由国家财政统一保障、分别列入中央和省级财政预算的制度,在有条件的地方探索实行省级以下人民检察院的业务经费由省级财政统筹保障、省级人民检察院统一管理的试点工作。

《中共中央关于全面深化改革若干重大问题的决定》(2013年11月12日中国共产党第十八届中央委员会第三次全体会议通过)要求确保依法独立公正行使审判权检察权。改革司法管理体制,推动省以下地方法院、检察院人财物统一管理,探索建立与行政区划适当分离的司法管辖制度,保证国家法律统一正确实施。

(四)人民法院与人民检察院的关系问题

人民法院和人民检察院分别依法独立行使审判权和检察权。两院之间正常配合和制约关系,是我们法律制度的合理运行的关键因素之一。考虑到以往人民检察院对人民法院的审判监督基本上局限于刑事审判监督,近年来人民检察院加强了民事、行政审判的监督。

《中共中央关于全面深化改革若干重大问题的决定》要求健全司法权力运行机制。优化司法职权配置,健全司法权力分工负责、互相配合、互相制约机制,加强和规范对司法活动的法律监督和社会监督。

(五)法官与律师的关系问题

法官依法行使审判权,律师根据当事人的委托依法提供法律服务。二者在诉讼活动中的地位、作用虽有不同,但由于职业的原因,在诉讼活动中必然会发生接触,形成一定的相互关系。正确处理这种关系,不仅有利于审判活动的正常进行,有利于保障律师依法执业,更有利于保护当事人的合法权益,维护司法公正。因此,有必要进一步加强对法官和律师在诉讼活动中的职业纪律约束,严格规范法官和律师之间的关系。

为了加强对法官和律师在诉讼活动中的职业纪律约束,规范法官和律师的相互关系,维护司法公正,最高人民法院、司法部于2004年3月19日联合发布《关于规范法官和律师相互关系维护司法公正的若干规定》。

(六)法律教育、研究机构与法律实际部门的关系问题

理论联系实践,理论指导实践。法律教育、研究机构与法律实际部门的合作可以促进二者的发展。目前法律教育、研究机构与法律实际部门正在探索各种形式的合作,如资深法官、检察官、律师担任兼职教师或兼职研究人员(各JM培养单位聘任资深法官、检察官、律师担任导师),理论工作者与实际工作者联

合申报研究课题并进行合作研究，法学教师担任法律实际部门的咨询委员，法学教师参与法律职业者的业务培训，等等。

《教育部中央政法委员会关于实施卓越法律人才教育培养计划的若干意见》(教高[2011]10 号)决定实施高校与实务部门人员互聘“双千计划”，即：选派 1000 名高校法学骨干教师到实务部门挂职 1—2 年，参与法律实务工作。选派 1000 名法律实务部门具有丰富实践经验的专家到高校任教 1—2 年，承担法学专业课程教学任务。

二、法律机构与非法律机构社会力量的关系

(一) 法律机构与人民群众

中华人民共和国的一切权力属于人民。人民群众与法律机构的关系是：人民群众以各种形式参加法律机构的活动或对法律机构的活动进行监督，同时支持和配合法律机构的活动；反过来，法律机构吸收人民群众参加管理，处理人民群众之间的各种纠纷和法律问题，主动接受人民群众的监督。人民群众是法律机构的力量源泉，法律机构应采取相应措施密切与人民群众的联系，如权力机关应通过人民代表及时向选民通报情况，人民代表应经常倾听选民意见(有些人民代表以为选民既然选自己当代表，自己当然能代表选民意志。脱离选民的人民代表实际上仅仅代表他个人)，应及时报道人大会议和人大常委会会议的情况，权力机关也应接受人民监督，否则权力机关就难以在人民群众中树立极高的威信；审判机关应通过公开审判和有效的执行争取人民群众的信任，必要时可举行司法新闻发布会，让公众享有知情权，与公众建立起良好的公共关系，同时欢迎公众对审判活动的正当舆论监督，等等。

法律机构来自人民，依靠人民，服务人民。最高人民法院于 2003 年 12 月 2 日发布的《关于落实 23 项司法为民具体措施的指导意见》充分体现了司法为民的精神。法律援助制度的建立，也体现了法律机构服务人民的宗旨。

(二) 法律机构与政党

中国共产党的领导是宪法确认的一项原则，一切法律机构均自觉接受党的领导。但党的领导主要是思想、政治和组织领导，并不包揽法律机构的具体事务。各法律机构与中国共产党的一般关系是：法律机构遵循中国共产党制定的路线、方针、政策，运行在中国共产党领导下制定的宪法和法律，在活动中接受中央和地方各级党组织(党委、党组等)的政治监督，法律机构中的党员应模范执行党的政策和国家法律；中国共产党的中央和地方各级党组织应保证、监督

法律机构的政治方向,支持法律机构依法办事。某些党组织的负责人以党组织名义干预法律机构的具体工作,或者对法律机构的活动放任不管,这两种做法或者使法律机构的活动受到影响,或者使法律机构的一些不正之风得不到纠正。党组织应通过采取措施切实保护人民代表大会和其他法律机构,树立法律机构的应有的权威(特别是国家机关的法律机构),制止党员对法律机构的非法干预。在司法实践中,个别党组织的负责人直接干预案件处理(在许多情况下夹带个人私情),影响了司法机关内部的正常制约机制,而独立的审判权和检察权落空,往往又以种种冤假错案的产生和公民、社会组织的合法权益受到侵犯作为代价。

(三) 法律机构与媒体

在现代社会,法律机构与媒体存在着广泛而密切的联系,尤以司法机关与媒体的关系特别引人关注。一方面,司法过程所蕴含或展示的丰富内容,对于媒体来说具有永恒的吸引力。司法实践所衍生、引发的事件与问题,从来都是媒体关注的热点;另一方面,现代媒体所拥有的信息传播力量、广泛社会影响、舆论监督作用,也使得司法机关无法忽视媒体的作用。但司法与媒体也存在矛盾和冲突。新闻采访讲自由,法庭审案讲秩序;新闻报道讲时效,司法诉讼讲程序;新闻评论讲有感而发,法官裁判重理性分析;新闻报道要对事实进行筛选,司法裁判依据事实必须全面;新闻报道追求轰动效应,司法裁判追求平息纷争。由于司法与媒体各自的特性不同、职责不同、规律不同,也不可避免地表现出一些矛盾和冲突。司法与媒体的政治责任和社会责任是一致的,在加强、促进和保证社会公平正义上是一致的,双方积极合作、良性互动理应成为主导性的关系,因此必须进一步加强和改进新闻宣传工作,注意尊重和遵守新闻工作的规律和特点,积极主动地依法公开必要的信息,以实现司法审判工作与媒体报道工作的良性互动。①

第四节　法律机构的功能分析

一、法律机构的功能状态

法律机构的直接功能是保证法律社会化过程的顺利推进。法律机构通过

---

① 参见《肖扬要求司法和媒体良性互动》,《光明日报》2006 年 9 月 13 日。

法律规范的生成和复现，协调社会内部关系，维护社会秩序，进行社会控制，达到社会整合的目标。

从功能上进行考虑，我们可以发现法律机构的活动是较为复杂的。法律机构的活动可能表现为显功能，也可能隐藏着潜功能。例如惩治犯罪行为，其显功能是对犯罪分子的犯罪行为进行惩罚，通过惩罚和劳动改造达到特殊预防的目的；而这种惩罚活动隐藏着警诫其他社会成员的潜功能，一般预防的基础就在于这种潜功能。

在正常情况下，法律机构发挥正功能，即促进整个社会合理运行的功能。但并非法律机构的一切活动都能发挥正功能。如果法律规范体系自身不健全或者与社会合理运行不协调，以及法律机构自身过行中受主、客观因素影响，阻碍了功能发挥，可以导致功能失调，甚至产生反功能，即阻碍整个社会合理运行的功能。法律机构制造冤假错案或法律职业者渎职，只能对社会产生反功能。

不同的法律机构因内、外因素影响，还存在功能大小、功能发挥充分与否等量的差别。

法律机构是一个结构严密的体系，所以能凝聚起强大的整体功能，达到法律制度的整体目标。但首先应发挥各法律机构的功能。

二、各法律机构的功能分析

（一）权力机关

权力机关是我国政治制度根本的组织形式，它的功能是代表人民意志管理国家事务，生成国家机关和法律，监督由它产生的行政机关、审判机关、检察机关和军事机关依宪法活动。它应在我国政治生活中发挥根本性的作用。但从目前情况看，它的根本性功能尚未得到充分发挥。一些人民代表与选民没有经常性的联系，影响了权力机关的人民意志代表性，而权力机关对行政、审判、检察机关的个别失职现象没有主动质询，影响了它的监督功能的发挥。《监督法》的出台，将更好地发挥权力机关的监督功能。

（二）监察机关

各级监察委员会是行使国家监察职能的专责机关，它的职能是依法对所有行使公权力的公职人员进行监察，调查职务违法和职务犯罪，开展廉政建设和反腐败工作，这是我国反腐败工作中的一个创举，对所有行使公权力的公职人员进行全覆盖的监察，有利于宪法和法律的有效实施。

（三）审判机关

审判机关具有制衡功能、整合功能、社会控制功能和舆论教育功能(上述功能有重叠现象)。

审判机关通过审判行政案件等方式,制约行政机关,通过行使审判权制约检察机关。行政机关和其他国家机关及其工作人员的违法活动受到审判受到制裁或者纠正,其合法行为则受到审判机关的维护。审判机关通过审判活动,维持在宪法和法律原则下的国家机关—社会组织—公民三者之间权力和利益的平衡。这是审判机关的制衡功能。

审判机关的基本功能是社会整合。通过审判活动,对各种社会行为表示支持或者反对,保护或者制裁,消除破坏和扰乱因素,维护社会公正以宣泄不平情绪,防止社会解体,达到维护社会秩序,增强社会向心力的目的。

充分发挥法律机构的正功能,可以为国家争取民心,密切国家与人民的关系,密切各社会组织和公民间的关系,缩小社会主体间的距离,社会结构因此可变得更为紧密和有序。

法律制度是现代社会最为重要的社会控制手段,审判机关明显具有社会控制功能。审判机关通过舆论教育和强制约束这两种不同的方式来实行社会控制。审判机关通过其审判活动和裁判约束特定的公民或社会组织,而通过审判活动宣传法制、褒扬正义、维护公正、消除社会不稳定因素则是面向所有社会成员的。

审判机关的舆论教育功能不可忽视。审判机关的审判活动不仅代表了一种政治力量,往往同时代表了一种道德力量。审判往往极有力地抑制了陈腐、丑恶的道德观念,而褒扬了高尚的道德行为。审判机关通过自己的全部审判活动,高扬民主和法治,引导新型道德关系和社会舆论的形成。

（四）检察机关

检察机关具有法律监督功能,具体地讲,检察机关的功能有下列三项:

第一,监督法律实施。权力机关具有监督宪法和法律实施的功能,但检察机关是专门的法律监督机关,二者的监督是不同层面上的监督。权力机关的监督首先表现为维护国家宪法、法律、行政法规和国家政策的统一,对于具体社会行为的合法与否,大多由检察机关予以监督。

在我国公民的法律意识较为薄弱,某些社会组织和社会团体及其负责人的守法自觉性不高的今天,加强法律监督十分必要,否则,不守法现象势必蔓延,甚至危及整个法律制度的运行体系,导致社会无序。

第二，保证法制统一。社会主义法制是统一的法制。为使这个体系化的法律制度普遍实施于社会生活，需要一个拥有强大权威的、专门的法律监督机关予以保证。

我国幅员辽阔，民族众多，实施统一的法制会遇到种种阻碍。“上有政策，下有对策”的现象并不罕见，地方保护主义也时有抬头。法律制度在社会各行各业、各个社会生活领域的实施程度还不均衡。检察机关应正视这种不平衡的状况，采取措施，加强薄弱环节。

第三，制约权力行使。检察机关在接受权力监督、制约的同时，制约行政权和审判权的行使。根据目前法律的规定，检察机关对行政权的行使实行下列形式的监督：(1)对于行政人员的犯罪，行使检察权；(2)对公安机关的侦查活动是否合法，实行监督；(3)对监狱、看守所的活动是否合法，实行监督。检察机关对审判权的行使实行下列形式的监督：(1)对于人民法院的审判活动是否合法，实行监督；(2)对于人民法院的一审刑事判决和裁定，认为确有错误时，提出抗诉；(3)对于人民法院已经生效的判决和裁定，认为确有错误时，提出审判监督程序的抗诉；(4)对人民法院判决和裁定的执行是否合法，实行监督。人民检察院发现人民法院审理案件违反法律规定的诉讼程序，有权向人民法院提出纠正意见。军事检察机关对军事机关及军事保卫机关、军事审判机关的活动是否合法，实行法律监督。

为保障检察机关发挥上述功能，检察机关应坚持依法独立行使检察权，依法排除各种非法干预，保证法制统一。检察机关是法律制度的神经系统，这个系统一旦受到干扰发生紊乱，即可导致整个法律制度失衡、失控。检察机关的基本业务是刑事案件的办理，以往较少顾及民事诉讼和行政诉讼。大量的民事法律法规和行政法律法规的实施也迫切需要法律监督。

（五）行政执法机关

公安、国家安全机关的功能是维护社会治安秩序和公共安全以及国家安全，应通过提高警察素质，切实保护公民的合法权益，与公众建立良好的公共关系，继续重视应用先进的科学技术和现代管理手段等措施，提高公安、国家安全机关的战斗力。

司法行政机关的功能主要是为法律制度的正常运行提供服务，如领导和管理监狱工作，管理律师、公证工作以及人民调解、法制宣传等。司法行政的功能是行政而非司法。

（六）法律服务机构

法律服务机构的功能是直接为社会提供法律服务。具体表现在：(1)为国家机关、社会组织和公民提供法律帮助，维护其合法权益。(2)依法制约司法活动。律师通过其业务活动，与公、检、法机关的活动相互制约，以保证法律的正确实施。(3)宣传法律。律师的全部活动都包含了宣传社会主义法制的功能。(4)维护社会公正。律师以及所提供的专业知识和服务，有效地维护公正。[①]

律师的功能是明显的，但尚需强化。应从社会各方面保障律师活动的正常运行，排除非法干预，使律师功能真正得以发挥。司法机关在其司法活动中应保障律师职能正常发挥，杜绝各种妨碍律师依法履行职务甚至侵犯律师权利的事件。政府可通过聘请法律顾问等形式发挥律师的功能，授权法律顾问参与重大行政决策，保证决策合法，审查规范性文件的合法与否，作为政府代理人出庭参与诉讼，协助政府负责人增强法律意识和依法办事的能力。各社会组织和公民也应尊重律师的职务活动，依法配合，不得非法干涉律师活动。另一方面，律师必须加强自律，树立公正的形象，在法治进程中发挥更大作用。

（七）仲裁机构

仲裁机构的功能是作为民间司法机构行使裁决权，为平等主体的公民、法人和其他组织在发生合同纠纷和其他财产纠纷时提供一种国家司法途径以外的解决渠道，提供一种双方当事人均可接受的法律救济方法。充分发挥仲裁机构的司法作用，可以缓解国家司法机关的压力，也可使当事人之间少伤和气。

（八）法律教育机构

法律教育机构的功能是为法律机构培养、输送法律专业人才，也为社会培养各类具有法律知识的管理人员。此外，也还有社会教育和法律研究的任务。为适应现实需要，应着手改革现行的法律教育体制。

（九）法律研究机构

法律研究机构的功能在于探讨法律制度以及法律制度社会化过程的各个环节的合理性，指导法律职业者的实践。法理研究、立法研究、司法研究和守法

① 《律师法》第28条规定："律师可以从事下列业务：(一)接受自然人、法人或者其他组织的委托，担任法律顾问；(二)接受民事案件、行政案件当事人的委托，担任代理人，参加诉讼；(三)接受刑事案件犯罪嫌疑人、被告人的委托或者依法接受法律援助机构的指派，担任辩护人，接受自诉案件自诉人、公诉案件被害人或者其近亲属的委托，担任代理人，参加诉讼；(四)接受委托，代理各类诉讼案件的申诉；(五)接受委托，参加调解、仲裁活动；(六)接受委托，提供非诉讼法律服务；(七)解答有关法律的询问、代写诉讼文书和有关法律事务的其他文书。"

研究各有其特殊功能。法律研究的功能发挥应从法学研究方法的更新和法律研究体制的改革入手。

三、法律机构整体功能

法律机构是一个具有高度整合性的有机系统,其整体功能并不是各个法律机构功能的简单相加,而是各法律机构共同作用形成的合力。法律机构的整体功能大于各法律机构的功能之和。法律机构的整体功能取决于各法律机构的实行效果以及相互间的适应情况。

法律机构之间的相互适应表现为彼此互为条件、相互支持、相互制约、相互配合,在它们之间形成了功能耦合网。

【重要概念】

社会群体(social group)　初级群体(primary group)　家庭(family)　社会组织(social organization)　法律机构(legal organization)　正式结构(formal structure)　非正式结构(informal structure)　正功能(positive function)　负功能(negative function)

【文献指引】

1. 最高人民法院《人民法院第三个五年改革纲要(2009—2013)》提出,深化人民法院司法体制和工作机制改革的目标是:进一步优化人民法院职权配置,落实宽严相济刑事政策,加强队伍建设,改革经费保障体制,健全司法为民工作机制,着力解决人民群众日益增长的司法需求与人民法院司法能力相对不足的矛盾,推进中国特色社会主义审判制度的自我完善和发展,建设公正高效权威的社会主义司法制度。

2. 关于权力机关监督制度,请阅读《中华人民共和国各级人民代表大会常务委员会监督法》(第十届全国人民代表大会常务委员会第二十三次会议于2006年8月27日通过,自2007年1月1日起施行)。

3. 司法体制改革是当前法律界关注的一个问题。肖扬主编的《当代司法体制》对英、美、法、德、意、俄、日、韩等13个国家及我国港澳台地区的司法体制进行了介绍,可供参考。参见肖扬主编:《当代司法体制》,中国政法大学出版社1998年版。

4. 法律教育问题是中国法治进程中一个重要问题。贺卫方的《中国法律教育之路》既有对中国法律教育传统的回顾,也有对中国法律教育现实的观察。参见贺卫方编:《中国法律教育之路》,中国政法大学出版社 1997 年版。另可参阅苏力:《当代中国法学教育的挑战与机遇》,《法学》2006 年第 2 期。

5. 最高人民法院、司法部联合发布的《关于规范法官和律师相互关系维护司法公正的若干规定》对于加强法官和律师在诉讼活动中的职业纪律约束具有重要意义。参见最高人民法院、司法部《关于规范法官和律师相互关系维护司法公正的若干规定》,可从最高人民法院、司法部网站检索。

6.《中共中央关于全面深化改革若干重大问题的决定》(2013 年 11 月 12 日中国共产党第十八届中央委员会第三次全体会议通过)第九部分就“推进法治中国建设”作出战略部署,包括维护宪法法律权威、深化行政执法体制改革、确保依法独立公正行使审判权检察权、健全司法权力运行机制、完善人权司法保障制度等项内容。

7.《中共中央关于全面推进依法治国若干重大问题的决定》(2014 年 10 月 23 日中国共产党第十八届中央委员会第四次全体会议通过)提出了完善司法管理体制和司法权力运行机制的具体政策措施。

8. 关于监察委员会制度,请阅读《中华人民共和国监察法》(第十三届全国人民代表大会第一次会议于 2018 年 3 月 20 日通过,同日起施行)。

【研究选题】

1. 当前侵犯法律机构界线的现象有哪些?
2. 司法机关经费保障体系研究。
3. 案例指导制度研究。
4. 司法改革的研究综述或实证研究(调研)。
5. 中国未来法律教育的层次和规格研究。
6. 法律职业人员统一职前培训制度(或司法研修制度)之可行性研究。
7. 法学界与新闻界对审判独立与舆论监督的关系有不少论述,试作一研究综述。
8. 与行政区划适当分离的司法管辖制度研究。

第五章　法律职业者分析

“角色”一词，本是戏剧中的名词，指扮演的剧中人物。美国社会心理学家米德(G. H. Mead，1863—1931)从戏剧中借用“角色”(Role)一词作为社会学的术语。米德认为，社会是一个大舞台，社会中的个人就是他所扮演的各种角色的总和。“角色”一词已在社会学中广泛使用。

按照社会学原理，社会角色是指与人的某种社会职位、身份相一致的一整套权利和义务的规范与行为模式，它是人们对具有特定身份的人的行为期待，它构成社会的基础。每一个人承担多种社会角色，以及一组相互依存的社会角色，被称为角色集。法律职业者角色是现代社会中发挥重要作用并被社会公众关注的角色，应用社会角色理论对法律职业者进行分析，具有重要意义。

本章将对法律职业者角色、法律职业者共同体以及法律职业激励机制问题进行探讨。

第一节　法律职业者角色分析

一、法律职业者的概念

法律职业者[①]，严格地说并非法律概念。法律并没有一般性地规定法律职业者的定义。在有关的法律条文中，出现过“国家工作人员”[②]、“司法工作人员”[③]等用语。“法律职业者”的含义比上述用语的含义更宽，本书从法律社会学

---

① 《不列颠百科全书》对法律职业的定义为“以通晓法律及法律应用为基础的职业”。昂格尔教授认为：“法律秩序是区别于习惯和官僚规则的严格意义的法律，法律秩序以法律职业的自治性为特征。”“一个由其活动、特权和训练所确定的特殊集团，即法律职业集团，操纵规则、充实法律机构及参加法律争诉的实践。”参见《现代社会中的法律》，吴玉章、周汉华译，中国政法大学出版社 1995 年，第 47 页。

② 《中华人民共和国刑法》第 93 条规定：“本法所称国家工作人员，是指国家机关中从事公务的人员。”“国有公司、企业、事业单位、人民团体中从事公务的人员和国家机关、国有公司、企业、事业单位委派到非国有公司、企业、事业单位、社会团体从事公务的人员，以及其他依照法律从事公务的人员，以国家工作人员论。”

③ 《中华人民共和国刑法》第 94 条规定：“本法所称司法工作人员，是指有侦查、检察、审判、监管职责的工作人员。”

的角度来理解这个概念：

第一,法律职业者被视为法律制度主体体系的组成部分。法律机构和法律职业者(或者说由法律职业者组织起来的法律机构)构成法律制度的主体体系。

第二,法律职业者被视为法律规范生成和复现功能的承担者。法律规范由法律职业者创制,并由法律职业者主持复现于社会生活。

第三,法律职业者被视为运行法律规范的专门工作者。法治事业是全体公民的共同事业,一切公民和社会组织实际上也直接或间接地参加到法律运行的过程中,如公民参加修改宪法、制定法律的讨论,遵守宪法和法律,依照法律规范进行各种合法行为,享受法律权利,承担法律义务等。但是,一般公民并非运行法律规范的专门工作者,并非以运行法律规范为职业和专业。一般公民仅仅参与与其相关的那部分法律活动,并非从法律规范的运行出发,进行有计划、有组织的法律活动。

由此,我们可以将法律职业者定义为：承担法律规范生成和复现的专门工作者。

二、法律职业者角色分析

(一) 法律职业者的角色特征

法律职业者角色是现代社会中的一个鲜明角色。从社会学角度理解,法律职业者角色是指与法律职业者的职位、身份相一致的一整套权利和义务的规范与行为模式,是人们对具有法律职业身份的人的行为期待,是在法律机构内部结构中所处位置的外在表现,它构成法律机构的基础。

法律职业者角色具有以下特征：

1. 角色自致性

社会角色依据获得方式,可区分为先赋角色和自致角色。法律职业者角色在今天的社会中是通过个人的努力和活动获得的,属于自致角色。法律职业者角色的自致性是由法律规范对法律职业者的严格要求所决定的。不具备相当高的素质,就无法承担运行法律规范的任务。在今天的社会,要担当法律职业者角色,必须首先经过多年的学习和锻炼,特别应通过正规教育或其他途径掌握法律业务知识和法律业务能力。

2. 角色表现性(非功利性)

社会角色依据追求目标,可区分为功利性角色和表现性角色。法律职业者角色在今天社会中主要是表现社会公正,而不是为了报酬。生成和复现法律规范,是法律职业者的神圣职责。一位法官、检察官、律师，其工作目标在于维护社会公正，而非个人的经济收入。如果一个法律职业者只顾赚钱，他的行为很可能与其角色期望相冲突。《法官法》和《检察官法》规定，法官、检察官必须忠实执行宪法和法律，全心全意为人民服务。《人民警察法》规定，人民警察的任务是维护国家安全，维护社会治安秩序，保护公民的人身安全、人身自由和合法财产，保护公共财产，预防、制止和惩治违法犯罪活动。《律师法》规定，律师应当维护当事人合法权益，维护法律正确实施，维护社会公平和正义。法官、检察官、律师等法律职业者依法获得工资、报酬，是其职务保障的必要措施，与其角色的表现性并不矛盾。

3. 角色规定性

社会角色依据规范化程度，可区分为规定性角色和开放性角色。法律职业者角色所包含的行为规范具有明确和严格的特征。他们的行为规范，一部分由法律规范明确规定，另一部分是与法律相一致的纪律规范和职业道德规范。在各类法律职业者角色中，角色的规定性存在程度上的差异。如法学教师、法学研究人员与法官、检察官、警察相比较，其规定性要相对弱一些。法官虽然在案件处理中拥有一定限度的“自由裁量权”，但与法学教师、法学研究人员在法律教育、法律研究方面的“自由裁量权”相比，相去甚远。

4. 在角色集中的独立性

一个公民担当的许多社会角色中，法律职业者角色应具有独立性，不得与其他角色相混淆，也不能屈从其他角色的要求。法律职业者与其他公民一样担当着许多角色，如某某公民担当法官角色的同时，还担当丈夫、父亲、朋友、同学等诸多角色。当这些不同角色的不同要求发生冲突时，该法律职业者应首先考虑自己作为一位法官应如何行动。为避免法律职业者因角色冲突影响法律制度的运行以及法律制度的权威，法律规定了回避制度。回避制度包括职务回避、公务回避和地域回避。[①]

法律职业者角色的上述特征，是对法律职业者的严格要求。要符合上述条件，法律职业者须具备较高的素质。

（二）法律职业者的素质要求

1. 法律职业者应具备较高的智力素质

法律职业，是一项专业化程度较高的工作，它既需要精深的法律专业知识，

① 参见《公务员法》第68—72条、中共中央办公厅《党政领导干部职务任期暂行规定》以及其他法律规定。

又需要广博的社会知识;既需要较强的记忆能力,又需要较强的逻辑能力;既需要写作才能,又需要口头表达能力。正规法律教育是培养较高智力素质的法律职业者的重要保证。

我国有关担任法律职业者的智力条件比较严格。按规定,初任法官、检察官采用严格考核的办法,按照德才兼备的标准,从通过国家统一法律职业资格考试取得法律职业资格,并且具备法官、检察官条件的人员中择优提出人选。而《法官法》《检察官法》和《律师法》规定的学历、专业条件是高等院校法律专业本科毕业或者高等院校非法律专业本科毕业具有法律专业知识(适用该项规定的学历条件确有困难的地方,经最高人民法院、最高人民检察院和司法部审核确定,在一定期限内,可以将担任法官的学历条件放宽为高等院校法律专业专科毕业)。

2. 法律职业者应具备较高的思想素质

法律职业,与维护社会公正相关联。较高的法律意识、政治意识和道德意识是法律职业者维护社会公正的有力保证。《法官法》《检察官法》《律师法》和《人民警察法》规定担任法官、检察官、律师和人民警察,必须有良好的政治、业务素质和良好的品行。《公证法》规定担任公证员必须公道正派,遵纪守法,品行良好。

3. 法律职业者应具备健康的体质

法律职业,是极辛苦的脑力劳动和体力劳动的结合,应有健康的体质作为保证。担任法官、检察官和人民警察均以身体健康为条件。

但是,并非具备较高素质的公民都当然成为法律职业者,法律职业者角色需要特定的确认过程。

(三) 法律职业者的角色确认

法律职业者角色的确认包括形式确认和实质确认。所谓形式确认,是指某公民通过法定程序为法律机构所录用,担当法律职业者角色。如被选举为人大代表;通过国家统一法律职业资格考试取得《法律职业资格证书》并被法院、检察院、律师事务所和公证处等录用;通过国家公务员考试被行政执法机关录用;被法律教育机构或研究机构录用,等等。所谓实质确认,是指在形式确认的基础上,通过法律职业者自身的认同,证明他认识和理解了该角色的行为规范,有相应的工作能力和素质,能胜任该角色,成为真正的法律职业者。

选择什么样的公民进入法律职业,在法律机构中选择谁担任领导角色,通过何种方式选择法律职业者(选任、委任、聘任或是考任),直接关系到法律职业者的素质,因而必须慎重考虑。如果形式确认的程序不当,很可能使贤者报国无门,而平庸者纷至沓来。

法律职业者对自己角色的认同需要一定的时间。法学专业学生在校期间要学习法律事务和模拟课程(如法律诊所,模拟法庭,模拟谈判,司法实习),毕业生到法律机构工作的初期要经过一个适应期,熟悉法律机构的工作程序和环境。这期间的主要任务是法律职业者角色认同,初任法律职业者了解别人的言行、能力,承认别人所扮演的角色,由此认同自己所担当的角色;同时,通过自己的期望、意愿及以往的主观设计来认识别人,在比较中经过多次反馈过程进一步确认自己所要担当的法律职业者角色。法律职业者的实质确认阶段,要完成两项工作:首先是充分了解社会对该角色的期望。担当该角色后,要了解社会对该角色有哪些要求,法律对角色规定了哪些行为规范(这往往是社会期望的集中体现)。其次是真正领悟该角色。在了解角色期望的基础上,法律职业者进一步理解、领悟法律职业精神和原则,形成娴熟的法律技能,提高角色行为的自觉程度。

在法律职业者角色确认的过程中,可能存在确认不当或难以进入角色的问题。对于确认不当或者经见习确实不宜担当法律职业角色者,应予淘汰。

(四)法律职业者的角色扮演

法律职业者角色的认同过程基本完成之后,即开始法律职业者角色的真正扮演(法律职业者在担任职务初期的适应性工作可视为“预演”)。扮演法律职业者角色需要一定的技能。角色技能包括法律职业者要完成法律职业所需要的智慧、能力、经验等等。

扮演法律职业者角色不可能一帆风顺。由于法律职业的艰难和复杂,担当角色的主观素质等因素,法律职业者角色行为可能会出现不顺利的情况,如出现下列情况:

1. 角色差距

法律职业者实际角色的现实表现与领悟角色的理解程度及理想角色的期望值之间出现了距离。这种差距的出现,与个体具有的能力、知识、工作作风等有关,也与具体的工作环境有关。如个别人大代表本应积极参政议政,但因其本人参政议政能力较差,实际上没能发挥应有的作用,这与其所担当的人大代表角色产生了差距。

2. 角色不清

某些法律职业者对自己所担当的角色行为规范不清楚,或者社会不了解某些法律职业者角色的行为规范。如个别公民当选为人大代表后,因没有掌握该角色的行为规范,也没有相应工作经验,不知如何扮演,有的仅把人大代表的当选看作是一种荣誉(如"劳动模范"一样)。

3. 角色混同

某些法律职业者不遵从特定角色规范的要求,将某一角色的行为方式转移到其他角色,颠倒或混淆了角色间的行为规范和要求,产生角色混同。角色混同有自我混同和他人混同两种情况。自我混同是自己所承担的多种角色混同,譬如法学教师同时担任兼职律师工作,由于教师工作养成的习惯,他在法庭上像授课一样讲授自己的辩护意见和代理意见;律师在法庭上的辩护,侧重点不在于说明被告人无罪、罪轻或应处较轻刑罚,反而放在说明被告人有罪、罪重或应处较重刑罚上,而公诉人则相反,不指控被告人有罪,反而强调被告人罪轻和应处较轻的刑罚;法官也忘记了自己的独立地位,与公诉人、辩护人辩论,或者甚至与旁听群众辩论起来。这些都是角色混同现象。

4. 角色冲突

法律职业者在角色扮演过程中,因所担当的多种角色或本角色内部产生矛盾、对立和抵触,妨碍了法律职业者角色的顺利扮演。如一位模范的检察官因忙于工作较少顾及家庭,与他所担当的丈夫、父亲角色相冲突;又如法官的角色行为规范中既有正确处理案件的规定,又有及时处理案件的规定,有时"正确"和"及时"的要求不能两全而发生冲突,等等。

5. 角色中断

法律职业者在担当本角色之前曾担当其他社会角色,原来的角色行为规范与本角色的行为规范存在差别,而该法律职业者事先又没有为后一角色的扮演做好准备,以致产生了断层现象。为防止这种角色中断现象的发生,有关立法对法律职业者的任职资格作了严格规定。

6. 角色失败

法律职业者的角色失调到了严重的程度,将导致该角色失败。正如戏剧中角色扮演者无法进行成功的表演,不得不停止表演,或者虽未退出舞台,但被公认为失败("演砸了")一样,个别法律职业者也可能出现角色失败。法律职业者因严重不称职或失职、渎职而被免除职务,或者因职务犯罪(如贪污、受贿、徇私枉法、刑讯逼供等)而被定罪判刑等。

为了消除上述角色失调情况,法律职业者在角色扮演工作中应及时进行角色调适或者角色整合。成功的角色整合可避免难堪的情况出现。通过角色调适、整合，法律职业者自觉地调整自己的实际角色行为，缩短和弥补角色差距，妥善处理角色不清、角色混同、角色冲突、角色中断问题，防止角色失败，逐渐接近理想角色，在大众心目中树立完美的职业形象。

第二节　法律职业者共同体

一、法律职业者共同体①的概念

共同体(community)是社会学的一个概念，一般译作“社区”，英文原意是指团体、公社和共同体。该词在社会学中定义颇多，基本上分为两类：一类是功能主义观点，认为社区是由共同目标、共同利害关系的人组成的社会团体；另一类是地区性观点，认为社区是在一个地区内共同生活的有组织的人群。中文的社区，因为与区域相连，往往被理解为区域性社会。

这里所说的“法律职业者共同体”，并不强调其区域性，而强调其功能特征。法律职业者共同体是指具有共同信念、共同价值、共同规范、共同文化的法律职业者群体。这个共同体有时不受地域的限制，也不受有形组织的限制。从总体上讲，“法律职业者共同体”的范畴相当于平常所称的“法律界”(这里虽用表示空间、区域的“界”字，但仍表示一个群体)、“法律系统”“政法系统”“政法战线”等。“法学界”是这个共同体的一个重要部分。

在阐述法律机构时，我们将法律机构按照功能分为 9 类，同时强调这 9 类法律机构都是法律制度主体体系的有机组成部分。从共同体角度看，所有的法律职业者结成一共同体，具有共同的精神气质。

二、法律职业者的共同精神气质②

法律职业者共同的首要精神是法治精神。有法可依、有法必依、执法必严、违法必究是法律制度的基本要求，也是法律职业者的共同规范。法律职业者必

---

① 有的学者也称之为法律共同体或法律职业共同体。

② 霍宪丹认为，法律职业的基本要求是政治素质和业务素质的统一，人文素质和专业素质的统一。从专业要求的角度进行分析，大体可分为三个层面：第一，应当掌握法学学科体系的基本知识；第二，应当具备法律职业的基本素质；第三，进入法律职业之后，还必须具备从事这一职业的基本技能。法律人才培育体制包括五方面：第一，法律学科教育；第二，法律职业教育；第三，一元化的法律职业资格制度和法律职业资格考试制度(统一司法考试制度)；第四，法律职业培训(司法研修)；第五，终身化的法律继续教育。参见霍宪丹：《法律职业于法律人才培育》，《法学研究》2003 年第 4 期。

须以法律为准绳评判社会行为,不能以个人好恶认定是非。尽管有些法律职业者(如法学教师和法学研究人员)并不直接执法,但以传播法治精神为职任。

法律职业者共同体的第二项精神是求实精神。“以事实为根据”,“重证据、轻口供”,是法律职业者所共同倡导和遵从的。在法律制度运行的各个阶段上,均不能以想象、推理代替事实。法律规定一定的确凿事实是法律关系产生、变更和消灭的依据,据此法律职业者在进行法律活动中非常重视发生的事实。

法律职业者共同体的第三项精神是逻辑精神。法律实际工作基本上可分为事实分析和法律适用两个阶段。在事实分析阶段,法律职业者主要采用归纳方法认定基本的法律事实;在法律适用阶段,法律职业者主要采用演绎方法,根据法律规范(大前提)和案件事实(小前提),得出法律处理结果(结论)。在法律教育、法律研究中也同样强调逻辑性。

法律职业者共同体的最后一项精神是表现精神,即非功利性。大公无私,积极奉献为所有法律职业者所推崇。

法律职业者共同体凭着上述精神气质聚集在一个大集体中。这个共同体既可表现为各种法律机构,或者表现为各种组织化的社会团体,也可表现为非组织化的信息、学术网络。前者如各级别、各区域、各类别的法律机构和法律职业者、法学工作者的团体(如中国法学会,中国法官协会,中国检察官协会,中国警察协会,中华全国律师协会,中国公证员协会,等等);后者如以新闻、出版媒介为形式的法律职业者理论、信息交流网络等。

根据 2013 年 11 月 30 日中国法学会第七次全国会员代表大会通过的《中国法学会章程》,中国法学会是中国共产党领导的人民团体,是法学界、法律界的全国性群众团体、学术团体和政法战线的重要组成部分,是党和政府联系和团结广大法学工作者、法律工作者的桥梁和纽带,是加强社会主义民主法制建设,推进依法治国、建设社会主义法治国家的重要力量。我国法律职业者共同体的另一表现形式是非组织化的协作关系和交流网络。我国的各类法律机构的法律职业者,日日夜夜在编织着这张协作之网,同时在信息媒介的作用下连接在一起。《法学研究》《中国法学》《法制日报》、法律出版社等新闻出版媒介构成这“无形村落”的核心,所有的法律职业者光顾这个“无形村落”。法律网站也集聚者众多法律职业者。

三、法律职业者的行为规范

法律职业者角色是人们对具有法律职业身份的人的行为期待。如何才能满足人们对具有法律职业身份的人的行为期待呢？法律职业者只有遵循其应遵循的行为规范，才能满足人们对他们的行为期待。

各类法律职业者都有自己的行为规范。《法官行为规范》（最高人民法院2005年11月4日发布试行，2010年12月6日修订后发布正式施行）是其中最系统的一个书面规范。《法官行为规范》共分10个部分96条，要求法官忠诚坚定、公正司法、高效办案、清正廉洁、一心为民、严守纪律、敬业奉献、加强修养，并遵守立案、庭审、诉讼调解、文书制作、执行、涉诉信访处理、业外活动等方面的具体规范。这是为推动全国法院专项整改活动继续纵深发展，建立规范法官行为的长效机制，规范和引导法官公正、高效、廉洁、文明司法，针对当前法官行为中存在的突出问题而制定的一部系统、具体规范法官司法审判和业外活动行为的指导性文件。此外，法律职业者行为规范还有《法官职业道德基本准则》《检察官职业行为基本规范（试行）》《公安机关人民警察纪律条令》《公安机关人民警察职业道德规范》《律师执业行为规范》《律师职业道德基本准则》《公证员职业道德基本准则》等。

第三节　法律职业奖励机制

一、法律职业奖励的必要性

法律社会化过程可以分解为千千万万项具体的法律职业，而每一项法律职业，按照理论分析，均有其目的和动机。法律职业者是否真正在每一项法律职业上付出精力和智慧，取决于法律职业者的内在动力机制。

我们知道，法律职业具有表现性和非功利性，但这并不是说法律职业不需要一种合理的动力机制。我们认为，法律职业的目标和奖励系统是法律职业动力机制主要构件。没有目标的指引和奖励的激励，法律职业就会失去应有的动力，甚至瘫痪。

我国法律职业者的共同目标是建设社会主义民主和法治大业，促进物质文明、精神文明和制度文明的发展。具体的法律职业均服从这个总目标。这一目标使所有法律职业者产生强大的向心力、凝聚力。以这个目标为核心，法律职业者们拥有共同的信念、共同的价值标准和共同的工作作风。这应该是推动法律职业的主要动力源泉。

但是仅仅依靠共同目标的牵引，而没有具体奖励措施激励每一个法律职业者,这种动力机制仍然是欠缺的,可能落空。共同目标和奖励措施相互结合,就会形成强大的合力。

奖励系统,是指某种行为与其相应的报偿之间的关系。法律职业奖励系统是指法律职业者本人以外的国家、社会组织(特别是法律机构)和个人对法律职业者的报偿。法律职业奖励系统不同于经济领域的奖励系统。在经济领域中,金钱是最基本、最常用的奖励手段,也是使用起来较为便利的奖励措施(如依照利润额提取奖金),但在法律职业中,单纯的金钱刺激与法律职业者角色特征不相符,与法律职业者共同体的精神冲突。对于法律职业者来说,固然也需要工资维持生计,但更重要的是法律机构和社会对其公正而勤恳的工作予以承认以及赋予荣誉。

法律机构的工资奖金制度也影响法律职业者的积极性,因为工资奖金也是对法律职业的一种承认方式。我国实行“按劳分配”原则,多拿工资奖金一般意味着多付出劳动或付出更高质量的劳动。“大锅饭”的分配制度,不能给予每位法律职业者以客观的承认(对勤惰不同、责任不同、绩效不同的人给予相同的承认),既不能激励先进分子,也不能鞭策落后分子。应当给法官、检察官等法律职业者以较优厚的物质待遇,同时对负有不同职责的法律职业者以不同的待遇。《法官法》《检察官法》规定了法官、检察官的等级、考核、培训、奖励、惩戒和工资保险福利制度,《公务员法》也规定了考核、职务任免、职务升降、奖励、惩戒、培训和工资福利保险等制度,这些都是与法律职业者的业绩奖励有关的制度。

给予法律职业者金钱以外的奖励,同样是对法律职业者的承认。法律职业者是否为社会作出贡献,以及贡献的大小,需要一种指标予以标示和肯定。奖励是对法律职业的公开承认,是对法律职业者忠实履行法律职责的社会承认,同时又是对法律职业者工作能力和作风的社会承认。这样,奖励系统就为法律制度的运行提供了能源,激励法律职业者不断进取,向法律制度的理想目标迈进。当然,法律职业者不能把目光局限于荣誉的获取,而应抱定献身法律事业的态度,而奖励制度则使法律职业者感觉到公正合理的法律制度环境,进一步鼓舞法律职业者的士气。

二、法律职业奖励的结构

法律职业奖励系统存在内在的结构。这个结构既包括建制性奖励,也包括非建制性奖励;既包括精神鼓励,也包括物质鼓励。《法官法》《检察官法》均规定，法官、检察官在审判检察工作中有显著成绩和贡献的，或者有其他突出事迹的，应当给予奖励。对法官、检察官的奖励，实行精神鼓励和物质鼓励相结合的原则。

（一）建制性奖励

建制性奖励是指法律制度内部的正式奖励。包括法律机构和法律职业者共同体对法律职业者的各种奖励，主要有：

1. 授予荣誉或记录功绩

《公安机关人民警察奖励条令》(2003 年 7 月 24 日发布)规定，人民警察奖励分为集体奖励和个人奖励，集体奖励由低至高依次为：嘉奖，记三等功、二等功、一等功，授予荣誉称号。个人奖励由低至高依次为：嘉奖，记三等功、二等功、一等功，授予荣誉称号。个人荣誉称号是指全国公安系统二级英雄模范、一级英雄模范。《人民法院奖励暂行规定》和《检察机关奖励暂行规定》也作了类似规定。

2. 授予奖金等物质奖励

对法律职业者的奖励实行精神鼓励与物质奖励相结合，以精神鼓励为主的原则，《公安机关人民警察奖励条令》《人民法院奖励暂行规定》和《检察机关奖励暂行规定》规定了奖金、奖品等物质奖励待遇。

3. 晋升职务、职称和等级

职务、职称也是一种奖励形式。法官等级、检察官等级、人民警察警衔，法学教师、法学研究人员、律师、公证员的技术职称既是对职业能力和业务水平的认定，也是一种奖励形式。《法官法》规定，法官的级别分为十二级。最高人民法院院长为首席大法官，二至十二级法官分为大法官、高级法官、法官。法官的等级的确定，以法官所任职务、德才表现、业务水平、审判工作实绩和工作年限为依据。《检察官法》规定，检察官的级别分为十二级。最高人民检察院检察长为首席大检察官，二至十二级检察官分为大检察官、高级检察官、检察官。检察官的等级的确定，以检察官所任职务、德才表现、业务水平、检察工作实绩和工作年限为依据。《人民警察警衔条例》规定，警衔是区分人民警察等级、表明人民警察身份的称号、标志和国家给予人民警察的荣誉。人民警察警衔设下列五等十三级：总警监、副总警监；一级警监、二级警监、三级警监；一级警督、二级警督、三级警督；一级警司、二级警司、三级警司；一级警员、二级警员。授予人民警察警衔，以人民警察现任职务、德才表现、担任现职时间和工作年限为依据。对受奖励的人民警察，按照国家有关规定，可以提前晋升警衔，并给予一定的物质奖励。

（二）非建制性奖励

非建制性奖励包括法律机构内部的非正式奖励和法律机构外的承认和赞誉。前者如上级领导的赞扬和肯定,同行、同事的赞许和承认;后者如当事人给法律机构赠送锦旗、感谢信,新闻媒介报道法律职业者和法律机构的先进事迹,某法律职业者在公众中形成的知名度,等等。非建制性奖励也是一种很重要的奖励方式。

三、法律职业奖励的特征

所有奖励方式均具有荣誉性、层次性和竞争性。

虽然奖金的方式是以金钱为媒介,但它还是体现了荣誉性;某些身份和职务的获取会带来经济利益,但它还意味着社会的承认。如果单纯靠金钱激励,就不能引导法律职业表现社会公正,这种奖励方式会渐渐被视为一般的福利措施,失去了激励作用。因此,金钱作为奖励手段时,应与精神奖励结合起来。

各种奖励还存在级别、声望的差别。如奖金、奖品、升级等可分等级,身份和职务也有级别之差。通令嘉奖和“先进工作者”的获取,与其范围有很大的关系。获奖者的事迹、获奖者的人数、奖金数额、授奖范围和奖励的声望影响该项奖励的知名度。

每一项奖励都有竞争性,即并非人人皆可得。只有通过艰苦的努力,才能获得社会和本组织的承认和奖励。授奖范围越大,获奖人数越少的奖励往往越被重视。《公安机关人民警察奖励条令》还规定,年度个人嘉奖的比例不高于在职在编人民警察人数的百分之二十,记三等功以上奖励的比例不高于在职在编人民警察人数的百分之三。

奖励的竞争和工作目标的吸引激励着法律职业者继续努力,作出新的成就,获得更大的光荣,这样就会在法律机构内部形成鼓励积极行动的良好气氛。但奖励过少或过滥,则达不到这种效果。奖励过少,使绝大多数感觉到高不可攀;奖励过滥,必然贬值,减弱了刺激作用。

奖励与绩效直接相关。奖励只有与绩效挂钩才能激发法律职业者的积极性,才能形成“绩效—奖励—绩效”的良性循环。

奖励适用得当,就可以树立榜样,带动、鞭策他人。如“模范法官”“模范检察官”和“模范人民警察”的荣誉称号为所有的法官、检察官和人民警察羡慕,并成为仿效榜样。凭绩效和能力获得较高的职务、身份和地位,就向其他人指明了方向，除了通过个人努力获取，别无他途。

奖励使受奖者声望、身份提高，使其心理上获得满足，在心理上产生自我加强的优势效应，从而为今后的积极行为“储存”了内驱力。随着声望提高，有时还会出现“马太效应”。如某位律师办了几起出色的案件，新闻媒介一宣传(这也是一种奖励)，当事人又感激又传扬，于是名声大振，该律师知名度直线上升，业务量大增。

奖励虽然不是工作目标，但它却是工作目标的具体标志。法律机构负责人应该将奖励放在现实工作与目标的同一方向上，让跑得最快的人先拿到它。①

【重要概念】

社会角色(social role)　角色集(roleset)　法律职业者(legal professional)　角色确认(role confirmation)　角色扮演(role performance)　角色差距(role distance)　角色不清(role vagueness)　角色混同(role confuse)　角色冲突(role conflict)　角色中断(role intermittence)　角色失败(role failure)　角色整合(role integration)　法律职业者共同体(legal professional's community)　建制性奖励(official reward)　非建制性奖励(unofficial reward)

【文献指引】

1. 六本佳平在其《日本法与日本社会》第六章对法律家进行了研究。他认为法律专门职业具有以下共同特征：学理性·体系性；稀缺性·垄断性；利他性·公共服务性；信赖性；职业的自律性；利益团体性。参见六本佳平：《日本法与日本社会》，刘银良译，中国政法大学出版社2006年版。

2. 苏力从社会分工的角度研究了法律活动专门化的问题，包括法律人员的职业化、专业化和司法活动相对独立的问题。参见苏力：《法律活动专门化的法律社会学思考》，《中国社会科学》1994年第6期。

3. 孙笑侠认为，法律家是不同于行政官的特殊阶层，他们具有特殊的专业技能，尤其表现为思维方式的特殊性；特殊的专业技能需要特殊的职业伦理来匹配，其“职业病”也需要特殊的职业伦理来抑制；法律家职业化意义上的德才兼备对于法治国家具有重要意义。参见孙笑侠：《法律家的技能与伦理》，《法学

① 可参阅《西方组织行为学》(杨锡山等，中国展望出版社1986年版，第175页)所载“组织奖酬与个人绩效模式”。

研究》2001 年第 4 期。

4. 孙笑侠等认为法治乃法律人之治,并对法律人之治与职业素养、法官职业化、律师职业伦理与政治参与、法学教育(制度化的法学院)等问题进行了深入的研究,该书附有《法学院入学宣言》。详见孙笑侠等:《法律人之治:法律职业的中国思考》,中国政法大学出版社 2005 年版。

5.《国家统一法律职业资格考试实施办法》(2018 年 4 月 28 日司法部令第 140 号公布)规定,国家统一法律职业资格考试是国家统一组织的选拔合格法律职业人才的国家考试。初任法官、初任检察官,申请律师执业、公正员执业和初次担任法律类仲裁员,以及行政机关中初次从事行政处罚决定审核、行政复议、行政裁决、法律顾问的公务员,应当通过国家统一法律职业资格考试,取得法律职业资格。

6. 贺卫方的《运送正义的方式》一书汇集了与法律职业有关的专论,如《复转军人进法院》《建立统一的司法研修制度》《法律职业化的难题》。参见贺卫方:《运送正义的方式》,上海三联书店 2002 年版。

7. 强世功在《法律共同体宣言》中发出"我们主张形式理性的道德无涉","我们主张'为权利而斗争'","我们主张通过诉讼机制来创造规则","我们主张基于法律自主性的法治"。参见强世功:《法律人的城邦》,上海三联书店 2003 年版。

8. 有关法律职业者奖励的规定,可参阅《法官法》《检察官法》《人民警察法》《人民警察警衔条例》《公安机关人民警察奖励条令》《人民法院奖励暂行规定》《检察机关奖励暂行规定》和《中华全国律师协会会员奖励办法》等。

【研究选题】

1. 法律职业技能研究综述或读书报告。
2. 法律职业共同体特征研究。
3. 了解法律职业者团体的类别。
4. 法科生入学宣誓研究。
5. 我国国家统一法律职业资格考试制度改革与完善研究。
6. 法律职业者职务犯罪状况调研。

第六章 法律规范体系分析

法律规范是一种社会规范。所谓社会规范，是协调社会关系，维护社会生活的行为方式和准则。

法律规范体系是一国内由国家机关依照一定程序制定或者认可的行为规范的总和。法理学将规范分为技术规范和社会规范。法律规范属于社会规范，但技术规范一经国家机关的承认而具有法律效力时，也就上升为法律规范了。

以往的法理学研究，虽然涉及对法律规范个体的逻辑结构和法律体系的研究，但仍然没有将这里的微观结构和宏观结构结合起来，更忽视了二者之间的中观结构的研究。这样，法律规范的体系特征就不突出了。实际上，法律规范从微观、中观到宏观结构，是一个严密的体系。

本章将分别从不同层面上对法律规范进行分析，揭示其内在的结构状况及其存在的问题。

第一节 法律规范微观分析

一、法律规范微观结构

从微观上看，法律规范正如法律规范体系中的组织细胞。在这个体系中，每一个法律规范都相对独立地存在，并相互联结。

与所有的社会规范一样，法律规范在其社会功能上具有标准性（为人们的社会行为提供标准和模式）、概括性（在同样的时空条件下反复适用）、导向性（预见后果并指导、约束人们的行为）和强迫性（精神力量的强迫或物质力量的强迫）。为了使法律规范社会功能得以合理发挥，必须具备合理的结构。

所有的法律规范在微观结构上具有共同性，但也具有个性。

一般说来,法律规范的逻辑结构是由条件、规则和后果三部分构成的[①]:

条件——法律规范中指出的运用该规范的条件和情况;

规则——法律规范中指出的允许做什么,禁止做什么,或者要求做什么的内容;

后果——法律规范中指出的违反或符合该规范时将要产生的法律后果。

在立法过程中,为保证法律规范的完整性,首先要求每项法律规范的每一部分都符合要求。如:

法律规范中的条件部分。应当明确规定,不可模棱两可。适用的条件不明确,该项规范就难以准确适用。

法律规范中的规则部分。法律规范中的规则部分,可分为禁止性规则、义务性规则、授权性规则和鼓励性规则等。规则部分应明确权利和义务,避免纲领性、号召性的规定。

法律规范中的后果部分。不同内容的法律规范规定不同的法律后果。法律后果包括法律权利和法律义务的产生、变更或消失。从法律规则到法律后果,其中间环节是法律事实(包括事件和行为)。在某种条件下,因为某种法律事实,符合或违反了某项法律规则,则产生、变更或消灭了法律规定的权利或义务。在某些情况下,符合某项法律规范,可以享受权利或得到奖励;在另外的情况下,违反了某项法律规范,则可以导致国家对行为人的各种法律制裁。这些法律制裁包括违宪制裁、刑事制裁、行政制裁、民事制裁和经济制裁。

二、法律规范与法律条文

法律规范与法律条文的含义不尽相同。法律规范和法律条文虽有联系,但不能混同。在成文法国家,法律规范一般都通过法律条文表现出来。法律条文是法律规范的文字表达形式。但并不是每一个法律条文等同一项法律规范。一般说来,一项法律规范的三个部分未必都规定在一个条文中,可能分别规定

---

① 法学界大多采用"假定—处理—制裁"逻辑结构。笔者认为,"假定"既然是指适用该项规则的条件,不如直接采用"条件"一词,更为明确;"处理"容易被人误认为进行法律处理(如进行制裁),并不能表示行为规则本身。法律规范中的权利和义务内容,以"规则"概括,是合适的;"制裁"作为法律规范逻辑结构的第三部分,是片面的,因为适用法律规则的结果可能是制裁,也可能是承认,还可能是奖励(如符合有关奖励条例规定的,可受到奖励),以"后果"作为第三部分,既包括了积极后果(承认、奖励),也包括了消极后果(否认、制裁)。也有学者认为法律规范的逻辑结构只由规范适用的条件(或称为假定)和行为模式(或称为处理)构成,参见邹爱华:《法律规范的逻辑结构新论》,《湖北大学学报》哲学社会科学版 2004 年第 6 期。

在同一或不同法律规范性文件的不同条文中。一条法律条文可以包括一项法律规范的内容,也可以包括多项法律规范的内容。

在法律规范的微观结构方面,法律条文用语是一个应当注意的问题。法律条文的用语应当规范化,避免与日常生活用语的多种含义混同。法律条文的用语应符合下列要求:

1. 法律条文用语应明确易懂。法律文件应采用正式文体,使用正确、科学的语言,用词求其准确表达意思,不得采用文学修辞方法。避免使用地方语、古语和未被社会普遍接受的简略语、习语。

2. 法律条文用语应简明扼要。避免冗长烦琐,重复累赘。法律条文用语在保证意思表达完整的前提下,力求简练,不重复同一内容或使用多余词汇。

3. 法律条文用语应严谨一致。法律条文用语的含义应前后一致,不同的或相近的概念不应该用一个词汇来表达,同一概念只能用一个词汇来表达。法律条文用语还必须使用固定的用语。如在表达"非法剥夺他人生命"的意思时用"杀人"一词,在表达人民法院根据死刑判决和执行死刑的命令"剥夺罪犯生命"的意思时,则用"执行死刑"一语。

三、法律规范微观结构问题

法律规范在微观上要符合逻辑结构等方面的要求。但通观我国现行的法律法规,不符合要求者甚多。在微观结构方面,主要的问题表现在:

1. 逻辑结构不完整

考察我国现行法律规范,可以发现许多法律规范只有"条件""规则"两个部分,而缺少"后果"部分。违反该项法律规范后将会带来何种具体的法律后果?法律对此不作规定。这样的法律规范,在逻辑结构上是不完整的,同时必然缺乏可操作性,该项法律也形同虚设,失去权威性。在社会组织和公民的法制自觉性普遍不强的社会环境中,法律规范逻辑结构的完整性显得更为必要。否则,许多法律规范最终会流于形式,难以实施。

2. 法律用语不规范

法律规范是以文字的形式表现的,所以法律用语也影响法律规范的完整性和准确性。法律用语应力求规范。目前我国的法律法规,特别是某些地方性法规、规章,其用语不精炼,文字有如宣传稿,有的则过多重复较高层次立法的内容,甚至成了若干法律法规中相关法律条文的汇总。有的法规实施细则过多地重抄法规的相应条文,似亦无必要。有些法律用语口语化,不明确。如《刑法》

中保持至今的"打砸抢"(在刑法中也加了引号);《建筑法》关于"发包单位及其工作人员在建筑工程发包中不得收受贿赂、回扣或者索取其他好处"规定中的"好处";等等。①

3. 法律规范的欠缺和矛盾

某些法规缺乏一些必要的条款,如责任条款、生效时间条款、溯及效力条款等。个别法律规范之间发生抵触没有及时纠正。如《收养法》规定,继父或者继母经继子女的生父母同意,可以收养继子女;养子女与生父母及其他近亲属间的权利义务关系,因收养关系的成立而消除。从这两处规定可以推出:继子女被继父或者继母收养后,与其生父母(包括与其共同生活和不共同生活的父或母)的权利义务关系消除,这违背生活常理。

4. 某些被实际应用的法律规范不公开

作为法律,都应当是公布于众的。这是法治最起码的要求。但是我国的审判机关、检察机关仍然下发一些实际上具有法律规范效力,要求下级司法机关在司法活动中执行的"内部规定",同时又规定这些"内部规定"不得在司法文书上援用。根据《全国人民代表大会常务委员会关于加强法律解释工作的决议》的规定,"凡属于法院审判工作中具体应用法律、法令的问题,由最高人民法院进行解释。凡属于检察院检察工作中具体应用法律、法令的问题,由最高人民检察院进行解释"。最高人民法院、最高人民检察院有权在上述范围内进行司法解释,这种司法解释具有法律规范效力,均应统一编号并公布于众。此外,最高人民法院,最高人民检察院无权超越"具体应用法律、法令"的范围作出有关司法问题的内部规定。行政机关制定的具有法律规范效力的文件也应公布于众。

第二节　法律规范中观分析

一、法律规范中观结构

一个国家众多的法律规范不是杂乱无章的。法律规范都是调整社会关系

① 许道敏认为部分刑法条文存在语法错误,包括三种情况:第一种情况是动宾结构的词组搭配不当,如"伪造或者出售伪造的增值税专用发票的……",第一个"伪造"的宾格部分成了"伪造的增值税";第二种情况是名词并列关系存在逻辑错误,如"国有公司、企业……"公司已为后面的"企业"包容,不应单列;第三种情况是偏正结构的词组中,修辞的定语与被修辞名词搭配不当,如"对正在进行行凶、杀人、抢劫……的暴力犯罪","行凶"只是日常生活用语。参见许道敏:《部分刑法条文存在语法错误》,《民主与法制时报》2007年1月22日。

的。由于所调整的社会关系的内容不同,法律规范也具有不同的社会内容,据此可以将法律规范分为若干类,按照法学界习惯的称法,称之为“法律制度”[①]。每一类法律规范就是一项法律制度。如民商法部门中的法人制度、民事代理制度、诉讼时效制度、所有权制度、用益物权制度、担保物权制度、合同制度、婚姻家庭制度、财产继承制度、侵权责任制度、知识产权制度、公司制度等。我们称这些法律制度在法律规范体系中的地位为中观结构。[②]

一项法律制度由一系列内容相关的法律规范组成。一项法律制度内的法律规范,在内容上必须是相互配合、呼应的。否则该项法律制度就不完整。由此可见,法律规范的微观结构与中观结构是密切相关的。

一项法律制度可能具有较强的相对独立性,也可能只具有较弱的相对独立性。如民商法部门中婚姻家庭、财产继承制度,诉讼法部门中的民事诉讼法、刑事诉讼法和行政诉讼法,都是具有较强独立性的法律制度。由于其相对独立性较强,过去甚至把它们视作一个独立的法律部门。这些法律制度往往集中于一个独立的单行法律之中。刑法中的法律制度都集中体现在同一法典中,所以其相对独立性较弱。

如果一个法律部门欠缺某一项或数项法律制度,则该法律部门就显得不完备,也影响该法律部门的正常功能。如我们至今尚未制定统一民法典,民商法部门中的若干法律制度尚未制定,故民商法部门还不够完备。社会法部门的立法滞后于其他法律部门,一些应当制定的立法尚未制定出来,或者处于较低的立法位阶。

总之,从中观上分析,为使法律制度适于正功能的发挥,应符合下列要求:(1)每项法律制度由一系列相互配合、有机联系的法律规范构成,该类法律规范足以适应对相应的社会关系的调整;(2)各项法律制度之间相互配合,但又应避免不必要的重复,若干法律制度构筑成一个完整的法律部门。

二、法律规范中观结构问题

从中观结构上考察我国当前的法律规范,我们可以发现两个突出的问题:一个是已经建立起来的中观法律制度不完善,另一个是还欠缺若干重要的中观

---

① 此处的“法律制度”是在特定含义上使用的,不同于本书其他章节的“法律制度”。

② 后一节将阐述的法律体系及其法律部门被称作“法律规范的宏观结构”。“法律制度”处于个体法律规范与法律体系、法律部门之间,故称之为“中观结构”。

法律制度。

已经建立起来的中观法律制度,有的由于立法的原因导致不完善,有的则是由于社会的发展变化导致原来的法律制度与社会现实不相适应,或者这两种因素兼而有之。如 1952 年 6 月 27 日政务院批准,1952 年 8 月 11 日公安部发布的《治安保卫委员会暂行组织条例》至今未作修改,[①]而治安保卫委员会的工作中心已大不相同。

我国目前还欠缺若干重要的中观法律制度。如集体合同制度、工资制度、基本医疗卫生制度,社区矫正制度,刑事被害人救助制度,等等。

法律规范的中观结构问题一直未引起足够重视。实际上,除了从微观、宏观角度考察法律规范的结构外,从中观角度考察法律规范的结构是不可或缺的。

第三节　法律规范宏观分析

在本书第一章第四节"法律社会学的学习方法"中已经对法律制度的结构作了多角度的分析。本节仅分析法律体系的部门结构。

法律规范宏观结构涉及法律体系的构成、法律部门的划分及其相互关系,而法律部门的划分又涉及法律调整对象——社会关系。对社会关系体系的结构的认识直接关系到对法律规范的宏观分析,所以得首先从分析社会关系体系入手。[②]

一、立体的社会关系体系

法学界在讨论法律部门划分标准问题时,虽然有时也承认法律的调整对象——社会关系具有交叉性,但实际上把社会关系看成是平面的。而实际上社会生活是立体的,在社会生活中形成的种种关系也是立体的,不可能平面排列。学者们或倾向于纵向排列各种社会关系,或倾向于横向排列各种社会关系。仅限于此是不够的,对社会关系体系采取全方位的视角或立体的观点是必不可少

① 该条例第 1 条规定的立法宗旨是:发动群众,协助人民政府防奸、防谍、防盗、防火,肃清反革命活动,以保卫国家和公众治安。

② 法学界关于法律部门划分标准问题的讨论,莫衷一是,似乎与没有对法律规范调整对象——社会关系本身的结构作进一步分析有关。很显然,社会关系体系的结构影响法律规范体系的结构。对法律部门划分标准的研究应延伸到对社会关系体系结构的研究,以取得更全面的认识。

的，这样可以避免平面观察社会关系所带来的狭隘性。

社会关系既然是一个立体的结构，那么它又是如何构成的，其内部结构如何？纵向划分法从哲学角度将社会关系体系分为两大部分（物质的社会关系和思想的社会关系）或以社会生活内容为依据进行划分（经济关系、政治关系、法律关系、伦理关系、教育关系、宗教关系等）。横向划分法则将社会关系体系分为：本质社会关系、社会组织社会关系和社会群体关系。① 笔者认为：上述观点给剖析社会关系体系内部结构以很大的启发，可以在此基础上进一步剖析社会关系体系的立体结构。

我们可以以社会生活内容、社会主体（包括个人、社会群体和社会组织）、层次作为社会关系体系的基本解剖线，这三条基本的解剖线是不同方位、立体的而非平面的。在社会生活内容这一剖面上，我们可以看到经济关系、政治关系、法律关系、伦理关系、教育关系、宗教关系等；在社会主体这一剖面上，我们可以看到人际关系、群体关系、社会组织关系、阶层和阶级关系、民族和种族关系、国际关系等。很显然，这两条解剖线是交叉的，人际关系、群体关系、社会组织等与经济关系、政治关系、法律关系等都交织着，同时在社会生活解剖面上，经济关系、政治关系、法律关系、伦理关系等也是相互渗透的，并非泾渭分明地割裂开来。这些交织着的每一类社会关系，都还有其层次高低之分。我们从交织着的社会关系网络中抽出一类社会关系，如经济关系，可以将它分为最高层次（生产资料所有制）、较高层次（一国宏观经济关系）、中等层次（社会组织、地区间的经济关系）、较低层次（群体间的经济关系）、最低层次（公民个人间的经济关系）等。其他的社会关系也都可以进行层次上的划分。②

法律制度要调整的对象就是这样的一个结构复杂的立体的社会关系。但是，问题的复杂性还在于法律并不调整整个社会关系体系，也不是调整其中单个剖面上完整的一部分社会关系。法律的调整是从所处不同时期的现实需要出发的，每一类法律规范往往只是调整分布在社会关系体系某一剖面或跨几个剖面的、交叉的一类社会关系。因此，如果从社会关系体系这一角度看法律规范的调整，可以发现法律的调整是多方位、多剖面的。被调整的社会关系在社会关系体系中则是犬牙交错般地分布着的。从这一认识出发，我们可以进一步

---

① 参见谭明文：《社会关系体系基本构成的要素初探》，《社会学研究》1987 年第 5 期。

② 我们还可以从第四、五……个角度解剖社会关系。解剖社会关系体系，目的在于更详细地认识社会关系体系的立体结构。

分析法律规范的宏观结构。

二、法律规范宏观结构

法律规范的宏观结构涉及法律体系和法律部门。法律体系,是指由一个国家的全部现行法律规范分类组合为不同的法律部门而形成的有机联系的统一整体。法律部门是对一国现行法律规范按其所调整的社会关系的不同所作的一种分类。法律规范的宏观结构建立在法律规范的微观结构和中观结构的基础之上。

在现代社会,一国的法律体系由宪法和若干法律部门共同构成。这一宏观结构应该是和谐统一的,其构成的各部分相互之间应保持协调一致又相对独立的关系。"协调一致"是指各法律部门都应以适应法律制度正功能的发挥为共同目标,相互配合,相互衔接,共同构成一个有机整体。合理的法律规范宏观结构要求各法律部门协调发展,任何一个法律部门的畸形发展都会损害法律体系的整体合理性;同样地,任何一个法律部门的过分落后也同样影响法律体系的合理性。在各法律部门的发展过程中,应注意社会发展的实际需要,合理安排各部门的进程,尤其注意社会急需又较落后的法律部门的优先完善。"相对独立"是指法律部门各自承担调整某个领域或某个侧面、某个层次上的社会关系的任务,并据此采取各自的调整方法。每一个部门均应根据社会发展的实际需要建立配套的法律制度。

我国法律规范体系已初步形成,并在进一步完善之中。对我国的法律体系的具体结构,法律学界仍有较大争议,提出了不同的设想。笔者认为,我国法律规范体系由以下六大部门构成:(1)宪法部门;(2)民商法部门;(3)行政法部门;(4)社会法部门;(5)刑法部门;(6)诉讼与非诉讼程序法部门。

法律部门的划分要考虑相互间的平衡、协调关系。如果某些部门划分过细,就会破坏这种平衡、协调关系。如有的学者将诉讼法划分为行政诉讼法、民事诉讼法和刑事诉讼法三个部门,我们认为并无必要。但在进行分析时,可以在六大法律部门之下划分二级法律部门,如诉讼与非诉讼程序法部门可划分为民事诉讼法、行政诉讼法、刑事诉讼法、海事诉讼特别程序法、企业破产法和仲裁法等二级法律部门。

按照法律规范体系的客观要求,各法律部门之间必须保持相对的独立性。也就是说,各部门间要进行划分。浩繁的法律规范及众多的法律制度依照划分标准分别归入不同的部门。我们可以以调整对象——社会关系为标准进行划分,也就是将调整不同内容、不同侧面和不同层次的社会关系的法律规范分别划入不同的法律部门。

1. 将调整一国内各社会生活领域里最高层次的根本性的社会关系的法律规范划入宪法部门

宪法规定的是一个国家的根本性社会关系,这种社会关系涉及政治生活领域、经济生活领域、教育科学文化生活领域等,但都是各生活领域最高层次的社会关系。国体、政体、国家—公民基本关系(主要体现在公民的基本权利和义务的规定上)是宪法的核心内容。各国的宪法一般都比较精炼,不能涵盖调整上述社会关系的所有规范,故派生出选举法、国家机关组织法等法律,这些法律亦被称为宪法性法律或宪法相关法。宪法及其相关法共同构成宪法部门。

除了《中华人民共和国宪法》,现行宪法相关法主要包括:(1)与领土主权有关的《反分裂国家法》《领海及毗连区法》《专属经济区和大陆架法》;(2)与国家结构形式有关的《民族区域自治法》《香港特别行政区基本法》《澳门特别行政区基本法》;(3)与公民基本权利义务有关的《国籍法》《城市居民委员会组织法》《村民委员会组织法》《集会游行示威法》《戒严法》和《国家赔偿法》;(4)与国家机构的生成及活动有关的《全国人民代表大会和地方各级人民代表大会选举法》《全国人民代表大会和地方各级人民代表大会代表法》《全国人民代表大会组织法》《全国人民代表大会议事规则》《全国人民代表大会常务委员会议事规则》《立法法》《各级人民代表大会常务委员会监督法》《国务院组织法》《地方各级人民代表大会和地方各级人民政府组织法》《监察法》《人民法院组织法》《人民检察院组织法》《法官法》《人民陪审员法》《检察官法》等;(5)与国家象征有关的《国旗法》《国歌法》《国徽法》;等等。

2. 将调整平等主体间财产关系和人身关系的法律规范划入民商法部门

民商法部门可分为基本民事立法、商事立法和知识产权立法三个部分:(1)基本民事立法包括《民法通则》《民法总则》《婚姻法》《收养法》《继承法》《物权法》《合同法》《侵权责任法》《涉外民事关系法律适用法》《农村土地承包法》《担保法》《电子签名法》《拍卖法》《招标投标法》等;(2)商事立法包括《公司法》《合伙企业法》《个人独资企业法》《全民所有制工业企业法》《乡镇企业法》《农民专业合作社法》《中外合资经营企业法》《中外合作经营企业法》《外资企业法》《商业银行法》《票据法》《证券法》《证券投资基金法》《信托法》《保险法》《海商法》等;(3)知识产权立法包括《专利法》《商标法》和《著作权法》等。

3. 将调整行政权支配关系的法律规范划入行政法部门

行政法部门可分为一般行政法和部门行政法。

一般行政法是调整行政权支配、管理关系的一般性法律规范,包括行政组织、行政行为、行政程序、行政处罚、行政复议等方面的法律规范,目前我国已制定《公务员法》《行政许可法》《行政强制法》《行政处罚法》《行政复议法》《行政监察法》《档案法》《统计法》《审计法》等行政法律。

部门行政法数量庞大,大致可分为以下几类:(1)公安行政法,包括《公安派出所组织条例》《人民警察法》《人民武装警察法》《人民警察警衔条例》《国家安全法》《国家情报法》《保守国家秘密法》《反间谍法》《户口登记条例》《居民身份证法》《公民出境入境管理法》《枪支管理法》《道路交通安全法》《海上交通安全法》《海关法》《消防法》《治安管理处罚法》《反洗钱法》《禁毒法》《反恐怖主义法》《突发事件应对法》等;(2)司法行政法,包括《律师法》《公证法》《关于司法鉴定管理问题的决定》《监狱法》等;(3)国防行政法,包括《国防法》《兵役法》《现役军官法》《预备役军官法》《军官军衔条例》《人民防空法》《军事设施保护法》《香港特别行政区驻军法》《澳门特别行政区驻军法》《国防教育法》《国防动员法》等;(4)外交行政法,包括《缔结条约程序法》《驻外外交人员法》《外交特权与豁免条例》《领事特权与豁免条例》《外国人入境出境管理法》《护照法》《外国中央银行财产司法强制措施豁免法》等;(5)计划行政法,包括《预算法》《城乡规划法》等;(6)财政行政法,包括《税收征收管理法》《个人所得税法》《企业所得税法》《车船税法》《烟叶税法》《企业国有资产法》《政府采购法》《会计法》《注册会计师法》等;(7)社会事务行政法,包括《教育法》《教师法》《义务教育法》《高等教育法》《学位条例》《民办教育促进法》《职业教育法》《体育法》《国家通用语言文字法》等教育立法,《科学技术进步法》《科学技术普及法》《促进科技成果转化法》等科技立法,《文物保护法》《非物质文化遗产法》《公共图书馆法》《电影产业促进法》等文化立法,《执业医师法》《中医药法》《献血法》《药品管理法》《食品安全法》《农产品质量安全法》《传染病防治法》《国境卫生检疫法》《进出境动植物检疫法》《动物防疫法》等卫生立法;《人口与计划生育法》《母婴保健法》等人口与生育立法;(8)经济事务行政法,包括《中国人民银行法》《银行业监督管理法》等金融监管立法;《反不正当竞争法》《反垄断法》《产品质量法》《广告法》《计量法》《价格法》《标准化法》《对外贸易法》《进出口商品检验法》等市场监管立法;《农业法》《种子法》《农业技术推广法》《农业机械化促进法》《畜牧法》《渔业法》《公路法》《铁路法》《港口法》《民用航空法》《电力法》《旅游法》《邮政法》《烟草专卖法》等产业促进与经营立法。

4. 将调整倾斜保护弱势群体的法律规范划入社会法部门

社会法部门是一个新兴的部门，它在处理强势群体与弱势群体、人与环境资源关系[①]时，采取倾斜保护弱势群体的原则，可分为劳动法、社会保障法、弱势群体保护法、环境资源保护法等四个二级部门：(1)现行的劳动立法有《劳动法》《就业促进法》《劳动合同法》《工会法》《职业病防治法》《安全生产法》《矿山安全法》《特种设备安全法》等；(2)社会保障立法有《社会保险法》《公益事业捐赠法》《慈善法》《红十字会法》《防洪法》《防震减灾法》等；(3)弱势群体保护立法有《妇女权益保障法》《未成年人保护法》《预防未成年人犯罪法》《老年人权益保障法》《反家庭暴力法》《消费者权益保护法》《残疾人保障法》《精神卫生法》《归侨侨眷权益保护法》《台湾同胞投资保护法》等；(4)环境资源保护立法有《环境保护法》《大气污染防治法》《水污染防治法》《海洋环境保护法》《水土保持法》《防沙治沙法》《固体废物污染环境防治法》《核安全法》《放射性污染防治法》《环境噪声污染防治法》《清洁生产促进法》《环境影响评价法》《土地管理法》《矿产资源法》《煤炭法》《森林法》《草原法》《野生动物保护法》《水法》《海域使用管理法》《海岛保护法》《节约能源法》《可再生能源法》《循环经济促进法》等。

5. 将调整公民和单位与国家的严重对抗性社会关系的法律规范划入刑法部门

刑法对公民和单位与国家的严重对抗性社会关系采取了最严厉的处理对策，即刑罚方法。我国刑法部门的基本法源是《中华人民共和国刑法》。

6. 将调整诉讼与非诉讼程序的法律规范划入诉讼与非诉讼程序法部门

这一部门是规定各类纠纷处理程序的法律部门，主要法源包括《民事诉讼法》《行政诉讼法》《刑事诉讼法》《引渡法》《海事诉讼特别程序法》《企业破产法》《仲裁法》《劳动争议调解仲裁法》《农村土地承包经营纠纷调解仲裁法》和《人民调解法》。

从上述分类中，我们可以发现，各法律部门法律规范所调整的社会关系，仍然是交叉分布的。但是，它们属于不同层次的社会关系。如宪法、民商法、社会法、行政法、刑法等都调整经济关系，宪法调整的经济关系是最高层次的经济关

① 人与环境资源关系，归根到底还是人与人的关系，环境保护或者污染，资源开发、保护或者破坏，涉及一部分人与另一部分人、当代人与后代人的利害关系。环境资源破坏行为的当代和后代受害者都是弱势群体，故本书将环境资源法列入社会法部门。

系,与各部门法所调整的较低层次的经济关系不同。民商法调整的经济关系是平等主体间的经济关系,与社会法、行政法所调整的经济关系不同。刑法调整经济生活领域中的严重对抗性关系,是对严重不正常经济关系的调整,既不同于宪法所调整的最高层次的经济关系,又不同于民商法、行政法、社会法所调整的非严重对抗性经济关系。它们虽然都是经济关系,但却是不同内容、不同侧面或不同层次的经济关系。由于法律规范所调整的社会关系在分布上的立体性,我们就有可能以调整对象——社会关系为单一的划分标准进行划分。①

三、法律规范宏观结构问题

新中国成立以来,特别是 1979 年以来,我国的立法工作成绩显著,制定了大量法律法规,中国特色社会主义法律体系已经形成。据有关统计资料,截至 2011 年 8 月底,中国已制定宪法相关法方面的法律 38 部,民法商法方面的法律 33 部,行政法方面的法律 79 部,经济法方面的法律 60 部,社会法方面的法律 18 件,一部统一的刑法、8 个刑法修正案以及关于惩治骗购外汇、逃汇和非法买卖外汇犯罪的决定,诉讼与非诉讼程序法方面的法律 10 部,以及一大批行政法规、地方性法规。② 2011 年 8 月以来,又有若干重要的法律法规颁布。

通观我国的现行立法,我们在肯定成绩的同时,还不能不清醒地看到在宏观结构方面存在的问题。只有看到这些问题,才能为进一步完善我国的法律体系,建立起和谐统一的法律体系指引方向。否则,立法虽然浩繁,仍难以建立起高效的法制和和谐的法律秩序。

法律规范宏观结构上的问题主要表现在:

1. 宪法与各法律部门配合不力

一国的宪法在法律体系中居于首要地位。人称宪法为"母法",部门法为"子法"。宪法的完整性和稳定性影响部门法的发展。新中国成立以来,制订了五四宪法、七五宪法、七八宪法和八二宪法。此后,全国人大又对宪法个别条文作出几次修改。随着我国社会的发展,现行的宪法仍将存在修改问题。宪法缺乏应有的稳定性,这一方面是由于我国政治、经济体制尚不稳定,另一方面则是由于立宪技术上不够成熟。

---

① 有的论著将调整对象和调整方法二者都作为划分法律部门的标准,未能揭示所调整的社会关系的分布特点,在逻辑上也是说不通的。因为逻辑要求一次划分只能有一个标准。

② 参见《中国特色社会主义法律体系》白皮书,国务院新闻办公室 2011 年 10 月 27 日发布。

从部门法角度来看，若干部门法的不健全和功能软弱影响了宪法的实施。宪法一方面是各部门法立法精神的依据，另一方面则有赖于各部门法对现实社会关系的具体调整。如果宪法的原则性规范没有转化为具体的法律、法规，该宪法规范就如同虚设。如我国宪法第 35 条规定："中华人民共和国公民有言论、出版、集合、结社、游行、示威的自由。"但是因为没有制定出相应的《新闻出版法》①、《结社法》等法律，这些自由的行使就无章可循。我国宪法多处规定"依照法律规定""在法律规定范围内""受法律保护""以法律规定"等，但有的并未制定相应的法律。

2. 各部门法间尚未建立起应有的平衡、协调关系

在法律规范的宏观结构中，除了宪法与各部门法的关系外，各部门法之间的平衡、协调关系也至关重要。法律规范体系能否适于发挥强大的正功能，与各部门法能否配合协调密切相关。

从微观上来说，法律规范的条件、规则和后果应该齐全。那么，从宏观上来说，也应有配套的规则体系和后果体系（特别是其中的制裁体系）。如民商法、行政法、社会法、诉讼与非诉讼程序法部门规定的规则受到严重侵犯，产生了严重对抗性的社会关系，则刑法部门应予以调整。

我国现行的各法律部门，在某些方面和一定程度上还存在失衡现象和失调现象。突出的表现是社会法部门的薄弱。在这一法律部门，我们需要制定《集体合同法》《工资法》等劳动法律，《基本医疗卫生法》《社会救助法》《刑事被害人救助法》等社会保障法律，《自然保护区法》等自然资源保护法律。没有完善的社会法部门，就没有完善的社会主义法律体系。

总之，在法律规范体系的微观、中观和宏观结构方面，都存在一些问题。这些问题要求我国的法律职业者，特别是立法工作者和法学教育、研究人员共同努力去解决。

【重要概念】

社会规范（social norms）　法律规范体系（legal norm system）　法律规范的逻辑结构（logical structure of legal norm）　法律部门（legal department）　公法（public law）　私法（private law）　社会法（social law）　法律体系（legal system）

① 有的学者建议制定《传播法》或《新闻传播法》《大众传播法》。

【文献指引】

1.《立法法》(2000 年 3 月 15 日第九届全国人民代表大会第三次会议通过)是规范立法活动的基本法。《立法法》规定,法律、行政法规、地方性法规、自治条例和单行条例的制定、修改和废止,适用本法。国务院部门规章和地方政府规章的制定、修改和废止,依照本法的有关规定执行。参见《立法法》。此外可参阅《法规规章备案条例》。

2. 周旺生所著《立法学教程》一书是一部阐述立法原理、立法制度和立法技术的著作,是反映作者立法学研究成果的一部力作。参见周旺生:《立法学教程》,北京大学出版社 2006 年版。

3. 社会法的重要性已经为国内许多学者认识。在法律部类层面,许多学者同意以公法、私法、社会法"三分法"替代公法、私法"二分法";在法律部门层面,许多学者同意将社会法作为一个独立的法律部门。但社会法部门由哪些法律(或二级法律部门)组成,尚未达成共识。劳动法、社会保障法成其组成部分已成通说。参见董保华等:《社会法原论》,中国政法大学出版社 2001 年版;汤黎虹:《社会法通论》,吉林人民出版社 2004 年版;秦恩才、孔祥瑞:《社会法论综》,中国长安出版社 2006 年版;隋彭生:《社会法》,中国政法大学出版社 2009 年版;徐丽红:《社会法理论与实践问题探索》,中国社会科学出版社 2012 年版。

4. 许多学者认为经济法是一个独立的法律部门,但经济法部门应包括哪些法律(或二级法律部门),未有共识。坊间所见经济法教材,对经济法之界定及教材体系宽窄不一。本书中的经济法是指社会生活领域层面意义上的经济法,与政治法、文化法、社会法等并列。这个意义上的经济法包括宪法中的根本经济制度,调整经济关系的民法制度(有些民法制度调整人身关系,不调整经济关系)和商法制度,调整经济关系的行政法制度(行政法部门中调整经济事务的部门行政法,可简称为经济行政法;行政法部门中的其他部门行政法也与调整经济关系有关),调整经济关系的社会法制度(社会法关系既有人身关系,也有财产关系),规定经济犯罪的刑法制度(或称为经济刑法)。请参阅有关经济法的法律地位,经济法与民商法、行政法关系的论著。

5. 中国人大网"法律法规数据库"将法律法规分成七类:宪法类;民商法类;刑法类;行政法类;经济法类;社会法类;诉讼及非讼程序法类。《十一届全国人大常委会立法规划》也按照宪法及相关法类、民法商法类、行政法类、经济法类、社会法类、刑法类和诉讼和非诉讼程序法类等七类进行规划。国务院新闻办公室2011年10月27日发布的《中国特色社会主义法律体系》白皮书持相同标准。参见中国人大网“法律法规数据库”、《十一届全国人大常委会立法规划》和《中国特色社会主义法律体系》白皮书。

【研究选题】

1. 法律规范的逻辑结构研究。
2. 法律条文缺陷的实证研究。
3. 法律部门划分的意义及标准研究。
4. 经济法的法律地位研究。
5. 社会法的法律地位研究。
6. 部门行政法的构造。
7. 社会救助立法研究。
8. 动物福利立法问题研究。

第七章　法律制度手段体系分析

根据塔尔科特·帕森斯的AGIL分析格式，社会系统分为若干子系统，每一子系统对应一种必要条件即A(适应)、G(目标获取)、I(整合)、L(潜在模式维护)。社会系统中的A、G、I、L分别由经济组织、政治制度、法律制度和家庭制度来执行。法律制度作为整合功能的承担者由具有A、G、I、L功能的孙系统组成。按此分析，法律制度应拥有一个具备适应功能的孙系统。这个孙系统即法律制度手段体系。

根据社会学原理，任何一种社会制度都有以下四种基本要素构成，即社会制度的价值系统、规范系统、组织系统和设备系统。这里的设备系统包括物质性设备(或实用设备)和象征性设备(或象征标识)。[①]

手段体系是法律制度的一个构成要素，它是指为保障法律机构和法律职业者有效运行法律规范而设置的所有物质、技术手段和象征标识手段，可分为实用设备和象征标识两大类。

不论是实用设备，还是象征标识，其一般功能就是使法律制度适应环境，从环境中获取资源，使法律制度得以生存和发展。

第一节　法律制度实用设备

一、法律制度实用设备的分类

法律制度实用设备是手段系统中的主要组成部分。它的功能是：为法律制度的运行提供物质、技术条件。

实用设备为法律制度运行所提供的物质、技术条件是多方面的，主要有下面各项。

(一) 法律制度运行所需的经费

不同法律机构的经费来源有所不同。权力机关、行政机关、监察机关、审判

---

① 参见吴增基、吴鹏森、苏振芳主编：《现代社会学》，上海人民出版社1997年版，第252—254页。

机关和检察机关的经费来自政府预算。行政机关的规费收入和审判机关的诉讼费收入，实行收支两条线。法律服务机构通过提供服务获得收入。法律教育、研究机构的经费主要来源于政府拨款，同时也通过提供社会服务获取一定收入（学费、科研经费等）。

（二）法律制度运行所需的专门场所、办公用房

各法律机构需要各自的专门场所和办公用房。如权力机关、监察机关、审判机关、检察机关、行政执法机关的办公场所，法律教育机构的校园、校舍，以及看守所、拘留所、监狱等场所。由于法律机构运行法律制度的需要，上述场所往往带有专门性，如监狱、看守所、审判法庭、模拟法庭等。最高人民法院就各级人民法院审判法庭建设问题提出，审判法庭是人民法院行使国家审判权，审判各类案件的重要场所。审判法庭的建筑形式要实用、庄严、大方，体现审判场所的特点，要同礼堂、影剧院等建筑有明显区别。建筑标准可适当高于其他一般建筑。高级人民法院审判法庭的总建筑面积不少于 2500 平方米，中级人民法院审判法庭的总建筑面积一般不少于 2300 平方米，基层人民法院审判法庭的总建筑面积一般不少于 1000 平方米。[①] 经过多年努力，许多地方法律机构的专门场所已有较大改观。

（三）法律制度运行所需的装备

法律机构的活动需要配备各种装备，包括办公设备、办公用品、交通工具、通讯工具、鉴定器械设备，以及必要的武器装备，等等。

（四）法律制度运行所需的计算机信息网络系统

现代的电脑技术可以助法律制度一臂之力。我国各法律机构均重视计算机信息网络系统的建设与应用。以法院系统为例，最高人民法院于 1996 年 6 月 17 日印发的《全国法院计算机信息网络建设规划》指出，传统的手工办案手段和管理方法，已远远不能适应审判工作的需求，为适应新的形势，建设以信息技术为基础的法院计算机信息网络系统，是提高办案效率和质量，强化审判监督，实现科学化、规范化管理，进一步方便群众诉讼的重要手段，是法院装备现代化的重要组成部分。最高人民法院于 2002 年 1 月 29 日再次印发《人民法院计算机信息网络系统建设规划》，提出“十五”期间全国法院计算机信息网络系统建设的总体目标是：各级人民法院建设计算机局域网，进行审判流程管理、审判辅助管理、司法档案管理、司法统计管理、办公和司法行政管理等，逐步实现

① 详见《最高人民法院关于各级人民法院审判法庭建设问题的意见》（1986 年 6 月 11 日）。

人民法院审判工作和各项工作的计算机化管理;全国法院系统建设计算机广域网,实现审判信息和其他管理信息交换、资源共享。有条件的法院可以在计算机网络建设的基础上,探索实现远程调档取证、异地诉讼办案等功能。

(五) 法律制度运行所需的司法鉴定和检验技术

除了对计算机技术的应用,还应尽量利用其他现代科学技术为法律制度服务。司法鉴定和检验技术是法律机构的得力助手。按照检验时所用的专业知识,司法鉴定可分为法医学鉴定、司法精神病学鉴定、司法会计鉴定、司法化学鉴定、司法物理学鉴定、犯罪侦查学鉴定等。依照《全国人民代表大会常务委员会关于司法鉴定管理问题的决定》的规定,法人或者其他组织申请从事司法鉴定业务的,应当具有在业务范围内进行司法鉴定所必需的仪器、设备和在业务范围内进行司法鉴定所必需的依法通过计量认证或者实验室认可的检测实验室。

(六) 法律制度运行所需的资料

法律机构不仅需要不断地获取物质的条件以生存和活动、发展,还需要不断地获取各种资料"装备"法律职业者的头脑。法律制度的运行要求其主体掌握法律规范,要求其主体有较高的素质准确使用法律规范。每一法律机构都应配备或有机会使用专业图书资料和其他资料(包括数字化资料)。法律教育、法律研究机构对法律资料的要求更高。

二、法律制度实用设备问题

由于过去对法制建设的不重视以及经济发展水平的限制,我国各法律机构的实用设备极为欠缺。[①] 随着国家逐渐重视法治和经济发展,法律机构的物质条件也有了改善。最高人民法院《人民法院第二个五年改革纲要(2004—2008)》对此充分肯定,认为"加速了司法装备现代化建设,全国大部分法院的基本建设和物质保障有了较大改善"。但是与法律制度合理运行的现实要求相比较,现有的实用设备仍难以满足需要。各系统和各地区的法律机构经费和其他物质条件保障状况不一。

(一) 法律机构经费制度问题

目前各法律机构的经费基本上均由行政机关直接控制。这种制度,难以充分保证上述各机关所需经费,影响上述各机关的工作,同时在经费上形成一层

① 有的司法机关甚至连囚车都没有,以至出现在公共汽车上押解刑事被告人的现象。

不正常的制约关系，削弱了正常的制约关系。肖扬同志一针见血地指出："……人民法院的产生、法官任免、司法人事、司法经费都在同级地方控制之下，导致了司法权力的地方化。""……司法权力是一种国家权力，而不是地方自治性质的权力，所以司法权力地方化逐渐显现出来的弊病影响了法制统一、独立审判这两项重要宪法原则的实现，也使社会主义法治原则受到威胁。"①

最高人民法院《人民法院第三个五年改革纲要(2009—2013)》提出："改革和完善人民法院经费保障体制。配合有关部门改革现行行政经费保障体制，建立'明确责任、分类负担、收支脱钩、全额保障'的经费保障体制……"《中共中央关于全面深化改革若干重大问题的决定》要求推动省以下地方法院、检察院人财物统一管理。

（二）法律机构利用现代技术问题

法律制度生成和运行的整个过程，与科学技术都有密切联系。今天，不仅经济领域要利用现代技术，法律领域也同样迫切地需要现代技术。法律对现代社会的调整，已不能局限于中国古代的"五听"之法，而要尽可能地广泛采用现代技术。

但是，我国法律机构对现代技术的利用仍然有限。某些对法律制度合理、有效运行有重大实践意义的技术手段(如电脑技术)，某些鉴定、检验技术未能深度利用。我国法律机构在现代化管理和装备上的落后，影响了我国法律规范更有效地实施。

现代化要求我们的法律机构加速对现代技术的利用。越来越多的犯罪分子利用现代技术进行犯罪活动，②传统的侦破、审理案件的办法已难以与之相适应。德国一位反犯罪专家称罪犯与侦探之间，20 世纪 70 年代以前主要是斗智，而 20 世纪 70 年代以后，则既斗智又斗技，在智力的匹敌过程中，参与大量的技术较量。我们的司法机关在预防犯罪、侦破案件、擒获罪犯、审判案件等各个环节，也应广泛采取现代技术。③ 当然，不仅仅在对付犯罪方面，各方面的法律活动同样如此。最高人民法院颁布《人民法院计算机信息网络系统建设管理规

---

① 肖扬：《法院、法官与司法改革》，载于中国民商法律网/法学讲堂/法律讲座。

② 利用电子计算机技术进行犯罪屡屡发生。如"吕薛文破坏计算机信息系统案"，吕薛文于 1997 年 4 月间加入国内黑客组织，利用从互联网上获取的方法攻击广州主机，取得最高权限，对该主机系统的部分文件进行修改、增加、删除等一系列操作，广州市中级人民法院认定其构成破坏计算机信息系统罪，判处有期徒刑一年六个月。参见《最高人民法院公报》2000 年第 3 期。

③ 济南市中级人民法院通过官方微博直播薄熙来案审理情况，促进了司法公开，获得社会公众的广泛赞誉。

定》也确有必要。

最高人民法院《人民法院第三个五年改革纲要(2009—2013)》提出:“加强人民法院信息化建设。促进信息化在人民法院行政管理、法官培训、案件信息管理、执行管理、信访管理等方面的应用。尽快完成覆盖全国各级人民法院的审判业务信息网络建设。研究制定关于改革庭审活动记录方式的实施意见。研究开发全国法院统一适用的案件管理流程软件和司法政务管理软件。加快建立信息安全基础设施。推进人民法院与其他国家机关之间电子政务协同办公的应用。构建全国法院案件信息数据库,加快案件信息查询系统建设。”

(三)法律机构利用法律资料问题

全国各法律机构由于客观条件限制,在法律资料利用上存在种种困难。

法律系统的实际工作部门,除拥有工作必不可少的工具资料外,其他资料很少。法律教育、法律研究机构拥有一定数量的图书资料,但往往难以及时得到实际工作部门的有关信息。目前法律资料方面主要的问题是:法律机构拥有的法律资料总量仍不适应需要;实际工作部门与理论工作部门缺乏资料交流途径,理论工作部门之间及实际工作部门之间的交流也是不够的;法律资料的分析、利用不够。

有关法律机构应做好统计工作。充分收集并传播反映制度现状的数据资料(特别是及时准确地收集司法统计资料);法律理论工作部门应积极进行法律资料的整理分析工作;各法律机构之间(不论实际部门还是理论工作部门),在资料交流利用方面均应密切配合,提高利用率和工作效率。

第二节 法律制度象征标识

一、法律制度象征标识的分类

法律制度象征标识是指法律制度主体(法律机构及法律职业者)因运行法律规范所需而设置的所有象征性手段。

法律制度的象征标识分布很广泛,大体可以归纳为以下三类。

(一)法律机构的象征标识

这一类象征标识主要包括国旗、国徽、国歌等国家正式标志,法律机关的名称、印章和标牌等。作为国家机关的人民代表大会及其常务委员会、行政机关、审判机关和检察机关,应按《国旗法、国徽法》的有关规定升挂国旗、悬挂国徽。

每一法律机构均有其正式名称、公章、招牌、徽标和组织机构代码证等表明其机构身份的象征标识。

法律机构的象征标识的设置和使用必须符合规定的要求。如《中华人民共和国国徽法》规定，下列机构应当悬挂国徽：(一)县级以上各级人民代表大会常务委员会；(二)县级以上各级人民政府；(三)中央军事委员会；(四)各级人民法院和专门人民法院；(五)各级人民检察院和专门人民检察院；(六)外交部；(七)国家驻外使馆、领馆和其他外交代表机构。乡、民族乡、镇的人民政府可以悬挂国徽，具体办法由省、自治区、直辖市的人民政府根据实际情况规定。国徽应当悬挂在机关正门上方正中处。司法部于 1995 年 2 月 20 日发布了《律师事务所名称管理办法》，该办法规定，申请设立律师事务所，其名称由批准机关核定；律师事务所的名称中不得含有表明特定律师业务范围的内容和文字；等等。司法部还规定律师事务所不宜在户外设立灯箱标牌。

(二) 法律职业者身份的象征标识

这一类象征标识主要包括各种法律职业者的工作证、介绍信等证明文件，法律职业者的统一制服(如法官服、检察官服、警服、律师服)及其佩戴徽章等标识。

法律职业者身份的象征标识的设置和使用必须符合规定的要求。如《人民警察法》规定，人民警察必须按照规定着装，佩带人民警察标志或者持有人民警察证件，保持警容严整，举止端庄。人民警察的警用标志、制式服装和警械，由国务院公安部门统一监制，会同其他有关国家机关管理，其他个人和组织不得非法制造、贩卖。人民警察的警用标志、制式服装、警械、证件为人民警察专用，其他个人和组织不得持有和使用。违反前两款规定的，没收非法制造、贩卖、持有、使用的人民警察警用标志、制式服装、警械、证件，由公安机关处十五日以下拘留或者警告，可以并处违法所得五倍以下的罚款；构成犯罪的，依法追究刑事责任。《公安机关人民警察证使用管理规定》(2005 年 12 月 6 日)规定，公安机关人民警察使用统一的人民警察证。人民警察证是公安机关人民警察身份和依法执行职务的凭证和标志。公安机关人民警察在依法执行职务时，除法律、法规另有规定外，应当随身携带人民警察证，主动出示并表明人民警察身份。严禁向非发放范围人员发放人民警察证。公安机关人民警察不得涂改、损坏、复制、转借、抵押、赠送、买卖人民警察证，不得将人民警察证用于非警务活动或者非法活动。

(三) 法律活动的象征标识

这一类包括表示法律机构运行法律制度的具体行为的象征标识,如选票、税票,公安、检察、审判机关进行诉讼活动所需的各种手续和文件。这些象征标识表示具体法律活动的开始、进行和停止以及所产生的法律后果。法律职业者依照这些象征标识的指引进行有秩序的工作。

如在刑事诉讼过程中,各法律机构需使用如下象征标识:

立案、侦查阶段:立案报表,使用警用标志灯具、警报器、搜查证、拘留证、逮捕证、通缉令等。

审查起诉阶段:起诉书加盖检察院公章等。

审判阶段:开庭通知、传票、法庭上的席位标牌、悬挂的国徽,开庭、继续开庭、休庭、闭庭及宣布判决、裁定时使用法槌,判决书上加盖法院公章等。死刑判决布告上的"√"标志。

执行阶段:执行死刑的命令等。

律师参加刑事辩护的,使用律师执业证、公函、调查证明,会见在押被告人专用证明等。

法律制度的合理运行需要这么一套操作符号。正如操作一台机器,首先应命名机器各部分,并为各操作活动规定操作符号。

法律活动的象征标识必须按照规定使用。如《警车管理规定》(2006 年 11 月 29 日)规定,警车执行紧急任务使用警用标志灯具、警报器时,享有优先通行权;警车及其护卫的车队,在确保安全的原则下,可以不受行驶路线、行驶方向、行驶速度和交通信号灯、交通标志标线的限制。再如《司法部关于实行律师出庭统一着装制度的通知》(2003 年 3 月 13 日)规定,自 2003 年 1 月 1 日起,律师担任辩护人代理人出庭时,必须着全国统一律师出庭服装、佩律师出庭徽章。①

二、法律制度象征标识的功能

象征标识在法律制度运行中具有重要的功能,主要包括组织界线功能、组织管理功能和制度权威功能。

(一) 组织界线功能

组织界线是划定组织活动范围并将组织系统同环境区别开来的人为设置。组织界线具有维护组织独立性的功能。

---

① 律师出庭未着统一律师出庭服装的情况还比较常见。

法律机构也必须通过人为设置建立起自己的组织界线，象征标识就起到这样的作用。上述第一类象征标识或者表明某些法律机构（人民代表大会及其常务委员会、人民政府、人民法院、人民检察院）是国家机关，以区别于其他非国家机关的社会组织，或者表明各法律机构的性质以相互区别（如法院的名称、公章、招牌表明其审判机关性质，检察院名称、公章和招牌表明其检察机关性质，等等）；上述第二类象征标识则表明法律职业者在身份上不同于普通公民，负有运行法律制度的职责，又表明各类法律职业者的相互区别，总之是标志各自的组织归属。上述第三类象征标识直接表明法律机构的组织活动范围，在各种法律活动中，凭借象征标识，让外界识别法律机构和非法律机构，同时借此维护法律机构的独立性。

（二）组织管理功能

象征标识是一套符号系统，不仅用于标明组织界线，同时也用于进行有秩序的组织管理。

为了保证法律机构行使职权，防止其他社会组织滥用法律机构的职权，建立了法律机构的象征标识。法律机构的公章等是其职权的象征，在具体行使职权的活动中起到鉴别作用。

为保证法律职业者依法行使其职权，防止其他公民冒充法律职业者的现象出现，建立了法律职业者的身份标识。在具体的法律活动中，法律职业者应发挥身份标识的作用。如执行公务时应穿统一制服，并向有关公民出示身份证明文件（《刑事诉讼法》等法律中有许多规定，如讯问被告人、询问证人、勘验和检查等，有关法律职业者应持有和出示身份证明文件）。

为保证法律活动有秩序地进行和正规化，建立有关象征标识。法律活动的范围很广泛，但法律职业者和有关公民只要看到所“显示”的象征标识（或“操作符号”），就明白该项法律活动的性质和进程，从而便于法律活动的顺利进行。法律职业者必须按规定向有关公民“显示”某种象征标识。

总之，现代的法律制度采用这一套符号系统对其组织活动进行有效的管理。

（三）制度权威功能

法庭上悬挂的国徽，人民法院、人民检察院在法律文书上加盖的公章，并不仅仅是一种“操作符号”，而是一种制度权威的显示。法律制度的实用设备固然十分重要，象征标识也同样具有力量，在某种情况下，它们能起到实用设备所不能起到的作用。它们之所以让社会成员感到一种力量，就是因为它们是制度权威的象征。交通警察的指挥手势和交通信号显示出交通指挥权的权威。法庭让人们感到庄严、神圣,就是通过国徽、审判制服、法庭席位标志、法槌等一套象征标识表现了审判权的权威。

为使法律制度运行内部协调,又能适应环境,一方面要继续完善象征标识的设置,另一方面要使象征标识的使用正规化。错用、滥用或漏用象征标识,只会削弱象征标识的应用功能。这与机器操作中操作符号的错误显示或当显不显带来的后果一样严重。

各法律机构为能使象征标识有效发挥功能,应严防社会成员对象征标识的侵犯。《中华人民共和国刑法》第 299 条规定:"在公众场合故意以焚烧、毁损、涂划、玷污、践踏等方式侮辱中华人民共和国国旗、国徽的,处三年以下有期徒刑、拘役、管制或者剥夺政治权利。"第 280 条规定:"伪造、变造、买卖或者盗窃、抢夺、毁灭国家机关的公文、证件、印章的,处三年以下有期徒刑、拘役、管制或者剥夺政治权利;情节严重的,处三年以上十年以下有期徒刑。""伪造公司、企业、事业单位、人民团体的印章的,处三年以下有期徒刑、拘役、管制或者剥夺政治权利。""伪造、变造居民身份证的,处三年以下有期徒刑、拘役、管制或者剥夺政治权利;情节严重的,处三年以上七年以下有期徒刑。"第 281 条规定:"非法生产、买卖人民警察制式服装、车辆号牌等专用标志、警械,情节严重的,处三年以下有期徒刑、拘役或者管制,并处或者单处罚金。""单位犯前款罪的,对单位判处罚金,并对其直接负责的主管人员和其他直接责任人员,依照前款的规定处罚。"其他法律法规也对侵犯法律机构象征标识的行为作出处理规定。

【重要概念】

法律制度实用设备(equipments of legal institution)　法律制度象征标识(symbols of legal institution)

【文献指引】

1. 有关法律制度实用设备的文件有《枪支管理法》《诉讼费用交纳办法》《人民法院法庭建设标准》《最高人民法院关于人民法院法庭专用设备配置的意见》等,可从相关网站检索。

2. 有关法律制度象征标识的文件有:《国旗法》《国徽法》《人民警察法》《居民身份证法》《人民警察警衔条例》《公安部、财政部、商业部、轻工业部、国家工商行政管理局、总参谋部、总政治部、总后勤部、关于严禁私自生产、销售军服、人民警察服装的通知》《公安部关于禁止非法穿着和生产、销售人民警察服装的通告》《公安机关人民警察证使用管理规定》《人民警察警衔标志式样和佩带办法》《司法部关于实行律师出庭统一着装制度的通知》《人民法院法槌使用规定》《人民法院法官袍穿着规定》《人民法院法庭规则》等，可从相关网站检索。

3. 孙长永、纪虎对以信仰为基础的证人宣誓做了研究。他们认为证人宣誓是古代欧洲宗教生活和法律生活共同作用的结果。详见孙长永、纪虎：《宗教化的法律仪式——证人宣誓本源意义初探》，《学术研究》2004 年第 6 期。

4. 最高人民法院在互联网设立中国裁判文书网，统一公布各级人民法院的生效裁判文书，是推动审判公开的重要举措。请参阅最高人民法院关于人民法院在互联网公布裁判文书的规定(2013 年 11 月 13 日最高人民法院审判委员会第 1595 次会议通过，2013 年 11 月 21 日公布，自 2014 年 1 月 1 日起施行)。

5. 杭州互联网法院，于 2017 年 8 月 18 日挂牌成立，是全国第一家集中审理涉网案件的试点法院。互联网法院贯彻“网上案件网上审”的审理思维，将涉及网络的案件从现有审判体系中剥离出来，充分依托互联网技术，完成起诉、立案、举证、开庭、裁判、执行全流程在线化，实现便民诉讼，节约司法资源。请关注相关报道。

【研究选题】

1. 司法经费保障体制改革研究。
2. 法律机构网站情况调研。
3. 法官、检察官、律师服装沿革研究。
4. 你所在学校图书馆的法律藏书情况调研。
5. 北大法宝、中国裁判文书网等案例数据库对法学教育、法学研究的影响研究。
6. 裁判文书互联网公布制度对法院审判工作的影响研究。
7. 了解法律机构象征标识被侵犯的状况。
8. 拥有自主知识产权的我国首个“人民法院智能数字化量刑系统”正式问世，这套系统由山东省淄博市淄川区人民法院和北京博雅英杰通讯科技有限公司合作研制开发，并已通过了专家鉴定。请对“人民法院智能数字化量刑系统”进行分析和评价。
9. 中国司法机关建筑风格调研。
10. 中国律师事务所徽标(LOGO)分析。
11. 互联网法院调研。
12. 人工智能与法律问题研究。

第八章　法律制度模式的维护

在塔尔科特·帕森斯的AGIL分析格式中，L代表潜在模式维护(Latency pattern maintenance)。一个社会系统要保持其价值观的稳定性，并保证其运行的连续性，就不能缺少这一项功能条件。任何系统需要一定的机制维护其固有模式。法律制度的模式要得以维持，必须具备内在的和外部的现实条件。

在法律社会化过程中，维护法律制度的模式始终是一个重要问题。本章将对法律制度的理想模式以及法律制度三大构成因素模式的维护问题进行分析。

第一节　法律制度的理想模式

一、法律制度模式的概念

现实的法律制度总是以一定的模式存在于社会结构之中，如奴隶制模式、封建制模式、资本主义模式或社会主义模式；大陆法系模式、英美法系模式，以及中华法系模式；等等。所谓法律制度模式，是指根据法律制度的内容及其构成方式所体现的稳定特征。

法律制度模式，取决于法律制度所处的社会物质和文化生活条件。但这种模式并非自发生成。国家及其分化的专门机关和专门人员与社会成员之间的经常性的互动，是这种模式产生和存续的基础。

法律制度，实际上是一种相对稳定的互动模式。国家每时每刻面临千千万万种互动情景，同时进行着千千万万种行动——具体的行动(如具体的行政措施和司法行为)，以及抽象的行动(如立法、司法解释等)。在种种互动中，在国家及其专门机关和专门人员的主持下，建立、维持或者修改着互动模式。在这种互动过程中，国家仅仅是互动的一方，是主持互动的一方，但不能完全无视互动关系的另一方的实力及其愿望。

在整个法律社会化的过程中，互动是法律制度运行的基本活动方式，法律制度模式的形成、维护和修改也伴随着整个法律社会化过程。

二、法律制度的理想模式

一种法律制度的模式虽然客观地存在并不断变化,但它仍然带有应然的成分。也就是说,我们所谓的法律制度模式并不等同于实然状态的法律生活或法律秩序,虽然是实在法范畴,但它只有跨过法律事实这一桥梁才进入现实权利和义务的领域;各种法律组织的目标和各类法律职业者的角色期望,并不等同于现实的司法活动和角色行为。主要体现在法律规范体系内容和法律制度三大要素构成方式之中的法律制度模式,仍然是一种理想模式。法律制度的理想模式,是指法律制度的内容及其构成方式所体现的最佳特征。

法律制度的理想模式需要维护或保障。这种保障主要体现在以下几个方面:法律组织的组织界线;法律职业者的职务保障;法律规范的实施保障,法律制度的手段保障,等等。下面将分节详作分析。

第二节 法律机构组织界线的维护

法律机构一方面通过法律规范规定自己的界线,另一方面(更重要的一方面)是以其实际行动维护界线。

一、每一法律机构在其活动中应严格遵守职权,不滥用职权,不越权干预

权力机关行使国家权力,但并不包揽行政、监察、审判和检察事务。监察机关依法行使监察权,审判机关依法行使审判权,检察机关依法行使检察权,公安机关负责治安管理和刑事案件的侦查工作,国家安全机关负责国家安全工作,公、检、法在刑事诉讼中分工负责、互相配合、互相制约。司法机关不得行使立法机关的职权。[①] 仲裁机构、律师事务所、法学院(系)和法学研究所也各有各的职责。值得注意的是,恢复法制建设以来,我国的某些法律机构进行一些与其活动范围不相称的活动,超越了自己的界线,如曾有司法机关单独或者联合成

① 国务院依法可制定行政法规,或经授权制定特定的条例和规定。最高人民法院和最高人民检察院可分别对审判、检察工作中具体应用法律的问题进行解释。

立所谓“讨债公司”,以企业法人的形式,接受债权人的委托,为债权人追索欠债;[①]有的司法机关借“超前服务”之名,搞有偿的法律服务活动;有的公安机关非法越权干预经济纠纷案件处理,甚至强行收审、拘押经济纠纷一方当事人做人质,替另一方逼索款物,有的还按比例从争议金额中提成取利;[②]有的律师事务所越出《律师法》规定的业务范围,搞有偿的法律教育、培训活动。

法律对法律机构和法律职业者滥用职权规定了相应的处理措施。如《行政处罚法》规定,没有法定依据或者不遵守法定程序的,行政处罚无效。公民、法人或者其他组织因行政机关违法给予行政处罚受到损害的,有权依法提出赔偿要求。《刑法》规定,司法工作人员徇私枉法、徇情枉法,对明知是无罪的人而使他受追诉、对明知是有罪的人而故意包庇不使他受追诉,或者在刑事审判活动中故意违背事实和法律作枉法裁判的,处五年以下有期徒刑或者拘役;情节严重的,处五年以上十年以下有期徒刑;情节特别严重的,处十年以上有期徒刑。

二、法律机构应有效制止社会组织和公民侵犯法律机构界线的行为

某些社会组织和公民进行私设公堂,非法拘禁,非法侦查,冒充法律职业者招摇撞骗,非法罚款等违法犯罪行为,法律对此规定了制裁措施。

《刑法》规定,非法拘禁他人或者以其他方法非法剥夺他人人身自由的,处三年以下有期徒刑、拘役、管制或者剥夺政治权利。具有殴打、侮辱情节的,从重处罚。犯前款罪,致人重伤的,处三年以上十年以下有期徒刑;致人死亡的,处十年以上有期徒刑。使用暴力致人伤残、死亡的,依照本法第二百三十四条、第二百三十二条的规定定罪处罚。为索取债务非法扣押、拘禁他人的,依照前两款的规定处罚。国家机关工作人员利用职权犯前三款罪的,依照前三款的规定从重处罚。

《刑法》还规定,冒充国家机关工作人员招摇撞骗的,处三年以下有期徒刑、拘役、管制或者剥夺政治权利;情节严重的,处三年以上十年以下有期徒刑。冒充人民警察招摇撞骗的,依照前款的规定从重处罚。

---

① 最高人民法院、最高人民检察院、公安部、司法部《关于公检法司机关不得成立“讨债公司”的通知》(1988年6月25日)规定,各级公、检、法、司机关一律不准以任何理由、任何形式成立“讨债公司”及其他类似的企业,已经成立的“讨债公司”,应当尽快撤销,并终止办理已承接的委托事项。

② 公安部多次发文严禁公安机关干预经济纠纷,如公安部《关于公安机关不得非法越权干预经济纠纷案件处理的通知》(1989年3月15日)、《关于严禁越权干预经济纠纷的通知》(1995年2月15日)。

第三节 法律职业者的职务保障

法律职业者职务保障是指为保障执行职务所必需的人员素质、工作纪律、工作条件、工作环境等方面的保障。

一、法律职业者基本素质的保障

法律职业者基本素质的保障是法律职业者职务保障的首要内容。法律职业者的素质是保障其依法履行职责的基本条件。

法律职业者的素质是多方面的，包括职业道德品质、职业思维能力、专业知识水平、职业工作能力和身体素质等方面。吸收公民参加法律机构时，应规定严格的资格条件，进行多方面的素质考核。

法律职业资格考试制度是选拔高素质法律职业者的重要制度。律师资格考试是新中国成立后最早实施的法律职业资格考试，旨在测试应考人员的法律专业知识水平，从而为选拔律师人才提供筛选机制。律师资格考试从1986年到2000年共举行了12次，全国有百万以上人次参加了考试，有约14万人通过考试取得了律师资格证书。法院系统于1995、1997和1999年进行了三次初任法官资格考试，检察院系统也举行了三次初任检察官资格考试，共计有7万余人通过考试取得了相应的司法职务任命资格。2001年10月31日，最高人民法院、最高人民检察院、司法部制定了《国家司法考试实施办法(试行)》，正式建立了国家统一司法考试制度。国家统一司法考试从2002年到2017年共举行了16次，全国有619万余人次报考，有88.8万人通过司法考试，平均通过率14.3%。根据《法官法》《检察官法》《律师法》《公证法》等有关法律规定，司法部于2018年4月28日公布了《国家统一法律职业资格考试实施办法》。2018年9月、10月举行首次国家统一法律职业资格考试。

国家统一法律职业资格考试制度作为选拔高素质法律职业者的重要制度，正日益发挥重要作用。但我国法律职业者基本素质的保障，仅依靠该项制度是远远不够的：首先，该项考试的测试功能具有局限性。该项考试测试应试人员所具备的法律专业知识的功能较强，其测试法律职业能力的功能相对较弱，其测试应试人员所具备的道德素质的功能基本不具备。其次，该项考试不能替代良好的法律专业教育。通过该项考试可证明应试人员具备一定的法律专业知识，但不等于其具备扎实的法律专业理论基础。最后，该项考试不能替代司法研修。根据国外的经验,司法研修制度是一些国家法律职业者职前培训的成功经验。我国虽然已经有预备法官培训、初任检察官培训和律师上岗培训,但尚未建立统一的、规范的司法研修制度。

二、法律职业者职权的保障

法律职业者为有效执行职务,必须具有相应的职权。法律职业者的职权应受法律保障,并应受到全体公民和社会组织的尊重。法律规定了法律职业者的职务,也规定由此产生的相应的职权,职务和职权是相统一的。没有某种职务,不应享有相应的职权;具有某种职务,必须享有相应的职权,否则就无法履行职务。法律职业者的职权一般由法律规定。

《全国人民代表大会和地方各级人民代表大会代表法》规定了人大代表出席本级人民代表大会会议的职权,审议列入大会议程的各项议案和报告的职权,向本级有关国家机关提出询问的职权,向本级人民代表大会提出对各方面工作的建议、批评和意见的职权,对本级或者下级国家机关和有关单位的工作进行视察的职权,等等。

法官的职权包括依法参加合议庭审判或者独任审判案件的职权和法律规定的其他职权。各诉讼法具体规定法官的职权,如《民事诉讼法》中规定的法庭调查的权利,调查取证的权利,审查核实证据的权利,调解的权利,评议案件的权利,作出判决的权利,采取强制执行措施的权利,提出司法建议的权利,等等。

检察官的职权有依法进行法律监督工作,代表国家进行公诉,对法律规定由人民检察院直接受理的犯罪案件进行侦查以及法律规定的其他职权。各部诉讼法具体规定检察官的职权,如《刑事诉讼法》规定的收集、调取证据的权利,对法律规定由人民检察院直接受理的犯罪案件进行侦查的权利,对犯罪嫌疑人、被告人采取强制措施的权利,批准逮捕犯罪嫌疑人、被告人的权利,讯问犯罪嫌疑人的权利,提起公诉的权利,出席法庭支持公诉的权利,就人民法院审理案件违反法律规定的诉讼程序提出纠正意见的权利,对人民法院第一审的判决、裁定提出抗诉的权利,对人民法院已经发生法律效力的判决和裁定按照审判监督程序提出抗诉的权利,等等。

律师的职权在律师所从事的各项业务中有不同体现。如律师参加诉讼活动,依照诉讼法律的规定,有收集、查阅与本案有关的材料的权利,同被限制人身自由的人会见和通信的权利,出席法庭的权利,辩论或者辩护的权利,以及诉讼法律规定的其他权利。

其他法律职业者也有与其履行职务相应的职权。

法律职业者在履行职务受到不法侵害时，有正当防卫的权利。《人民警察法》规定，遇有拒捕、暴乱、越狱、抢夺枪支或者其他暴力行为的紧急情况，公安机关的人民警察依照国家有关规定可以使用武器。为制止严重违法犯罪活动的需要，公安机关的人民警察依照国家有关规定可以使用警械。最高人民法院、最高人民检察院、公安部、国家安全部、司法部于 1983 年 9 月 14 日发布的《关于人民警察执行职务中实行正当防卫的具体规定》中指出："《中华人民共和国刑法》第十七条关于对不法侵害采取正当防卫行为的规定，适用于全体公民。鉴于于人民警察是武装性质的国家治安行政力量，在打击的制止犯罪、维护社会治安、保护公共利益和公民合法权益、保卫国家政权和社会主义现代化建设方面，负有特定责任……"遇有规定的情形时，人民警察必须采取正当防卫行为，使正在进行不法侵害行为的人丧失侵害能力或者中止侵害行为。人民警察执行职务中实行正当防卫，可以按照 2009 年 6 月 2 日国务院颁布的《人民警察使用警械和武器条例》的规定，使用警械直至开枪射击。

三、法律职业者工作纪律的保障

法律职业是原则性很强的工作，严格的纪律是保持工作者高度责任心的一项保障。我国的法律法规及法律机构的内部规章制度都有许多工作纪律的规定。

《法官法》规定，法官应当履行下列义务：(一)严格遵守宪法和法律；(二)审判案件必须以事实为根据，以法律为准绳，秉公办案，不得徇私枉法；(三)依法保障诉讼参与人的诉讼权利；(四)维护国家利益、公共利益，维护自然人、法人和其他组织的合法权益；(五)清正廉明，忠于职守，遵守纪律，恪守职业道德；(六)保守国家秘密和审判工作秘密；(七)接受法律监督和人民群众监督。诉讼法规定的回避制度等也是法官的工作纪律。最高人民法院制订的《法官职业道德基本准则》《法官行为规范》以及最高人民法院、司法部发布的《关于规范法官和律师相互关系维护司法公正的若干规定》都是重要的纪律规范。

《检察官法》规定，检察官应当履行下列义务：(一)严格遵守宪法和法律；(二)履行职责必须以事实为根据，以法律为准绳，秉公执法，不得徇私枉法；(三)维护国家利益、公共利益，维护自然人、法人和其他组织的合法权益；(四)清正廉明，忠于职守，遵守纪律，恪守职业道德；(五)保守国家秘密和检察工作秘密;(六)接受法律监督和人民群众监督。最高人民检察院发布的《检察官职业行为基本规范(试行)》是重要的纪律规范。

公安机关人民警察应当严格遵守《人民警察法》《公务员法》等法律法规关于公安机关人民警察纪律的规定。公安机关人民警察违法违纪,应当承担纪律责任的,依照《公安机关人民警察纪律条令》给予处分。

《律师法》规定,律师在执业活动中不得有下列行为:(一)私自接受委托、收取费用,接受委托人的财物或者其他利益;(二)利用提供法律服务的便利牟取当事人争议的权益;(三)接受对方当事人的财物或者其他利益,与对方当事人或者第三人恶意串通,侵害委托人的权益;(四)违反规定会见法官、检察官、仲裁员以及其他有关工作人员;(五)向法官、检察官、仲裁员以及其他有关工作人员行贿,介绍贿赂或者指使、诱导当事人行贿,或者以其他不正当方式影响法官、检察官、仲裁员以及其他有关工作人员依法办理案件;(六)故意提供虚假证据或者威胁、利诱他人提供虚假证据,妨碍对方当事人合法取得证据;(七)煽动、教唆当事人采取扰乱公共秩序、危害公共安全等非法手段解决争议;(八)扰乱法庭、仲裁庭秩序,干扰诉讼、仲裁活动的正常进行。此外,律师还应遵守中华全国律师协会制订的《律师执业行为规范》《律师职业道德基本准则》。

其他法律职业者的工作纪律也有法律法规以及法律机构的内部规章制度予以规定。

四、法律职业者工作条件的保障

法律职业者履行职务必须具有与其职务相适应的工作条件。没有相适应的工作条件,法律职业者无法有效履行其职责。

按照《法官法》《检察官法》的规定,法官、检察官享有履行法官职责应当具有的工作条件的权利。

《人民警察法》规定,国家保障人民警察的经费。人民警察的经费,按照事权划分的原则,分别列入中央和地方的财政预算。人民警察工作所必需的通讯、训练设施和交通、消防以及派出所、监管场所等基础设施建设,各级人民政府应当列入基本建设规划和城乡建设总体规划。国家加强人民警察装备的现代化建设,努力推广、应用先进的科技成果。

其他法律职业者工作条件的保障亦有法律法规的规定。近年来,各法律机构对改善工作条件非常重视,各法律机构的工作条件均有所改善。

五、法律职业者工作环境的保障

法律职业者履行职务需要社会的支持以及不同法律机构之间的相互支持。对于干涉法律职业者依法履行职务或侵犯法律职业者的行为，应依法予以制裁。

按照《法官法》《检察官法》的规定，法官、检察官依法履行职责，受法律保护。法官、检察官享有依法审判案件或履行检察职责不受行政机关、社会团体和个人的干涉，人身、财产和住所安全受法律保护等权利。对于国家机关及其工作人员侵犯规定的法官、检察官权利的行为，法官、检察官有权提出控告。行政机关、社会团体或者个人干涉法官依法审判案件或检察官依法履行检察职责的，应当依法追究其责任。

《人民警察法》明确规定，人民警察依法执行职务，公民和组织应当给予支持和协助。公民和组织协助人民警察依法执行职务的行为受法律保护。对协助人民警察执行职务有显著成绩的，给予表彰和奖励。拒绝或者阻碍人民警察依法执行职务，有规定行为之一的，给予治安管理处罚。

《律师法》规定，律师依法执业受法律保护。律师协会保障律师依法执业，维护律师的合法权益。冒充律师从事法律服务的，由公安机关责令停止非法执业，没收违法所得，可以并处五千元以下罚款、十五日以下拘留。没有取得律师执业证书，为牟取经济利益从事诉讼代理或者辩护业务的，由所在地的县级以上地方人民政府司法行政部门责令停止非法执业，没收违法所得，可以并处违法所得一倍以上五倍以下罚款。

《刑法》分则第六章第二节规定了"妨害司法罪"，包括伪证罪，辩护人、诉讼代理人毁灭证据、伪造证据、妨害作证罪，妨害作证罪，帮助毁灭、伪造证据罪，打击报复证人罪，扰乱法庭秩序罪，窝藏、包庇罪，拒绝提供间谍犯罪证据罪，窝藏、转移、收购、销售赃物罪，拒不执行判决、裁定罪，非法处置查封、扣押、冻结的财产罪，破坏监管秩序罪，脱逃罪，劫夺被押解人员罪，组织越狱罪，暴动越狱罪和聚众持械劫狱罪等 16 个罪名。对上述犯罪进行惩罚，有利于维护正常的司法秩序。

鉴于人民法院开庭审判活动中侮辱、谩骂、围攻、殴打审判人员、检察人员等妨碍司法人员依法履行职务现象时有发生，为切实解决妨碍司法人员依法履行职务问题，保护司法人员的人身安全，保障司法工作的顺利进行，维护法律尊严和司法权威，最高人民法院、最高人民检察院发布了《关于切实保障司法人员依法履行职务的紧急通知》(2005年8月25日),要求高度重视司法人员依法履行职务的保障工作;大力加强人民法院审判法庭建设以及安全保障工作管理;配备司法警察,保证公务用车,保障检察人员依法履行职务;制定临庭处置预案,组织落实应变防范措施;依法严肃处理妨碍司法人员依法履行职务的行为;加强司法警察队伍建设和保密工作,做好宣传教育工作。

第四节 法律规范的实施保障

亚里士多德说:"法治应包含两重意义:已成立的法律获得普遍的服从,而大家所服从的法律又应该本身是制定得良好的法律。"[①]法律规范带有理想成分,是一种理想模式。现实生活能否融入这个理想模式(或者说,现实生活是否进入法律规范提供的社会生活框架),取决于保障法律规范实施的内部条件和外部条件。

一、保障法律规范实施的内部条件

保障法律规范实施的内部条件是指法律制度内部各要素在保障法律规范实施过程中的作用因素。

(一) 完善、可操作的法律规范

法律规范自身的完善和可操作性是保障法律规范实施的最初条件。如果法律规范自身不完善,如微观结构上欠缺,中观结构上不完善,宏观结构上不平衡又不相配套,法律规范过于原则无操作性,则实施难度极大,有可能落空。[②]

良法是保障法律实施的根本条件。那么什么是良法,什么是劣法、恶法?国内外学者有各种观点。[③] 李步云、赵讯认为广义的良法是指对社会发展起积极或推进作用的法,也就是具有真、善、美之品格的法,而对社会发展起消极或阻碍作用的法就是不良之法;狭义的良法是与"恶法"相对的法,而狭义的"恶

---

① [古希腊]亚里士多德:《政治学》,吴寿彭译,商务印书馆1965年版,第199页。

② 李新成认为,法治的前提之一是法律的内容符合自由、平等、追求与保护正当利益、民主的神圣不可侵犯性、正义等特征,前提之二是法律的形式符合法律的至上性、法律的普遍性、法律的统一性、法律的完备性、可操作性等特征。参见李新成:《法治的法律条件及其实施要求》,《中外法学》1995年第6期。

③ 良法,即亚里士多德所谓的"制定得良好的法律"。有关古今中外学者对良法及其标准等问题的论述,可参阅李龙:《良法论》,武汉大学出版社2001年版。

法”则指严重违背人类正义的法。[①]

法律规范要具有可操作性，内容必须具体、明确。制定实施条例或实施细则，进行立法解释和司法解释，进行案例指导，都是增强法律规范可操作性的手段。

宪法规范的实施，有赖于法律的制定和实施。法律颁布后，实施条例或实施细则对法律进行具体化和补充，有利于法律的实施。如《土地管理法》颁布后，国务院制定了《土地管理法实施条例》，浙江省人大常委制定了《浙江省实施〈中华人民共和国土地管理法〉办法》。

按照《立法法》的规定，法律解释权属于全国人民代表大会常务委员会。法律有以下情况之一的，由全国人民代表大会常务委员会解释：（一）法律的规定需要进一步明确具体含义的；（二）法律制定后出现新的情况，需要明确适用法律依据的。全国人民代表大会常务委员会的法律解释同法律具有同等效力。

最高人民法院、最高人民检察院享有司法解释权。司法解释权属于司法权的组成部分。各国的最高司法机关普遍享有司法解释权。立法的局限性，法律的局限性，立法者与法律适用的分离，以及在法律不完备情形下法官不得拒绝审判的职责等因素，是司法解释存在的原因。[②] 为保证法律可操作，司法解释是不可缺少的。实际上，在立法不够完备的情况下，我国司法解释的作用是相当大的，在一定背景下甚至起到补充立法的作用。

判例制度或案例指导制度的作用在于弥补制定法的缺陷，统一法律适用标准，规范司法自由裁量，增强司法认同。英美法系国家作为判例法国家，其判例的中心地位自不待言；大陆法系国家对判例（或案例）的地位也越来越重视。制定法的局限是客观存在的，如《法国民法典》关于侵权法的规定仅有五条（即第1382条、第1383条、第1384条、第1385条和第1386条），《德国民法典》关于侵权法的规定主要有三条，即第823(1)条、第823(2)条和第826条。如何解决侵权纠纷案件法律适用的困境？法国和德国的判例制度发挥了弥补制定法缺陷的作用。从1985年开始，最高人民法院公报开始刊登经过审判委员会核准的典型案例。尽管我国不是判例法国家，我们只有案例而没有作为法律渊源的判例，也不能在判决中直接引用案例，但我们并不能因此忽视案例在司法实践中

① 李步云、赵讯：《什么是良法》，《法学研究》2005年第6期。

② 参见董皞：《司法解释论》，中国政法大学出版社1999年版，第二章。

的重要价值。最高人民法院《人民法院第二个五年改革纲要(2004—2008)》明确提出:“建立和完善案例指导制度,重视指导性案例在统一法律适用标准、指导下级法院审判工作、丰富和发展法学理论等方面的作用。最高人民法院制定关于案例指导制度的规范性文件,规定指导性案例的编选标准、编选程序、发布方式、指导规则等。”案例指导制度包含着重大的观念变革和制度变革。最高人民法院于 2010 年 11 月 26 日印发《关于案例指导工作的规定》。从 2011 年 12 月开始,最高人民法院分批发布指导性案例。[①]

(二) 健全的法律机构和高素质的法律职业者

法律制度的主体体系由法律机构和法律职业者构成。我们不赞同“人治”观点,也不赞同“法治人治相结合”的观点。但还是应强调法律机构和法律职业者对于实施法律规范起着关键性作用。只有健全的法律机构和高素质的法律职业者才能承担法律制度赋予的重任。

按照行政区划设置法院、检察院等法律机构的做法沿袭已久。律师事务所的设立不受地域限制,打破了原来按照行政区划设置法律顾问处的做法;公证机构按照统筹规划、合理布局的原则,可以在县、不设区的市、设区的市、直辖市或者市辖区设立,在设区的市、直辖市可以设立一个或者若干个公证机构。公证机构不按行政区划层层设立;仲裁委员会可以在直辖市和省、自治区人民政府所在地的市设立,也可以根据需要在其他设区的市设立,不按行政区划层层设立。但法院、检察院还是按照行政区划层层设立。建立与行政区划适当分离的司法管辖制度,这项改革涉及宪法制度,需要深入研究。

法律职业者的素质问题也是一个重要的理论和实践问题。《最高人民法院关于加强法官队伍职业化建设的若干意见》(2002 年 7 月 18 日)指出:“法官队伍现状离党和人民的要求仍有相当的差距,法官队伍整体素质尚不适应形势与任务发展的需要,违法违纪现象还时有发生。解决这些问题,关键在于加强法官队伍职业化建设。”法官队伍职业化建设的基本内容包括以下 8 项内容:法官职业化;严格法官的职业准入;强化法官的职业意识;培养法官的职业道德;提高法官的职业技能;树立法官的职业形象;加强法官的职业保障;完善法官的职业监督。

(三) 齐全的手段体系

法律机构和法律职业者必须凭借手段体系进行各种法律活动。实用设备

---

① 参见《最高人民法院关于发布第一批指导性案例的通知》(2011 年 12 月 20 日印发)及各批指导性案例。

和象征标识的齐全与否，制约着法律规范的实施程度。如目前部分法律机构经费紧张，就直接影响案件办理的数量和质量。如果目前的法律机构有足够的经费保证，并逐渐配置先进设备，法律机构的工作成效可以改观。

二、保障法律规范实施的外部条件

保障法律规范实施的外部条件是指法律制度内部要素之外，保障法律规范实施的各种社会条件。外部条件是多方面的，主要包括以下几个方面。

（一）生产力水平

法律规范只有在适应生产力水平的前提下才能普遍实施。强行推行违背现实生产力要求的法律规范，最终难以实施。今天的生产力水平，是我国社会主义体系得以建立和实施的坚实基础。某些法律规范（包括一些宪法规范）由于缺乏必需的生产力条件而难以充分实施。

（二）经济关系

社会生产力往往通过经济关系制约法律制度。经济关系制约法律规范的生成，也制约法律规范的实施。某些法律规范由于缺乏充分的市场经济条件也难以实施，或实施不充分；另外一些法律规范，则由于经济领域的不正常秩序而遭受严重对抗。

（三）其他社会制度

各项社会制度有机结合构成社会制度体系，它们相互配合，相互支持，或相互制约。每一项社会制度的实施，都不例外地受到其他社会制度的制约，并将其他社会制度作为自身实施的条件之一。

仅靠法律制度是寸步难行的。政治、经济、教育、科学、文化、新闻制度以及道德、宗教、婚姻家庭乃至风俗习惯无不制约法律规范的实施。与法律制度相互适应的政治制度等社会制度促成法律规范的实施，相反则不利于法律规范的实施。

完善政治、经济、教育、科学、文化、新闻等制度，是改进法律规范实施条件的重要内容。

（四）公民的法律意识

公民的法律意识是法律规范得以实施的重要保障。公民法律意识的状况，处处影响法律规范实施的广度和深度。

公民法律知识增多，法律观念的增强，法律信任感的提高，对于法律制度具有重大意义。我国的普法教育活动已经取得了明显的成效。

第五节　法律制度的手段保障①

法律机构的组织界线和法律职业者的职务保障具有维护法律制度主体体系的功能。而法律规范内外的诸因素,则关系到法律规范体系模式的维护。法律制度手段体系模式的维护,则与下列因素有关。

1. 一个国家的社会生产发展水平和国民经济发展状况。

2. 法律制度在社会生活中的地位。国家对法律制度的重视程度。

3. 法律制度手段的使用、管理制度。应建立起科学的设备、经费和象征标识的使用、管理制度。

4. 法律职业者对法律制度的整体观念。应把法律制度实用设备和象征标识视为法律制度不可缺少的一部分,科学管理,合理使用。

最后要补充说明的是,法律制度模式的维护是为了保障法律制度根本宗旨的实现,使法律制度社会化的结果接近法律制度的理想模式,建立起符合社会主义理想的法律秩序,使我国公民能共享合理、进步和文明的法律生活。本章虽分节阐述法律制度主体体系、规范体系和手段体系模式的维护,但其宗旨是完全相同的。

【重要概念】

潜在模式维护功能(the fuction of latency pattern maintenance)　组织界线(organizational boundary line)　法律制度模式(pattern of legal institution)　法律制度理想模式(ideal pattern of legal institution)

【文献指引】

1. 龚祥瑞先生主编的《法治的理想与现实——〈中华人民共和国行政诉讼法〉实施现状与发展方向调查研究报告》是调研法律实施状况的成果,是在部门法领域进行法律社会学调查研究的一次成功的尝试。参阅龚祥瑞先生主编:《法治的理想与现实——〈中华人民共和国行政诉讼法〉实施现状与发展方向调查研究报告》,中国政法大学出版社1993年版。

2. 有关法官队伍职业化建设问题,可参阅最高人民法院《关于加强法官

① 参见本书第七章有关内容。

队伍职业化建设的若干意见》、最高人民法院《人民法院第三个五年改革纲要(2009—2013)》、最高人民法院《关于增强司法能力提高司法水平的若干意见》。

3. 黄建武所著《法的实现——法的一种社会学分析》一书对法的实现的含义、法的实现过程和形式、法律实现的行为动力、合法行为与法的实现、法律能量、法的适用、法作用结果的评价等问题进行了深入分析,并就完善我国法律实施机制提出建议。参见黄建武:《法的实现——法的一种社会学分析》,中国人民大学出版社 1997 年版。

4. 马怀德主编《法律的实施与保障》一书对法律的中国困境、传统法律文化与法律实施、社会转型与法律实施、市场经济与法律实施、立法与法律实施、行政执法与法律实施、法律的实施及保障与司法、执法人员的素质、法律实施的其他监督方式等问题进行了研究。参见马怀德主编:《法律的实施与保障》,北京大学出版社 2007 年版。

5. 董皞所著《司法解释论》一书对司法解释之宪法地位、司法解释之成因、司法解释之演进、司法解释理论、司法解释体制、司法解释的模式、司法解释方法、司法解释与其他法律解释、司法解释与法律适用、司法解释与判例、司法解释之发展趋势等问题进行了深入的探究。参见董皞:《司法解释论》,中国政法大学出版社 1999 年版。

6. 案例指导制度是一项颇具中国特色的司法制度。刘作翔、徐景和从立法、司法层面以及当代世界法系融通的趋势阐述了案例指导制度变革的理论基础。参见刘作翔、徐景和:《案例指导制度的理论基础》,《法学研究》2006 年第 3 期。

《最高人民法院关于案例指导工作的规定》(2010 年 11 月 26 日印发)所称指导性案例,是指裁判已经发生法律效力,并符合以下条件的案例:(一)社会广泛关注的;(二)法律规定比较原则的;(三)具有典型性的;(四)疑难复杂或者新类型的;(五)其他具有指导作用的案例。最高人民法院发布的指导性案例,各级人民法院审判类似案例时应当参照。

【研究选题】

1. 试评《法官行为规范》。

2. 试就一项司法解释进行评析。

3. 试评法谚“迟到的正义不是正义”。

4. 从佘祥林“杀妻”案等冤假错案看司法公正的保障机制。

5. 藐视法庭罪立法研究。

第三编　运行论

第九章　法律制度运行论

任何社会系统都处于不断的运动之中，绝不会是静止的。社会系统在保持一定的内在结构和秩序（即保持一定的模式）的同时，无时无刻不在运动、变化和发展，作为社会系统的法律制度也不例外。这就是社会运行。根据社会学原理，社会运行是指社会有机体自身的运动、变化和发展，表现为社会多种要素和多层次子系统之间的交互作用以及其多方面功能的发挥。社会运行的状况大体可分为三种类型，即良性运行、中性运行和恶性运行。①

法律制度也在社会系统中与其他要素和子系统之间交互作用并发挥其多方面功能。本书"本体论"部分侧重于法律制度的静态分析，揭示法律制度的静态特征，如法律制度的构成要素和理想模式。"运行论"部分则侧重于法律制度的动态分析，揭示法律制度的动态特征。在本编"运行论"部分，我们将分析法律制度运行的内涵，法律制度运行是否达到合理的标准及其评价，法律制度怎样引导社会变迁又被社会变迁所融化，法律制度与社会冲突的关联，法律参与社会控制的机制，法律制度如何从社会分化出来又整合社会结构，法律成为社会政策的基础，法律成为文化又受文化的制约，法律运行于社会又内化于精神领域，等等。法律制度是贯穿所有社会生活领域的一种社会制度，对它的动态研究必有极为广泛的课题。

第一节　法律制度运行的内涵

所谓法律制度的社会运行，简称法律制度运行或法律运行，是指法律制度的一切活动，即在法律制度主体体系主持下，围绕法律规范所进行的所有活动，如立法活动、监察活动、审判活动、检察活动、行政执法活动、法律服务活动、仲裁活动、法律教育活动和法律研究活动等。法律制度的社会运行表现为法律制度的三大构成要素及其多层次的子系统之间的相互联结并发挥多种社会功能的过程。

---

① 参见郑杭生主编：《社会学概论新修》，中国人民大学出版社2003年第3版，第6、55页。

从不同视角出发,可以将法律制度的社会运行区分为三层内涵,即:纵向运行和横向运行;生成和复现;外向运行和内向运行。

一、法律制度的纵向运行和横向运行

从时间空间的视角看,法律制度的社会运行包括了纵向运行和横向运行。

根据哲学原理,时间和空间是物质存在和运动的方式。法律制度的运行也同样具有时间性和空间性。法律制度在历史的长河中产生、变迁、沿革,中外法制史和法律思想史记载着法律制度和法律文化的历史踪迹。在法律制度的纵向运行中,表现出继承、变异和中断等变迁方式。法律制度作为一种文化,或多或少带有继承性,法系特征因此得以形成、保持和强化。文化自身的变迁和社会性质的变更,又使不同时代的法律制度存在差异,甚至突然中断。社会演化和社会革命是社会变迁的两种基本方式,也是法律制度变异和中断的基本依据。

法律制度的横向运行体现法律制度社会运行的空间性。法律制度作为整体社会结构的一个构成要素,积极渗透到其他社会生活领域,与各种社会制度及非制度性因素错综复杂地交织在一起,共同建立起社会生活的内部结构和秩序。法律制度有时像神经系统,在社会有机体内进行指挥、协调活动,促使人们进行某种社会行动,制止人们进行另一种社会行动,有时则引导社会生活趋向于某种社会目标。在更多的场合,法律制度处理着各种社会纠纷——国家与公民之间的、社会组织之间的、公民与公民之间的,在特殊情况下还处理国与国之间的关系。

法律制度的纵向运行和横向运行是同时进行的,也就是说,法律制度的某一项具体活动,既是横向的,又是纵向的,它处于社会坐标中横坐标和纵坐标的某一交汇点上。

二、法律制度的生成和复现

从逻辑顺序视角看,法律制度的社会运行包括了法律制度的生成和法律制度的复现。

生成和复现是法律制度运行的基本过程。法律制度的生成是指在社会分化的背景下,法律规范依照一定的程序和形式产生,法律机构依法建立,法律职业者依法确定,法律制度手段依法设置。法律规范的制定主要是指权力机关的立法活动,[1]也包括行政机关制定行政法规及行政规章的活动,[2]以及司法机关的司法解释。[3] 主体体系和手段体系的建置,也是法律制度的生成。一般来说,这三大要素的生成是同步进行的,但有时会有超前或滞后现象,如某一项法律已经颁布,但尚未配备专门的执法人员及相应的物质手段和象征标识;或者某一执法机构已成立,却一时没有颁布这一方面的专门法规,只能依照政策办事。

复现是法律制度运行的重心。所谓法律制度的复现,是指在法律制度生成后在法律制度主体的主持下将法律规范实施于社会生活的过程。虽然法律制度的生成和复现往往是连贯而难以分开的,立法、行政执法、监察、审判、检察、法律服务、仲裁、法律教育和法律研究活动相互配合,环环紧扣,但从逻辑上分析,生成在先,复现在后。各法律机构所承担的功能各有侧重,但不能绝对化。如:

权力机关,主要承担立法任务,是法律规范体系生成功能的主要承担者。权力机关同时还承担监督宪法实施的功能,以及监督行政机关、军事机关、审判机关和检察机关工作的功能,同样承担法律制度复现的功能。

行政机关,是权力机关的执行机关,主要承担执行法律、组织行政活动的功能,其复现功能是明显的,但它同时也承担行政法规、规章和行政机构及设施的生成功能。

监察机关,是对所有行使公权力的公职人员进行监察,调查职务违法和职务犯罪的国家机关,具有复现功能。

审判机关和检察机关,是国家的审判和法律监督机关,通过审判、检察活动保证宪法和法律的实施,具有复现功能。同时,最高人民法院和最高人民检察院所作的司法解释,具有法律效力,属于法律规范,故此也具有法律规范的生成功能。

仲裁机构是民间司法机构,依法开展裁决活动,促进法律制度的实施,具有复现功能。

---

① 包括:全国人民代表大会修改宪法,制定和修改刑事、民事、国家机构和其他的基本法律;全国人民代表大会常务委员会解释宪法,制定、修改和解释法律;省、自治区、直辖市人民代表大会制定地方性法规;省、自治区人民政府所在地的市和经国务院批准的较大的市的人民代表大会制定地方性法规(报省、自治区人大常委会批准后施行)。

② 包括:国务院制定行政法规、决定和命令;国务院各部、各委员会制定命令、指示和规章;省、自治区人民政府及其所在地的市的人民政府和国务院批准的较大的市的人民政府制定规章。

③ 包括:最高人民法院就审判工作中具体应用法律问题进行解释;最高人民检察院就检察工作中具体应用法律问题进行解释。

法律服务机构以提供法律服务的形式促进法律规范的实施,具有复现功能。

法律教育机构一方面传播、讲授法律,促使法律内化,使法律为广大公民所接受,具有复现功能;另一方面培养、输送法律专门人才,充实各类法律机构,同时作为法学研究力量的主要集聚地,生产法律思想产品,故此具有生成功能。

法律研究机构既研究法律制度的生成(如立法研究),也研究法律制度的复现(如司法研究),故兼具生成、复现功能。

三、法律制度的外向运行和内向运行

从运行方向视角看,法律制度的社会运行包括外向运行和内向运行两种途径。

法律制度运行的结果是调整(产生、变更或者消灭)某种社会关系,因此,法律制度的外向运行是其主要运行途径(或方向)。在一般场合下,我们仅仅在外向运行的范畴内使用法律制度运行这一概念。法律制度的内向运行即法律制度内化,是法律制度运行的特殊途径,虽然它与法律制度的外向运行是息息相关的。

法律制度内化是法律制度外向运行的重要心理条件。没有内化了法律规范的法律职业者和广大的公民,法律制度就没法在社会生活中得到顺利、合理的复现。但法律制度并不仅仅是一种思想,一种观念,它的运行重心在于调整社会关系,建立社会秩序。

四、与法律制度运行有关的概念

法律制度的社会运行既是纵向的,又是横向的;既包括生成,又包括复现;既有内向运行,又有外向运行,在内涵上是很广泛的。它与法理学中使用的“法的适用”“法的实施”“法的实行”“法的施行”和“法的执行”等概念的内涵不尽相同。

法的适用,按照《中国大百科全书·法学》的解释,有两种含义:

1. 指国家机关及其公职人员、社会团体和公民实施法律规范的活动。中国法学界一般称这种意义上的法的适用为法的实施。

2. 指国家机关及其公职人员依照其职权范围把法律规范应用于具体事项的活动,特指拥有司法权的机关及司法人员依照法定方式把法律规范应用于具体案件的活动。在中国,法的适用通常指司法适用。

一般的法理学教科书将法的实施理解为法律在社会实际生活中的贯彻,包括法的适用和法的遵守两种形式。法的适用如上述第二种含义,是国家机关行使权力的一种方式，法的遵守即守法，是指国家机关、社会组织和公民根据法律规范享受权利，履行义务，依法办事。

在某些论著中，“法的实施”与“法的施行”“法的实行”同义。“法的执行”即执法，是一个被普遍采用的用词，专指国家机关及其工作人员依照一定程序和方式适用法律规范的活动。

虽然上述诸多用词有数种学理解释，内涵广狭不一，但与法律制度运行相比较，后者的内涵更广，因为：

1. 法律制度运行的主体不限于国家机关和国家工作人员，更不局限拥有司法权的机关及司法人员，它包括所有法律机构和法律职业者。

2. 法律制度运行的内容不限于法律规范的适用，它既包括法律的制定、修改，又包括法律规范的适用和非国家机关的法律机构（如仲裁机构、律师事务所、法律院校、法学研究所）围绕法律规范所进行的活动。

3. 法律制度运行还包括了法律制度内化即培养公民法律意识的活动。

还有一点需要说明，我们把非国家机关的仲裁机构、法律服务、法律教育和法律研究机构作为法律机构，把仲裁、法律服务、法律教育和法律研究活动作为法律制度运行的内容，是出于以下考虑：

1. 上述四类机构与属于国家机关的法律机构一样，共同服务于法律制度的生成和复现，都围绕法律规范进行有组织的活动，共同实践法律的宗旨；

2. 上述四类机构的活动是法律制度运行体系中不可缺少的环节。仲裁活动是现代市场经济条件下国家司法活动的重要补充；律师活动是现代法律生活所必不可少的，在各种社会领域发挥有效的作用；法律教育承担培养法律职业者并传播法律文化的功能；法律研究承担在理论上指导立法、审判、检察、行政执法等活动的功能。这四种活动与立法、监察、审判、检察、行政执法活动相互促进，相互影响，共同构成完整的法律制度运行体系。

第二节　法律制度运行的评价

一、法律制度运行的评价标准

（一）法律制度运行的合理性

法律制度能否合理运行？社会生活能否实现法律规范所规定的理想模式？这是一个关系到法律制度价值能否实现的问题。

不同的时代,不同的国家和社会,不同社会地位的人,对“合理”的理解是有差别的。

社会学家对社会系统的合理运行和协调发展问题作了较多的探讨。迪尔凯姆首先从正、反两方面研究资本主义社会的合理秩序;马克斯·韦伯则认为社会的演进就是人的行为从非理性而不断走向理性化的过程;塔尔科特·帕森斯在他的《社会系统》等著作中探讨社会系统的均衡模型。郑杭生主编的《社会学概论新修》分析了社会的良性运行和协调发展,作者认为:“所谓社会的良性运行和协调发展,是指特定社会的经济、政治和思想文化三大系统之间以及各系统内部不同部分、不同层次之间的相互促进,而社会障碍、失调等因素被控制在最小的限度和最小的范围之内。社会良性运行和协调发展是生产力和生产关系、经济基础和上层建筑相互适应的体现,是社会运行和发展的理想模式。”①

“合理”一词,正如“正义”,“公正”等名词一样,虽然常用却难以把握。只有找到明确的参照物,“合理”才可以界定。

评价法律制度运行是否合理,可以在两个层次上进行:

第一个层次,相对于法律制度理想模式,法律制度运行的效果越接近于理想模式,就越为合理,反之则出现偏差和不合理。

从维护法律制度理想模式角度考虑,应特别重视法律制度主体体系、规范体系和手段体系的健全及协调组合。此外还应大力改善法律制度运行的外部环境。内、外条件缺一不可,否则法律制度的正功能就无法充分发挥,法律制度内部结构失序,相互抵触,加剧内耗,甚至名存实亡,丧失权威。

第二个层次,相对于整个社会的理想模式即整体社会文明进化模式,法律制度运行的效果越能促进社会文明进化,则越是合理,反之则阻碍社会进化,出现不合理运行。

并不是所有的法律制度都能促进社会进步。反动统治阶级可能利用法律制度镇压人民,扼杀新生事物,遏制经济、文化、教育和科技的发展,败坏社会道德伦常。在每一种社会形态或朝代的中后期,法律制度的反动性往往日见显著。能否促进社会文明进化,是法律制度运行是否合理的根本标准。

整体社会文明进化是指社会生产力和各项社会事业的发展,其核心是在提高生产力的基础上,提高生活质量,促进人自身的发展。法律制度围绕这一核心运行,而不应背道而驰。

---

① 郑杭生主编:《社会学概论新修》,中国人民大学出版社 2003 年第 3 版,第 7 页。

第一层次上的法律制度运行合理性，不等同于第二层次上的法律制度运行合理性。前者是形式意义上的合理性，而后者为实质意义上的合理性。如果一项法律制度具有促进社会文明进化的理想，则运行越接近理想模式，意味着越接近实质意义上的合理性。英国大法官丹宁曾说“他们认为最重要的目标是实现法律，而我认为是实现正义。”[①]这里“实现法律”可以看作是第一层次上的法律制度运行合理性，而“实现正义”可以看作是第二层次上的法律制度运行合理性。

（二）法律制度运行的评价范围

法律制度运行的合理性程度，需要通过评价予以鉴定。开展对法律制度运行合理性程度的评价，首先需要确定评价的范围。

从评价范围看，我们可以对整个法律制度的运行进行全面的、综合的评价，也可以评价个别法律部门的运行状况，乃至某一法律的运行状况；既可以评价全国范围内法律制度运行的整体状况，也可以评价某一区域内法律制度运行的状况；既可以评价新中国成立以来法律制度运行的概况，也可以评价某一特定时期（如现阶段、本年度）法律制度运行的状况；既可以评价法律制度运行的全部内容，也可以评价法律制度运行的部分内容（如只评价法律制度的生成，或者只评价审判活动）；既可以评价法律规范生成和实施状况，也可以评价法律机构和法律职业者的工作状况，以及手段体系的设置和效用状况。

在对法律制度的运行进行评价时，要具体问题具体分析，并且要综合、系统、辩证地进行研究，防止作出片面、草率、表面的结论。沈宗灵先生提醒我们注意评价法律制度实行情况的复杂性，他提出要注意“实际生活中有些现象，我们是很难提出评价标准的，但在评价实行情况时这些现象却又是必须要考虑的”。“从不同角度出发而得到不同的评价结果。”“在评价法律实行情况时，要注意对法律的不同要求。”[②]

（三）法律制度运行的评价标准

在确定评价范围之后，还应明确法律制度运行的评价标准。沈宗灵先生提出了评价法律制度运行的 4 项标准，即：

1. 国家和社会的利益、公民和组织的合法利益是否（或在什么程度上，以下

① 《星期日泰晤士报》1982 年 8 月 1 日约翰·英蒂默的文章，转引自龚祥瑞：《法治的理想与现实——〈中华人民共和国行政诉讼法〉实施现状与发展方向调查研究报告》，中国政法大学出版社 1993 年版，第 345 页。

② 沈宗灵：《论法律的实行》，《法学研究》1988 年第 2 期。

同)受到保护;违法者(包括犯罪者)在人口中的比重以及他们是否依法受到制裁;民事纠纷是否得到合理解决。

2. 一般公民和国家工作人员,特别是国家机关的负责人和执法、司法人员的法律意识是否增长(或增长到什么程度)。

3. 与其他时期,其他地区或国家的法律实行情况,就可比的方面进行比较。

4. 法律的社会功能、社会目的是否有效实现及其实现程度。

以上四项标准是相互联系的。因此,我们在进行评价时,可以将这四项标准结合起来而得出一个适当的评价结果。①

赵震江等学者提出了评价法律制度运行的2项标准,即:

1. 公民和社会组织依据法律行使权利、履行义务的程度。

2. 有关国家机关裁决纠纷、制裁违法的程度。②

参照有关论著提出的评价标准,我们可以设计法律制度运行的各项具体评价标准,如在评价我国立法活动时可考虑下列标准:

1. 立法是否充分体现了广大人民群众的利益和意志?体现的程度如何?是否及时体现?能否兼有立法的适时性和稳定性?

2. 立法程序是否科学?所制定的法律规范是否符合结构合理、规范明确、简繁得当等要求?

3. 所制定的法律规范是否具有可操作性?可操作的程度如何?

4. 与其他时期、其他国家和地区的立法情况进行比较。

又如对审判活动进行评价时可考虑下列标准:

1. 审判机关的内部结构是否合理?功能是否健全?其工作人员政治素质、思想道德素质和业务素质如何?

2. 审判活动是否严格依法进行?依法进行审判的程度如何?纠正违反程序行为的情况如何?

3. 审判活动是否充分、及时保护了正当合法权益?审判活动是否及时制裁了违法犯罪行为?审判活动的社会功能发挥得如何?

4. 冤假错案在所有案件中的比重及其救济情况。

对各项具体法律制度进行评价时,应掌握下列标准:

1. 该项法律制度的自身结构是否完善?有无专门的法律机构和法律职业

① 沈宗灵:《论法律的实行》,《法学研究》1988年第2期。

② 赵震江主编:《中国法制四十年》,北京大学出版社1990年版,第113页。

者提供组织保障？有无配备相应的物质手段和象征标识？

2. 该项法律制度与整个法律体系的精神是否相一致？与邻近法律制度是否协调一致？与宪法及较高效力层次的法律是否相抵触？

3. 该项法律制度是否得到实际的和普遍的执行？实施的程度如何？

4. 该项法律制度所调整社会关系，在经过调整后发生何种效应？是良性效应，还是中性效应、恶性效应？在社会关系领域呈合理运行状态，还是呈不合理运行状态？

5. 社会对该项法律制度的反应如何？

为了正确确定某一时期法律制度运行的实际状况，应在掌握大量感性材料的基础上，进行综合评价和比较评价。进行科学的综合评价和比较评价，依赖于法律制度运行指标体系的建立。我国有关部门特别是各法律机构应努力探索法律制度运行指标体系的建立。我们将在本书“法律社会学方法论”部分对此作出初步的尝试。

二、我国法律制度的运行评价

评价我国法律制度的运行，越来越具有现实意义。应当加强执法、司法研究，积极提出优化执法、司法的意见、建议和方案。我们认为，研究优化执法、司法问题的基础是客观地评价各项法律制度的运行状况，因此，首先应从客观分析、评价我国法律制度的运行入手。法律制度的运行评价可分为纵向运行评价和横向运行评价。

（一）新中国成立以来法律制度的纵向运行状况简要评价

1. 基本完成社会主义改造时期(1949—1956 年)：基本正常

新中国成立至 1956 年，是经济恢复和进行社会主义改造时期。其间经历了政治制度、经济制度和其他社会制度的重大变迁，法律制度为配合这些社会变迁，积极运行，取得良好效果。

1949 年 2 月，中华人民共和国成立前夕，党中央发布了《中共中央关于废除国民党六法全书与确立解放区司法原则的指示》，此后随着全国各地陆续解放，国民党政府的法律体系也逐渐被砸碎。

1949 年 9 月，制定了《中华人民政治协商会议组织法》《中华人民共和国中央人民政府组织法》和《中国人民政治协商会议共同纲领》等三大文件，奠定了新中国法制的基础。

新中国成立前后，为组织中央和地方各级政权，除政协通过三大文件外，中央人民政府委员会第四次会议通过省、市、县各界人民代表会议组织通则,政务院通过了《大城市区各界人民代表会议组织通则》。

1954 年 9 月,第一届全国人民代表大会第一次会议召开,通过了《中华人民共和国宪法》和一些重要法律,保证了我国政权的进一步稳定和健全。

为配合重大社会改革,这一时期先后制定了《中华人民共和国婚姻法》《中华人民共和国土地改造法》《中华人民共和国惩治反革命条例》,制定了有关"三反""五反"的规定(如《关于处理贪污、浪费及克服官僚主义错误的若干规定》《中华人民共和国惩治贪污条例》),制定了一系列有关私有制社会主义改造的法规,等等。

除建立法律规范体系外,法律机构和设备也逐步建置。《人民法庭组织通则》《人民法院组织法》《人民检察院组织法》《地方各级人民代表大会和地方各级人民委员会组织法》《公安派出所组织条例》等法律法规是进行法律机构建设的法律依据。为健全法律机构,提高法律职业者的素质,1952 年在全国范围内开展了司法改造运动。法律机构初步建立,法律职业者得到锻炼、提高。司法行政工作和司法干部的培养工作也受到重视。

这一时期法律制度运行的效果是显著的,促进了社会生产力和整个社会的发展。

2. 开始全面建设社会主义时期(1956—1966 年):停顿与受挫

1956 年社会主义改造基本完成之后,我国进入了全面建设社会主义的时期。此后至 1966 年"文化大革命"开始期间,法律制度运行出现不正常现象。但也取得了一定的社会效果,表现在:

最高国家权力机关基本上正常开展活动,制定了若干法律(这些法律进一步完善了我国的法律规范体系),并开始起草一些基本法律(如《刑法》)。这一时期,全国治安情况良好,各类犯罪呈下降趋势。

法律制度运行不正常表现在:

(1)从 1957 年夏季反右派斗争开始,在"左倾"思想指导下,对社会主义法制的一些重要原则,进行了错误的批评。

(2)应当而且能够制定的一些基本法律,因法律虚无主义、人治思想影响而未能制定出来,一些耽搁了二十余年(如《刑法》《民法》《刑事诉讼法》等)。

(3)法律机构及其活动没有继续得到加强,反而被削弱。如 1959 年撤销了司法部和国务院法制局。已经制定的法律也失去应有的权威,受到轻视。司法机关甚至提出"有事办政法,无事搞生产"的错误口号。

(4)在“大跃进”“人民公社化”和“反右派”等运动中，民主和法制惨遭破坏，公民的合法权益受到严重侵犯。

3. “文化大革命”时期(1966—1976年)：全面破坏与倒退

1966年5月至1976年10月的“文化大革命”时期，国家立法机关停止活动，司法机关被砸烂，法律服务、法律教育和法律研究机构被撤销。国家的宪法和法律遭到严重践踏和破坏以至名存实亡，本来就很薄弱的法制被全面荡涤。

“文化大革命”是以无政府主义，踢开党委闹革命，抛弃政权、法制和秩序开始的。破坏法制主要体现在以下几个方面：

(1)停止全国人民代表大会及其常委会的活动。“文化大革命”初期，全国人民代表大会被中央文革小组无限期停止活动，本应于1966年上半年召开的三届全国人大二次会议再未召开。

(2)踢开政府闹革命，建立革命委员会，取代合法的政权机关。革命委员会是集党政军大权于一身，包揽行政、司法和党务等各项工作，党政合一的“一元化”混合政权体制。革命委员会的主要任务是抓阶级斗争。

(3)严重侵害公民权利。叶剑英在一次讲话中透露：“包括受牵连在内受迫害的有上亿人，占全国人口九分之一。”据有关方面估计，“文革”期间全国各地被迫害致死的人数约40万。国家主席刘少奇被非法揪斗，他拿出宪法抗议说：“我是中华人民共和国主席，你们怎么对我个人，这无关紧要，但我要捍卫国家主席的尊严。谁罢免了我的国家主席？要审判也要经过全国人民代表大会。你们这样做，是在侮辱我们的国家。”在国家主席都被侮辱的时刻，宪法和法制都已荡然无存了。

(4)彻底砸烂司法机关。1969年，人民检察院被正式宣布撤销，其职权由公安机关行使。人民法院名义上一直存在，但实行军事管制达五六年，最高人民法院只留下七八个人的办案组，地方人民法院的审判权由公安机关军管会的审判组行使。①

4. 新的历史发展时期(从1978年至今)：恢复和正常运行

1976年10月粉碎“四人帮”，结束了“文化大革命”。我国社会主义法律制度开始恢复并逐渐健全，具体表现在以下几个方面：

(1)建立起以宪法为统帅的社会主义法律体系。1979年7月，五届全国人

① 参见蔡定剑：《历史与变革——新中国法制建设的历程》，中国政法大学出版社1999年，第二篇“停滞与毁灭(1957—1976)”。

大二次会议制定了《刑法》《刑事诉讼法》等7个重要法律,为恢复法律制度迈出了坚实的一步。此后,全国人大及其常委会开始了正常的立法工作,国务院和地方各级人大也依其权限制定了大量的行政法规、地方性法规和单行条例。据2011年10月27日国务院新闻办公室发表的《中国特色社会主义法律体系》白皮书,中国社会主义法律体系已经形成。

(2)全国各类、各级法律机构逐渐健全,法律职业者素质明显提高。人民法院、人民检察院和司法行政机关逐渐完善机构,充实人员,提高效率。在恢复人民检察院之后,相继恢复了司法行政机关、政府法制机关和行政监察机关,国务院各部、委设置条约法律司或法律司,地方政府部门纷纷设立法制机构。全国的法律教育和法学研究机构恢复并得到较大发展。

(3)这一时期,各法律机构进行了卓有成效的工作。司法机关平反了众多的冤假错案,开展了打击各种刑事犯罪的斗争,及时解决了大批民事和经济纠纷;法律服务机构在人员缺少、条件艰苦的情况下开展繁忙的工作;法律教育机构在培养大批高质量法律职业者的过程中发挥了作用。

但自恢复法制建设以来,仍有不如人意的地方,如宪法中的一些重要规定没有法律化,民法典自今尚未制定,社会法的立法工作滞后,行政执法的效率还有待提高,各种法律的实施效果参差不齐,某些法律的实施效果很不理想。从纠正的一些冤案来看,司法仍然存在一些严重的体制性问题,需要通过体制改革加以解决。

(二)我国某些法律制度的运行状况简要评价

全国人大常委会的执法检查组其实就是一种法律运行状况的评价。下面我们通过全国人大常委会的执法检查报告,来了解具体法律制度的实施情况。

1. 公法方面,以《法官法》和《检察官法》的实施情况为例

全国人大常委会执法检查组于2006年6、7月间对《中华人民共和国法官法》和《中华人民共和国检察官法》实施情况进行了检查。全国人大常委会副委员长顾秀莲于2006年8月26日在第十届全国人民代表大会常务委员会第二十三次会议上作了《全国人大常委会执法检查组关于检查〈中华人民共和国法官法〉和〈中华人民共和国检察官法〉实施情况的报告》。报告的主要内容列表如下①:

① 详见网上资料:全国人大常委会执法检查组关于检查《中华人民共和国法官法》和《中华人民共和国检察官法》实施情况的报告(2006年8月26日)。

成　效	主要问题	建　议
(一)法官、检察官队伍的综合素质明显提高 (二)宪法和法律赋予的审判、检察职责得到较好履行 (三)司法环境和职业保障条件逐步改善	(一)少数法官、检察官司法不公正,仍然是群众关注的一个主要问题 (二)办案力量普遍不足 (三)“以收定支”“收支挂钩”等违反财政纪律的做法屡禁不止 (四)《法官法》《检察官法》的一些规定未能落实	(一)深入开展社会主义法治理念教育,切实提高法官、检察官综合素质 (二)完善监督制约机制,保证法官、检察官执法规范公正、作风清正廉洁 (三)抓紧落实相关措施,解决基层法院、检察院人才短缺问题 (四)切实解决法院、检察院工作的经费问题,保障法官、检察官的职业待遇 (五)尽快制定《法官法》《检察官法》的配套规定,保证法律确立的制度全面实施

2. 私法方面,以《专利法》的实施情况为例

全国人大常委会执法检查组于 2006 年 5 月对《中华人民共和国专利法》实施情况进行了检查。全国人大常委会副委员长路甬祥于 2006 年 6 月 28 日在第十届全国人民代表大会常务委员会第二十二次会议上作了《全国人大常委会执法检查组关于检查〈中华人民共和国专利法〉实施情况的报告》。报告的主要内容如下表①:

成　效	问题和建议
(一)完善政策法规,营造保护知识产权、推动自主创新的良好环境 (二)开展知识产权宣传教育活动,提高全社会尊重和保护知识产权的意识 (三)重视运用专利制度,不断提升自身的创新能力 (四)加强专利的行政保护和司法保护,维护专利权人的合法权益和公平、公正的市场经济秩序	(一)自主创新能力还不强,需要进一步提高对知识产权的拥有和运用能力 (二)知识产权意识还较薄弱,需要进一步加强对知识产权法律的宣传力度 (三)专利技术的实施率还比较低,需要进一步加强产学研结合,促进企业真正成为技术创新的主体 (四)对专利权人合法权益的保护还不够有力,需要进一步加强知识产权行政保护和司法保护的力度 (五)知识产权人才短缺,需要进一步加强人才培养和中介服务机构的建设 (六)专利法的某些规定已经不适应形势发展,需要进一步加以修改完善

3. 社会法方面,以《劳动法》的实施情况为例

全国人大常委会执法检查组于 2005 年 9 月开始对《中华人民共和国专利法》实施情况进行了检查。全国人大常委会副委员长何鲁丽于 2005 年 12 月 28 日在第十届全国人民代表大会常务委员会第十九次会议上作了《全国人大常委

① 详见网上资料:全国人大常委会执法检查组关于检查《中华人民共和国专利法》实施情况的报告(2006 年 6 月 28 日)。

会执法检查组关于检查〈中华人民共和国劳动法〉实施情况的报告》。报告的主要内容如下表①：

成　效	问　题	建　议
(一)制定配套法规规章,法制观念不断增强 (二)实施积极的就业政策,就业工作成效显著 (三)深化劳动用工制度改革,新型劳动关系初步确立 (四)依法规范工资分配,劳动报酬逐步提高 (五)社会保险体系初步建立,覆盖范围逐步扩大 (六)建立劳动保障监察和劳动争议处理制度,维护劳动者合法权益	(一)劳动合同签订率低、期限短、内容不规范 (二)最低工资保障制度没有得到全面执行,拖欠工资现象仍时有发生,工资正常增长机制尚未形成 (三)超时加班现象比较普遍,劳动条件差 (四)社会保险覆盖面窄、统筹层次低,欠缴保险费现象严重 (五)劳动保障监察力度不足,劳动争议处理周期长、效率低	(一)进一步提高认识,深入贯彻劳动法及保护劳动者的法律法规 (二)大力推行积极就业政策,千方百计扩大就业 (三)全面推行劳动合同制度,促进劳动关系和谐稳定 (四)严格执行最低工资保障制度,切实解决工资拖欠问题 (五)加快社会保障制度建设,抓紧解决进城务工人员参保问题 (六)强化劳动保障监察,完善劳动争议处理制度 (七)抓紧制定有关法律,加快劳动法制建设

从全国人大常委会历年的执法检查情况看,我国在社会主义法制建设取得明显进展的同时,依然存在着各种问题,法律实施的实际效果与理想模式仍有较大的距离。

【重要概念】

社会运行(social operation)　法律运行(legal operation)　法律制度纵向运行(the vertical operation of legal institution)　法律制度横向运行(the horizontal operation of legal institution)　法律制度生成(the generation of legal institution)　法律制度复现(the recurrence of legal institution)　法律制度外向运行(external oriented operation of legal institution)　法律制度内向运行(Internal-oriented operation of legal institution)

【文献指引】

1. 郑杭生认为,人口条件和生态环境条件是社会运行的基础条件,经济条件是社会运行的决定性条件,政治条件对社会运行有直接的影响,文化心理条

① 详见网上资料:全国人大常委会执法检查组关于检查《中华人民共和国劳动法》实施情况的报告(2005年12月29日)。

件是社会运行的精神条件。我国社会运行还受到社会转型和迟发展的双重效应的影响。郑杭生还认为，社会运行的主要机制包括社会运行动力机制、社会运行整合机制、社会运行激励机制、社会运行控制机制控制机制和社会运行保障机制。参见郑杭生主编：《社会学概论新修》，中国人民大学出版社 2003 年第 3 版，第二章"社会运行的条件与机制"。

2. 蔡定剑(1955—2010)在《历史与变革——新中国法制建设的历程》一书中将新中国法制建设的历程分为三个阶段：摧毁与创建阶段(1949—1957)；停滞与毁灭阶段(1957—1976)；重建与发展阶段(1976—1997)。该书还对革命与法制、阶级斗争与法制、苏联法对中国法制的影响、政策与法律、权力与法律、运动与法制、党和法制、法文化与法制、计划经济和身份社会与法制等问题进行了回顾与反思，总结了经验教训，最后分析了我国法制建设的深刻危机及法制改革问题。该书是研究新中国法制建设历程的重要文献。参阅蔡定剑：《历史与变革——新中国法制建设的历程》，中国政法大学出版社 1999 年版。

3. 全国人大常委会于 20 世纪 90 年代初期开始组织执法检查。1993 年 9 月 2 日，八届全国人大常委会第三次会议制定了《全国人民代表大会常务委员会关于加强对法律实施情况检查监督的若干规定》。《监督法》第四章规定了法律法规实施情况的检查制度，规定各级人民代表大会常务委员会参照监督法第九条规定的途径，每年选择若干关系改革发展稳定大局和群众切身利益、社会普遍关注的重大问题，有计划地对有关法律、法规实施情况组织执法检查。执法检查结束后，执法检查组应当及时提出执法检查报告，由委员长会议或者主任会议决定提请常务委员会审议。执法检查报告包括下列内容：(一)对所检查的法律、法规实施情况进行评价，提出执法中存在的问题和改进执法工作的建议；(二)对有关法律、法规提出修改完善的建议。中国人大网载有 1990 年以来的各项执法检查报告。

【研究选题】

1. 你认为法律制度有哪些运行方式？
2. 你认为法律制度运行评价应当包括哪些具体标准？
3. 法律制度运行相关文献读书报告。
4. 试就全国人大常委会执法检查报告反映的问题撰写文章。
5. 我国法律制度运行的主要障碍分析。
6. 重大冤案的法社会学分析。

第十章 法律与社会变迁

社会运行可分为纵向运行和横向运行，社会变迁体现社会的纵向运行状况。法律的纵向运行与其他社会结构的纵向变迁是交织在一起的，故研究法律运行，必须研究社会变迁。

法律对社会变迁具有能动作用，既可以引导社会进步，也可以遏制社会退步。在有计划的社会变迁中，法律的能动作用更为显著。法律参与现代化进程，并发挥各项功能。法治作为一种社会生活方式，在政治国家和市民社会两个层面发挥重要作用。

中国正处于急遽的社会转型期，法治在推动社会转型发挥着关键的影响。中国社会主义法治进程正在逐步推进。

本章将对上述问题进行阐述。

第一节 社会变迁与现代化理论

一、社会变迁的概念

我们在研究法律制度社会化规律时，掌握马克思主义的运动观是非常必要的。世界上一切事物每时每刻都在运动之中，用社会学术语来说，这就是社会变迁。

历史长河的流淌有时平直缓慢，有时曲折激荡，然而“逝者如斯乎夫，不舍昼夜”，人类历史从未停止过变迁。古人也曾说过“分久必合，合久必分”，运动是绝对的，而静止是相对的。社会结构，仅仅是我们在分析社会时定格后的形态，是对时时处处变迁着的社会的抽象和概括。

所谓社会变迁，是指社会的发展、进步、停滞、倒退等一切现象和过程的总称，主要指社会结构的变化。

二、社会变迁的类型

社会变迁复杂多样，可以从不同视角进行分类。

(一) 从社会变迁的规模视角看,社会变迁可分为整体的社会变迁和局部的社会变迁

整体的社会变迁是指整个社会结构体系的变化,如社会形态的更替属于整体社会变迁。局部的社会变迁是指社会各个构成要素自身及其相互之间部分关系的变化,如经济特区现象最初属于局部的社会变迁。局部的社会变迁可能超前于整体的社会变迁,也可能滞后于整体的社会变迁。

(二) 从社会变迁的方向视角看,社会变迁可分为进步的社会变迁、退步的社会变迁

进步的社会变迁,即社会进步,是一种促进社会良性运行和协调发展的社会变迁,如社会现代化被普遍视为社会进步,社会法治化也同样被视为社会进步。退步的社会变迁,即社会退步或社会倒退,是指社会整体或局部从已经达到的较高发展阶段向较低阶段逆转,如毒品现象、腐败现象、娼妓现象、赌博现象、迷信现象等属于社会退步现象。

(三) 从社会变迁的速度和激烈程度视角看,社会变迁可分为社会演化、社会改革和社会革命

社会演化,也称作渐进的社会变迁,是一种长期、缓慢、渐进与局部的社会变迁类型,体现社会变迁的量变特征,如中国两千余年封建社会是一个社会演化的过程(其中的改朝换代属于质变,但从制度变迁角度看,封建制度的基本特征没有变化)。社会演化是一种最普遍的社会变迁类型。社会改革是人们有意识地规划并在较短时间内实现的社会局部调整或全面改良的过程,如中国的改革开放。[①] 与社会改革相近的用语有社会改良、社会革新、社会变革。社会改革的速度和激烈程度介于社会演化和社会革命之间。社会革命,也称作激烈的社会变迁,是指社会的本质性的变化,是短期内完成的社会结构的根本性变化,体现社会变迁的质变特征,如新民主主义革命。

(四) 从人对社会变迁的参与与控制程度视角看,社会变迁可分为自发的社会变迁和有计划的社会变迁

自发的社会变迁,也称作无计划的社会变迁,是指在人们未认识社会发展规律的情况下,没有预期目标和路径的社会变迁类型。由于人类对规律的认识

---

① 邓小平同志指出:"改革是中国的第二次革命。"(《邓小平文选》第 3 卷,人民出版社 1993 年版,第 113 页)这是从改革的目的的角度,从解放生产力的角度,对改革的根本性质的揭示。这里所说的"革命",不同于推翻基本制度的革命,而是社会主义自我完善和发展的革命。

能力较低,历史上大多数的社会变迁都是无计划的。有计划的社会变迁是指在人们认识社会发展规律的情况下,按照确定的预期目标和路径推动社会变迁的类型。现代化进程是人类有计划的社会变迁。

学者们把我国当前所处的时期称为社会转型期。所谓社会转型,是指整体性的社会变迁过程,是一种社会改革。从社会的基础性结构上看,当代中国社会正在从农业社会转向工业社会;从社会的前导性结构上看,当代中国社会正在从工业社会转向信息社会;从社会的生活方式结构上看,当代中国社会正在从匮乏型社会转向发展型社会;从社会的经济类型结构上看,当代中国社会正从计划经济社会转向市场经济社会;从社会整合机制上看,当代中国社会正在从人治社会走向法治社会。这种多重跨越,构成了当代中国社会转型的突出特点。

三、社会发展

社会发展是正向的社会变迁,进步的社会变迁,是社会变迁的主要形式和趋势。广义的社会发展是指包括经济发展在内的整个社会的进步过程;狭义的社会发展,仅指经济领域以外的其他社会领域的进步过程。社会发展的主要内容包括:生活环境的不断改善;教育与人的素质的普遍提高;人民生活水平与生活质量的普遍提高;平均寿命的延长;社会保障体系的建立和完善;科学文化、医疗卫生和体育事业的发展;等等。

社会变迁与社会发展这两个概念既有联系,又有区别。社会发展寓于社会变迁之中,是社会变迁的主要形式和趋势。社会变迁既有进步的变迁,也有退步的变迁;社会发展则仅指进步的社会变迁。

“二战”以来,社会发展观与社会发展战略经历了三个阶段,即:以经济增长为核心的“传统发展战略”;以人的发展为核心的“基本需求发展战略”和以人类整体利益为核心的“持续发展战略”。中国共产党十六届三中全会提出:“坚持以人为本,树立全面、协调、可持续的发展观,促进经济社会和人的全面发展”,这就是科学发展观。《中共中央关于构建社会主义和谐社会若干重大问题的决定》(2006 年 10 月 11 日中国共产党第十六届中央委员会第六次全体会议通过)进一步提出:“必须坚持科学发展。切实抓好发展这个党执政兴国的第一要务,统筹城乡发展,统筹区域发展,统筹经济社会发展,统筹人与自然和谐发展,统筹国内发展和对外开放,转变增长方式,提高发展质量,推进节约发展、清洁发展、安全发展,实现经济社会全面协调可持续发展。”

四、社会现代化

社会现代化是一种有计划的社会变迁。对社会现代化的理论探讨和实践已经有相当长的历史。从理论探讨方面看,现代化理论可以追溯到 16、17 世纪社会思想家们对当时的资本主义文明的批判。经过 18、19 世纪西方思想家的启蒙,这种理论有了新的飞跃。而现代化的实践可以追溯到 18 世纪由蒸汽机发明所导致的工业革命,随着工业革命的不断推进,科学技术突飞猛进,经济空前增长,同时也引发了诸多社会问题。在这种社会现实面前,现代化理论又有了新的发展。

人们虽然都承认现代化是以科学技术的进步和社会生产力的发展为重要特征,但对它的理解却并不相同。社会学家所理解的现代化的内涵各有所侧重。

美国社会学家丹尼尔·贝尔(Daniel Bell)和阿尔温·托夫勒(Alvin Toffler)在他们的《后工业社会的来临》《第三次浪潮》的著作中,从技术至上论的观点出发,把知识的扩张和科学技术的发展看作是社会现代化的基本内容,直接从对科学技术发展的分析来预测产业结构、社会结构、家庭结构、生活方式、价值观念的变迁。

社会学家们已经意识到社会现代化是一个连续不断的历史过程,同时也意识到社会现代化不是一个单纯的经济发展过程。以科技进步和生产力更新为动力的经济发展是社会现代化的基础,但并不是社会现代化的全部内容。如果单纯追求经济发展,而忽视社会结构其他部门的协调发展,可能导致社会发展的畸形化,出现种种社会问题,如精神危机、道德沦丧、人性异化和生态环境恶化等,最终则导致社会现代化半途而废。

我国曾经将现代化概括为工业现代化、农业现代化、国防现代化和科学技术现代化(即"四化")。"四化"仅仅是社会现代化的一部分内容,而非全部。有的学者将社会现代化概括为经济现代化、政治现代化、文化现代化、社会结构现代化和人的现代化。这"五化"虽有内容重复,但较"四化"更为全面。郑杭生等认为:"社会现代化是指这样一种特殊的社会转型过程,即社会在日益分化的基础上,进入一个能够自我维持增长和自我创新,以满足整个社会日益增长的需要的全面发展过程。"[①]社会现代化的基本特征有:(1)经济技术发展带动经济和社会发展;(2)经济持续而迅速的发展;(3)社会组织日益发达和政治民主化;

---

① 郑杭生主编:《社会学概论新修》,中国人民大学出版社 2003 年第 3 版,第 328 页。

(4)社会价值观念和生活方式的现代化;(5)教育的发达与人的素质的提高;(6)城市化。

社会现代化并不等于“西方化”,各国的社会现代化离不开各国的具体国情。我国社会主义现代化不同于其他国家的现代化。中国的特殊国情决定了我国现代化过程的复杂性。巨大的人口基数,广阔的领土,地区间的发展不平衡,众多的民族,悠久的文化等因素积极或消极地影响着我国的现代化进程。在我国建设有本国特色的社会主义现代化,建设高度的社会主义民主和高度的社会主义物质文明和精神文明,避免其他国家现代化过程中曾经出现过的社会偏差和失衡现象,是一项宏伟的社会工程。

第二节　法律对社会进步的引导

一、社会进步与法律引导

社会进步是社会有目标、有方针并使社会向前推进的变迁和运动。社会进步的具体内容很多,如社会形态的更替和社会制度的革新,社会的物质生活、政治生活和精神生活的改善等。

社会变迁的绝对性并不排除其规律性。这种规律性恰恰是社会变迁过程中的必然。社会受生产力—生产关系、经济基础—上层建筑基本矛盾的支配而出现自低级社会向高级社会变迁的发展规律,其中包含了社会制度引导社会进步的内容。社会进步离不开各项社会制度,在阶级社会则离不开法律制度。

阶级社会正是伴随着法律制度社会化的曲折过程向前发展的。历史的内在发展规律检验着各种法律制度的生命力,而各国、各时期的法律制度则以不同的内容和方式参与社会的变迁——引导社会进步,或是遏制社会退步,也可能阻碍社会发展。在我国开始宏伟的社会主义现代化进程的时候,法律制度响起了铿锵有力的足音。

二、法律引导社会进步的方式

社会进步的根源是社会基本矛盾运动。法律制度通过影响政治、文化、宗教等上层建筑因素及直接调整生产关系,促进社会生产力的发展和整个社会的文明进步,是社会进步的因素之一。

法律制度通过下列指引、强制和教育等多种方式引导社会成员的行为,引导社会体制的构筑，从而促进社会进步。

（一）指引

法律规范是人们的行动指南，按照法律规范的行为模式的不同，可分为授权性规范、义务性规范和禁止性规范。根据授权性规范，人们可以为一定的行为或者不为一定的行为，以及要求他人为一定的行为或者不为一定的行为；根据义务性规范，人们必须为一定行为；根据禁止性规范，人们不得为一定行为。

（二）强制

仅仅靠法律规范的指引，是不能完全引导社会成员的行为的，因为法律制度不可能也没有为全体社会成员所自觉接受。一部分社会成员并没有自觉地遵守法律规范的指引，当为不为，不当为而为之，反其道而行之。因此，所有的法律规范均以国家强制力为后盾，在社会成员不遵守法律规范，不履行其应尽义务或触犯禁止性规范时，强制其履行义务或强制其停止不法行为。如某公民作为必须到庭的民事被告，经两次传票传唤，无正当理由拒不到庭，人民法院可以拘传该公民到庭。

（三）教育

马克思曾说过，法典就是人民自由的圣经。法律虽然具有强制性，但这种强制性是为了保障广大人民群众普遍自由的实现。对于自觉学法、知法并守法的公民来说，法律并不限制他应有的自由，而是保护他的自由。社会主义的法律制度以它的规范和活动教育人民理解自由、民主与法律的关系。因为，摆在人们面前的法律，是衡量人们日常行为的尺度——经过它的衡量，人们可知是非曲直和可能带来的法律后果。用法律规范预测自己和他人的行为，评价已经发生的种种具有法律意义的事实，以及观察法律机构日常进行的法律活动（法律教育活动和具有法律教育意义的立法、司法活动），可以增强法律意识，并且促使自己依法办事。

法律制度通过指引、强制和教育等方式导引社会成员依法办事，包含在法律制度之中的进步思想和观念，如民主精神和公正理念等，具有促进良好的社会体制形成的意义。而良好的社会体制对于社会进步来讲是非常重要的，是社会进步的重要保障。

三、经济体制改革与法律引导

我国的经济体制改革从以政策手段为主进行改革走向以法律手段为主进行改革。

我国经济体制改革首先在农村取得了巨大成就。党的十一届三中全会以后,在党中央的积极支持和大力倡导下,家庭联产承包责任制在全国推开。家庭联产承包责任制的实行取消了人民公社体制,改变了不适应我国农业生产力发展的体制。

1984年10月20日,中国共产党第十二届中央委员会第三次全体会议通过了《中共中央关于经济体制改革的决定》,提出要建立起具有中国特色的、充满生机和活力的社会主义经济体制,促进社会生产力的发展。党的十四大明确提出建立社会主义市场经济体制。

1993年11月14日,中国共产党第十四届中央委员会第三次全体会议通过了《中共中央关于建立社会主义市场经济体制若干问题的决定》,提出在二十世纪末初步建立起社会主义市场经济体制,并强调建立社会主义市场经济体制,就是要使市场在国家宏观调控下对资源配置起基础性作用。为实现这个目标,必须坚持以公有制为主体、多种经济成分共同发展的方针,进一步转换国有企业经营机制,建立适应市场经济要求,产权清晰、权责明确、政企分开、管理科学的现代企业制度;建立全国统一开放的市场体系,实现城乡市场紧密结合,国内市场与国际市场相互衔接,促进资源的优化配置;转变政府管理经济的职能,建立以间接手段为主的完善的宏观调控体系,保证国民经济的健康运行;建立以按劳分配为主体,效率优先、兼顾公平的收入分配制度,鼓励一部分地区一部分人先富起来,走共同富裕的道路;建立多层次的社会保障制度,为城乡居民提供同我国国情相适应的社会保障,促进经济发展和社会稳定。这些主要环节是相互联系和相互制约的有机整体,构成社会主义市场经济体制的基本框架。

2003年10月14日,中国共产党第十六届中央委员会第三次全体会议通过了《中共中央关于完善社会主义市场经济体制若干问题的决定》,提出了以下主要任务:完善公有制为主体、多种所有制经济共同发展的基本经济制度;建立有利于逐步改变城乡二元经济结构的体制;形成促进区域经济协调发展的机制;建设统一开放竞争有序的现代市场体系;完善宏观调控体系、行政管理体制和经济法律制度;健全就业、收入分配和社会保障制度;建立促进经济社会可持续发展的机制。

2013年11月12日,中国共产党第十八届中央委员会第三次全体会议通过了《中共中央关于全面深化改革若干重大问题的决定》,强调"紧紧围绕使市场在资源配置中起决定性作用深化经济体制改革,坚持和完善基本经济制度,加快完善现代市场体系、宏观调控体系、开放型经济体系,加快转变经济发展方式,加快建设创新型国家,推动经济更有效率、更加公平、更可持续发展"。

在改革的初级阶段，主要通过经济政策进行体制改革的探索，是必不可少的。但经济政策一般都是比较原则的，它固然也起着引导作用，却很难作为具体经济行为的行为规范。在经济政策经过一段时间的实践后，被证明是有成效的，应及时以法律的形式固定下来。改革要突破旧的规范，建立新的规范，新的规范必须通过合法化的途径确立下来才能发挥其作用。改革措施一旦变成法律规范，就具有国家强制力，就能更有效地调整经济和社会生活。所以，在改革的中、后期，应当主要通过法律制度的自身完善来实施改革。在我国现有法律法规中，有许多是经济体制改革的成果。如：农村经济体制改革的法律成果有《农村土地承包法》《农业法》《乡镇企业法》《农民专业合作社法》《农业机械化促进法》《农业技术推广法》等；市场经济体制的法律成果有《公司法》《中外合资经营企业法》《中外合作经营企业法》《外资企业法》《企业破产法》《反不正当竞争法》《反垄断法》《对外贸易法》《商业银行法》等。

四、政治体制改革与法律引导

政治体制，是指国家政权处理阶级、政党、政府、民族、社会集团之间关系的各种制度的总和。经济体制改革为政治体制改革提供了有利的条件，同时随着经济体制改革的深入，进行政治体制改革显得更为迫切。只有进行政治体制改革，才能保证经济体制改革的顺利进行。

自 1978 年以来，我国的政治体制改革以渐进的方式逐步展开。1980 年 8 月 18 日，邓小平同志指出：权力不宜过分集中；兼职、副职不宜过多；着手解决党政不分、以党代政的问题；从长远着想，解决好交接班的问题。[①] 此后，历次党的全国代表大会报告均将政治体制改革作为重要内容，中共中央也作出过有关政治体制改革的许多重要决定。

政治体制改革的法律成果也较为丰富。这些成果包括：完善人民代表大会制度的法律，如《全国人民代表大会和地方各级人民代表大会选举法》《全国人民代表大会组织法》《全国人民代表大会和地方各级人民代表大会代表法》《全国人民代表大会议事规则》《全国人民代表大会常务委员会议事规则》《地方各级人民代表大会和地方各级人民政府组织法》《立法法》《监督法》；完善地方自治的法律，如《民族区域自治法》《香港特别行政区基本法》《澳门特别行政区基

① 参见邓小平：《党和国家领导制度的改革》(1980 年 8 月 18 日在中共中央政治局扩大会议上的讲话)。

本法》;建立和完善基层民主制度的法律,如《村民委员会组织法》《城市居民委员会组织法》;保障人民权利的法律,如《集会游行示威法》《妇女权益保障法》《未成年人保护法》《老年人权益保障法》《残疾人保障法》《归侨侨眷权益保护法》《国家赔偿法》;完善行政管理体制的法律,如《国务院组织法》《地方各级人民代表大会和地方各级人民政府组织法》《行政许可法》《行政处罚法》《行政复议法》《行政监察法》;完善司法体制的法律,如《人民法院组织法》《人民检察院组织法》《法官法》《检察官法》《人民警察法》《民事诉讼法》《刑事诉讼法》《行政诉讼法》《监狱法》《公证法》《仲裁法》。我国政治体制改革的法律成果还将越来越丰富。

五、教育体制改革与法律引导

中共中央于 1985 年 5 月 27 日作出《关于教育体制改革的决定》。中央认为,要从根本上改变这种状况,必须从教育体制入手,有系统地进行改革。改革管理体制,在加强宏观管理的同时,坚决实行简政放权,扩大学校的办学自主权;调整教育结构,相应地改革劳动人事制度。该决定要求,把发展基础教育的责任交给地方,有步骤地实行九年制义务教育;调整中等教育结构,大力发展职业技术教育;改革高等学校的招生计划和毕业生分配制度,扩大高等学校办学自主权。

实行教育体制改革以来,形成了以《教育法》为龙头的教育法律体系,这个体系还包括《教师法》《义务教育法》《高等教育法》《职业教育法》《民办教育促进法》《学位条例》等法律。

六、科学技术体制改革与法律引导

中共中央于 1985 年 3 月 13 日作出《关于科学技术体制改革的决定》。决定指出,我们应当按照经济建设必须依靠科学技术、科学技术工作必须面向经济建设的战略方针,尊重科学技术发展规律,从我国的实际出发,对科学技术体制进行坚决的有步骤的改革。决定提出:改革对研究机构的拨款制度;促进技术成果的商品化,开拓技术市场;调整科学技术系统的组织结构,鼓励研究、教育、设计机构与生产单位的联合,强化企业的技术吸收和开发能力;改革农业科学技术体制;合理部署科学研究的纵深配置,以确保经济和科学技术发展的后劲;扩大研究机构的自主权,改善政府机构对科学技术工作的宏观管理;改革科学技术人员管理制度;等等。

为落实科学技术体制改革，我国制定了《技术合同法》[①]、《科学技术进步法》《促进科技成果转化法》《科学技术普及法》《农业技术推广法》《专利法》《商标法》《著作权法》等科技法律，以及《国家科学技术奖励条例》《计算机软件保护条例》《集成电路布图设计保护条例》等科技行政法规。

“科学技术是第一生产力”，生产力是促进社会进步的原动力，但生产力的发展需要良好的社会条件。法律制度通过完善科学技术体制，促进科学技术的进步和应用，进而促进整个社会的进步。

第三节 法律对社会退步的遏制

一、社会退步与法律遏制

事物的运动是波浪式前进、螺旋形上升的。社会文明进化是总的趋势，但在社会发展的过程中，退步现象也是屡见不鲜的。

凡与社会文明进化（包括物质文明、精神文明及制度文明的进化）相违背的社会现象，均为社会退步现象。它表现为各种社会丑恶现象、复辟和僵化等。推翻一个腐朽的政权是革命行动，是社会进步；反之，复辟则是社会退步，如张勋复辟、袁世凯称帝等。僵化也是社会退步，因为社会在不断发展，一旦僵化，实际上已是退步，不进则退。

法律制度引导在社会进步的同时，遏制社会退步[②]。这是法律制度作用于社会变迁的两个方面，是相互配合的。我国社会主义制度一方面通过各种立法引导各项社会事业，另一方面采取法律措施防范、遏制各种社会退步现象。社会问题一般来讲是社会退步的集中体现，必须运用法律手段和其他社会措施全力整治，否则可能导致严重的社会退步。如腐败现象、青少年犯罪、经济犯罪、道德问题、黄色文化问题等，如不及时有效解决，将导致中华文化的重大损失和社会秩序的败坏。

二、法律遏制社会退步的具体分析

社会变迁包含了自然环境与人口的变迁、经济变迁、社会制度的变迁、价值观

① 根据《合同法》第428条的规定，《技术合同法》于1999年10月1日废止。

② 如果这种法律制度自身是僵化、落后的，则阻碍社会的进步，导致社会退步。

念和生活方式的变迁、科学技术的变迁及文化变迁等。上述变迁可能是进步的，也可能是退步。法律制度可以引导其进步的变迁，也可以遏制其退步的变迁。

（一）对环境资源状况恶化的法律遏制

自工业革命以来，由于近、现代工业的迅速发展和人口剧增，环境污染和自然资源耗损日益严重。从陆地到海洋及大气和外层空间，都留下污染的痕迹，而自然资源则加速衰减，环境污染和资源锐减直接威胁着人类今天的发展和明天的生存。我国的环境污染和资源问题情况也是非常严重的。

为防止环境资源状况继续恶化和资源破坏，除采取物质技术手段外，必须采取法律手段制裁破坏环境资源的违法犯罪行为。我国重视制定环境、资源保护和能源法律法规，并付诸实施。已制定的保护环境的法律有《环境保护法》《海洋环境保护法》《水污染防治法》《大气污染防治法》《固体废物污染环境防治法》《环境噪声污染防治法》《放射性污染防治法》《防沙治沙法》《水土保持法》《环境影响评价法》《清洁生产促进法》《循环经济促进法》等；已制定的保护自然资源的法律有《土地管理法》《海域使用管理法》《矿产资源法》《森林法》《草原法》《野生动物保护法》《水法》《渔业法》等；已制定的能源方面的法律有《煤炭法》《节约能源法》《可再生能源法》等。

经过环境保护和自然资源法律制度的干预，我国环境恶化和资源破坏的趋势已得到初步的遏制。但要根本改变环境和资源利用状况，还要做大量的工作。《宪法》第 26 条规定的“国家保护和改进生活环境和生态环境，防治污染和其他公害”，“国家组织和鼓励植树造林、保护林木”，以及第 9 条第 2 款规定的“国家保障自然资源的合理利用，保护珍贵的动物和植物。禁止任何组织或者个人用任何手段侵占或者破坏自然资源”等均须具体的法律制度予以落实。

（二）对落后价值观念和生活方式的法律遏制

落后的价值观念和生活方式通过传统和外来两种渠道影响社会生活。法律制度通过法律规范确定文明公正的价值标准来引导先进的价值观念，倡导文明的社会生活，同时通过法律活动制裁包含卑劣动机的违法犯罪行为，扫除社会丑恶现象，遏制落后价值观念和生活方式。

如针对社会上存在的唯利是图、一切向钱看的价值观念，法律制度对各种经济领域的违法犯罪行为进行制裁；又如社会上存在的丑恶现象，国家投入大量人力、物力予以打击。

价值观念和生活方式受各种社会因素的影响，如舆论、文化、教育等。法律制度作为一种社会控制手段，直接或间接地影响着价值观念和生活方式。

(三)对反科学行为的法律遏制

科学技术是第一生产力,它的进展是社会进步的表现。但由于种种因素,反科学的现象依然是常见的。

对反科学的现象,主要依靠教育手段提高人民的知识水平和文化素质来解决。法律制度一方面以法律手段保障文化、科学和教育事业发展,另一方面对一些构成社会危害的反科学行为进行干预。如《宪法》规定,国家保护正常的宗教活动。任何人不得利用宗教进行破坏社会秩序、损害公民身体健康、妨碍国家教育制度的活动。《治安管理处罚法》规定,有下列行为之一的,处十日以上十五日以下拘留,可以并处一千元以下罚款;情节较轻的,处五日以上十日以下拘留,可以并处五百元以下罚款:(一)组织、教唆、胁迫、诱骗、煽动他人从事邪教、会道门活动或者利用邪教、会道门、迷信活动,扰乱社会秩序、损害他人身体健康的;(二)冒用宗教、气功名义进行扰乱社会秩序、损害他人身体健康活动的。《刑法》规定,组织和利用会道门、邪教组织或者利用迷信破坏国家法律、行政法规实施的,处三年以上七年以下有期徒刑;情节特别严重的,处七年以上有期徒刑。组织和利用会道门、邪教组织或者利用迷信蒙骗他人,致人死亡的,依照前款的规定处罚。组织和利用会道门、邪教组织或者利用迷信奸淫妇女、诈骗财物的,分别依照本法第二百三十六条、第二百六十六条的规定定罪处罚。以反人类、反科学、反社会为本质的邪教,严重危害社会,尤其需要高度重视。

(四)对黄色文化的法律遏制

黄色文化在中国大陆各地程度不一地传播,对社会生活产生了恶劣的影响。采取法律措施扫除黄色文化是一种必要的手段。

《治安管理处罚法》对卖淫、嫖娼,引诱、容留、介绍他人卖淫,制作、运输、复制、出售、出租淫秽的书刊、图片、影片、音像制品等淫秽物品或者利用计算机信息网络、电话以及其他通讯工具传播淫秽信息,组织播放淫秽音像,组织或者进行淫秽表演,参与聚众淫乱活动等规定进行处罚。《刑法》分则第六章第八节规定了组织、强迫、引诱、容留、介绍卖淫罪,具体罪名包括组织卖淫罪,强迫卖淫罪,协助组织卖淫罪,引诱、容留、介绍卖淫罪,引诱幼女卖淫罪,传播性病罪和嫖宿幼女罪。《刑法》分则第六章第九节规定了制造、贩卖、传播淫秽物品罪,具体罪名包括制作、复制、出版、贩卖、传播淫秽物品牟利罪,为他人提供书号出版淫秽书刊罪,传播淫秽物品罪,组织播放淫秽音像制品罪和组织淫秽表演罪。

扫黄工作已经取得一定的进展,但扫黄的任务仍然十分艰巨,尤其是网络扫黄方面。

法律通过制裁各种违法犯罪行为,遏制社会不同阶段的倒退现象,保障社会发展。

第四节　法律参与现代化进程

为保障社会现代化这一宏伟工程的实现,法律制度的积极参与是必不可少的。法律制度参与现代化过程,是世界各国现代化的重要经验,也是我国社会现代化的战略手段。[①]

法律制度参与社会现代化过程的方式及其功能是多种多样的。这取决于社会现代化的丰富内涵和法律制度的广泛功能。法律制度可以参与社会现代化的广阔领域,发挥各种重要功能。概括起来,法律制度在社会现代化过程中的主要功能有:建立社会秩序、改革社会体制、进行宏观调控、保护发展成果、防范偏差现象和保障社会安全。

一、建立社会秩序

社会现代化需要良好的国内环境和国际环境。良好的国内环境主要是指国内社会秩序正常,不发生大的社会动乱;良好的国际环境主要是指国际政治秩序和经济秩序正常,各国人民友好相处,不发生大规模的边界冲突和战争。为使我国的社会现代化不因国内、国际环境影响而放慢速度甚至被迫停止,我们必须花大力气维护安定团结的政治局面和正常的社会生活秩序,并积极参与国际和平环境的维护。法律在其中可以发挥有效的作用。

社会秩序可以分为社会结构秩序和社会行为秩序。社会结构秩序包括阶级结构、阶层结构、社会组织结构、人口结构、家庭结构等,体现静态的社会秩序。法律通过对不同的社会主体的权利义务的规定,使之处于相对稳定的法律地位,从而为社会结构秩序奠定基础。有关社会群体权益保障法的制定和实施,有利于特殊群体保持应有的社会地位。社会行为秩序是社会结构秩序的动态表现,体现为政治、经济、文化、教育等各个生活领域中的社会互动状况。法律作为最具强制力的社会行为规范,为社会互动提供了基本的行为准则,为在

① 陈信勇、郎友兴、李华认为,中国的社会发展,一方面需要内在动力的推进,另一方面需要社会支撑体系的保障。这个支撑体系有政治、法律、经济、文化、社会保障和社会安全等社会制度构成。参见陈信勇、郎友兴、李华:《中国社会发展的支撑体系》,云南人民出版社 1997 年版。

社会现代化过程中形成符合法律要求的行为秩序指明了方向。

国际法及国际私法、国际经济法能起到调整国际政治和经济关系的积极作用，对于国际政治和经济秩序的建立具有重要意义。而公正合理的国际政治和经济新秩序将促进我国和其他发展中国家的社会现代化进程。

二、改革社会体制

僵化体制是现代化的桎梏。现代化与改革僵化体制存在不可分割的联系。我国的改革大大推进了社会现代化的进程，其中法律制度在改革不适应现代化要求的僵化体制上起了基础性的作用。我们从上文的阐述中已经了解了法律在经济体制改革、政治体制改革、教育体制改革和科学技术体制改革中的突出作用，此处不再赘述。

三、进行宏观调控

由于社会现代化过程是一种迅速的社会变迁，尽管人们对现代化的战略步骤作了设想，各种失衡、失调和冲突现象的产生仍将是难免的。自我国开始现代化建设以来，也先后出现过经济结构失衡、社会利益失调及与此相关的各种社会冲突现象。从国家和社会的角度对具体领域和部门进行宏观调控，是避免大规模失衡、失调和冲突现象产生的根本措施。

从以往出现的经济结构失调现象看，经济决策失误固然是一个因素，经济领域缺乏经济立法和有效的经济司法调整也是一个重要因素。经济领域的各种违法活动破坏了正常的经济秩序。《刑法》分则第三章“破坏社会主义市场经济秩序罪”对各种破坏社会主义市场经济秩序的犯罪行为（如生产、销售伪劣商品，走私，破坏金融管理秩序，金融诈骗，扰乱市场秩序等行为）规定了刑事责任。

对经济领域进行宏观调控，还包括在宏观上保持全国各地区、各个经济部门和环节的平衡。在市场经济条件下，需要制定宏观调控的法律。

法律制度在调节社会利益的分配方面可以发挥作用。如通过制定和完善税法调节各社会阶层和个人的收入。法律制度还可以通过立法和司法保障不同社会阶层和个人在社会生活中的平等地位和平等机遇。当然这方面工作尚需要艰苦的努力。我国现有的宏观调控的法律主要有：金融方面的法律，如《中国人民银行法》《商业银行法》《银行业监督管理法》《保险法》《证券法》《反洗钱法》；预算方面的法律，如《预算法》；税收方面的法律，如《税收征收管理法》《企业所得税法》《个人所得税法》，以及《营业税暂行条例》《烟叶税暂行条例》《消费税暂行条例》《进出口关税条例》《增值税暂行条例》《土地增值税暂行条例》《城镇土地使用税暂行条例》《耕地占用税暂行条例》《契税暂行条例》《印花税暂行条例》等税收行政法规。

在我国社会现代化建设的初级阶段出现多种社会冲突,是我国社会对现代化过程尚不适应的表现。通过法律手段,社会冲突可以在一定法律和一定范围内得到控制。"一手抓建设,一手抓法制。"[①]没有法制,就难以处理建设过程中的社会冲突。

四、保护发展成果

在社会现代化的过程中,我们将不断取得物质、精神和制度方面的成果。这些成果需要法律制度的保护。法律制度具有保护社会现代化成果的功能。

许多法律明文规定保护国家、集体和个人的权利和利益。如《民法通则》规定"保障公民、法人的合法的民事权益",《物权法》规定各类物权,《继承法》规定"保护公民的私有财产的继承权",等等。如果建设成果遭到破坏或被非法侵吞,则现代化建设必受损失。

对物质成果的保护是应当重视的,对精神成果和制度成果的保护也应当重视。精神成果,如文艺作品、发明、发现、技术进步、先进的社会思想和科学知识,也同样应予保护。我国的教育、科学技术和文化方面的法律制度正在逐渐完善其保护机制。制度成果,包括在社会现代化过程中经过不断探索而建立起来的新的管理体制,也应倍加珍惜,予以保护。

五、防范偏差现象

在西方发达国家存在一种关于现代化的悲观思潮。他们认为,技术与经济的增长是有限度的,且技术增长的社会作用也具有两重性。著名的罗马俱乐部发表的十余份研究报告,为世界现代化未来描述了一幅令人忧虑的前景。如罗马俱乐部的第 11 份研究报告《世界的未来——关于未来问题一百页》展示了"人类跨向其历史悲剧阶段的全景",宣称"人类已奔向灾难的道路"。该书提到,某些消极因素相互结合正在把人类推向下坡路,这些消极因素是人口爆炸、完全缺乏能满足人民群众基本需要和确保他们过像样的生活的计划和规划、生物圈的破坏、世界经济危机(衰退、货币金融混乱、通货膨胀、失业、放肆的增长、

① 《邓小平文选》第 3 卷,第 154 页。

消费过度、浪费资源、不发达等，都是令人担忧的病理迹象。最易开发的能源正在枯竭。工业文明本身也成问题）、被忽视的深刻的社会弊病、发展科技无计划、制度僵硬老化、东西方对峙和南北对话破裂、思想和政治领导层的失职。①

在许多国家的现代化过程中，过去和今天确确实实地出现诸多消极现象或偏差现象。台湾学者韦政通在其著作《现代化与中国的适应》中提出："现代化是人类以混乱及痛苦为代价，来换取新机会及新希望的过程，此过程同时具有创造性和毁灭性。"②

为了防范社会现代化过程中由于技术和经济迅速增长可能带来的偏差，思想和政治领导层必须清醒地估计到偏差情况并制定有效的决策，减缓可能带来的混乱和痛苦。一方面要制定科学的发展规划和中期、短期发展计划，另一方面利用法律制度和其他社会措施控制偏差现象。对于中国的社会现代化过程来说，可能出现的偏差现象有：人与自然环境关系的失调（环境污染和资源浪费）、物质生产与人口生产关系失调（人口不能有效控制）、个人与国家关系失调（刑事犯罪猖獗、腐败、政治动乱等）、个人与社会财富分配关系失调（分配不公）、劳动力资源与其利用关系失调（失业）、现代文化发展与传统关系失调（传统优秀文化的流失、道德危机）等。法律制度要针对上述可能出现的偏差进行防范和遏制。

六、保障社会安全

社会现代化过程中的许多因素可导致社会冲突，社会结构因此产生紧张状态。通过法律制度的安全阀机制可缓解社会紧张，从而使社会现代化进程能顺利推进。本书第十二章将对此作详细论述。

第五节　法治与生活方式

一、生活方式的概念

所谓生活方式，是指在一定的生产方式基础上产生，在诸多的主客观条件下形成和发展的人们生活活动的典型形式和总体特征。生活方式有广义和狭

---

① 参见[意]奥尔利欧·佩奇：《世界的未来：关于未来问题一百页——罗马俱乐部主席的见解》，王肖萍、蔡荣生译，中国对外翻译出版公司1985年版。

② 转引自奚从清等主编：《社会学原理》，浙江大学出版社1988年版，第335—336页。

义之分。广义生活方式包括人们在劳动、物质消费、政治、精神文化、家庭及日常生活等一切社会生活领域中的活动方式。狭义生活方式只包括人们在物质消费、精神文化、家庭及日常生活领域中的活动方式。[①] 本节取其广义,简言之,生活方式是指人类生命的活动方式,包括思维方式和行为方式,也就是社会个体(自然人)、社会群体和国家等三种基本社会主体的活动方式。

二、法治是一种社会生活方式

(一) 从法治的产生来看,法治是人类经过长期实践而选择的一种较为理想的社会生活方式

在人类的历史上,出现过神治、人治、礼治、德治……但人类最后选择了法治。西方思想家尤其是启蒙思想家对此有充分的论述。

柏拉图开始主张贤人之治,认为"法律的制定属于王权的专门技艺,但最好的状况不是法律当权,而是一个明智而赋有国王本性的人作为统治者。"[②]但柏拉图在政治现实面前不得不抛弃哲学家治国的幻想,转而作"第二种最佳的选择"——法律和秩序。他说:"如果当一个国家的法律处于从属的地位,没有任何权威,我敢说,这个国家一定要覆灭;然而,我们认为一个国家的法律如果在官吏之上,而这些官吏服从法律,这个国家就会获得神的保佑和赐福。"[③]

亚里士多德提出了一个至今仍被广泛引用的法治定义:"法治应包含两重意义:已成立的法律获得普遍的遵守,而大家所服从的法律又应该是制订得良好的法律。"[④]同时他肯定地认为:"法律是最优良的统治者。"[⑤]

孟德斯鸠对封建专制的统治方式进行了激烈的批判,提出了"三权分立"和"权力制衡"的法治模式,其"制度决定论"的思想为此后的社会生活方式的变迁(特别是国家政治生活方式的变迁)带来深远的影响。当然,人类法治的理想与现实,并不仅仅是思想家的创造,应当视为人类文明进化的成果。

(二) 从法治的动态过程来看,法治既体现为各社会主体生产法律产品的生活方式,也体现为消费法律产品的生活方式

伯纳德·施瓦茨说:"我们都是法律的用户。我们享用的这种产品的质量,

---

① 王康主编:《社会学词典》,山东人民出版社 1988 年版,第 118 页。

② [古希腊]柏拉图:《政治家》,黄克剑译,北京广播学院 1994 年版,第 92 页。

③ 转引自《西方法律思想史资料选编》,北京大学出版社 1983 年版,第 25 页。

④ [古希腊]亚里士多德:《政治学》,吴寿彭译,商务印书馆 1965 年版,第 199 页。

⑤ [古希腊]亚里士多德:《政治学》,吴寿彭译,商务印书馆 1965 年版,第 171 页。

在我们生活的每一个环节上，都直接影响着我们。”[①]在法治社会，各社会主体对法律产品的生产和消费方式，就是法治生活方式的表现过程。

不能把对法治的考察局限在对“已成立的法律”的普遍遵守上，同样应关注“良好的法律”的制定过程。在一个法治的国度里，人们生产着“良好的法律”，同时又消费着这些“良好的法律”。各社会主体（社会个体、社会群体和国家）都是法律产品的生产者和消费者，但各社会主体在生产和消费法律产品的过程中有合理的分工和合作。法律产品的生产和消费，是各社会主体的重要生活；其产生和消费的方式亦成为各社会主体的重要生活方式。

（三）从政治国家的角度看，法治是现代政治国家的基本运行方式

“对全体希腊人来说，城邦就是一种共同生活”，“城邦的宪法是一种‘生活的模式’而不是一种法律结构。”[②]现代国家存在于合法的基础上，按照法治的原则运行，越来越多地采用法律的语言表达政治行为。市民社会中的个人自治和社会自治也是法治的重要内容。在法治社会，个人自治、社会自治和国家治理，形成一个多元的社会治理体系。所以，法治不仅仅是政治国家的“治国方略”，不等于“依法治国”，不仅仅指法治的政治或“法治国家”的含义。因为社会个体、社会群体和国家均生活在法律的统治下，不存在法治的主体是国家（政府）还是人民的问题，将法治理解为“依法治官”或者“依法治民”都是片面的。

在法治社会，法治应当是国家坚定不移的治国方略。法治应当是国家政治生活的基本运行方式，包括政治权力的配置方式、政治权力的运行方式和政治纠纷的处理方式。首先，从理论上说，法治是优于人治的政治规则。法治在历史上首先被用作治国方略。亚里士多德关于“法治应当优于一人之治”的论断在西方法治思想中具有代表性。[③] 其次，从国内外的政治实践看，法治促进了政治的有序发展。孟德斯鸠发现，“一切有权力的人都容易滥用权力，这是万古不易的一条经验。有权力的人们使用权力一直到遇有界限的地方才休止。”因此，“从事物的性质来说，要防止滥用权力，就必须以权力约束权力。”[④]分权制衡的法治理论已被广泛地付诸实践，成为资本主义国家最有影响的一项政治游戏规则。应当肯定，资本主义国家的发展，与法治（各种模式的法治）的政治规则的运行是分不开的。

---

① ［美］伯纳德·施瓦茨：《美国法律史》，王军等译，中国政法大学出版社 1990 年版，第 3 页。
② ［美］萨拜因：《政治学说史》（上），盛葵阳等译，商务印书馆 1986 年版，第 33 页。
③ ［古希腊］亚里士多德：《政治学》，吴寿彭译，商务印书馆 1965 年版，第 167—168 页。
④ ［法］孟德斯鸠：《论法的精神》（上册），张雁深译，商务印书馆 1961 年版，第 154 页。

我国既有两千余年封建专制统治的历史,又有新中国成立后数十年“政策之治”的实践,但执政党和国家最终选择了法治的道路。中共十五大将“依法治国,建设社会主义法治国家”确定为基本治国方略,并将依法治国解释为“广大人民群众在党的领导下,依照宪法和法律规定,通过各种途径和形式管理国家事务,管理经济文化事业,管理社会事务。保证国家各项工作都依法进行,逐步实现社会主义民主的制度化、法律化,使这种制度和法律不因领导人的改变而改变,不因领导人的看法和注意力的改变而改变。”[①]1999 年 3 月 15 日,该项治国方略载入宪法。不同制度国家的政治实践,揭示了法治是确保国家和社会长治久安的根本出路的客观规律。

(四)从市民社会的角度看,法治是市民社会行为选择的基本方式

市民社会一方面自行创造“活的法”(民间法、习惯法),另一方面接受政治国家为其制定的“市民法”及其他法律。在法治社会,市民社会是自治的,——这种自治可分为个体的自治和群体的自治,其自治的准则包括“活的法”(民间法)和国家法。

市民社会的力量是推进法治进程的重要力量。要培育一个法治社会,务必培育市民社会。培育市民社会的重要内容是培育市民社会的个体和群体的自治能力(包括创造“活的法”的能力和依法自我管理、保护、教育的能力),提高市民社会的法治化程度。

在当今社会,我们经常性地面临法律行为的选择,不同的社会个体和社会群体在同一事务上或同一情景下会作出不同的选择。譬如,有的人选择登记结婚,有的人选择非法同居;有的人选择书面合同,有的人选择“君子协议”;有的人选择诉讼、仲裁、和解、调解,有的人则选择武力解决。总之,有的人“法治”地生活着,有的人“人治”地生活着。人们的法律行为选择,就个体而言,可能取决于个人的经验、观念;但就社会整体而言,则有其深刻的社会基础——经济的,政治的,文化的,等等。

市场经济是法治的盟友。法治的进程与市场经济的进程往往是同步的。市场经济的发展,一方面促使各社会主体产生强烈的法律需求,另一方面也产生了支持法治的强大力量。社会主义的市场经济为我国人民的法律行为选择实践提供了广阔的天地。组织经济主体,进入市场,进行交易,处理经济纠纷,

---

① 江泽民:《高举邓小平理论伟大旗帜,把建设有中国特色社会主义事业全面推向二十一世纪——在中国共产党第十五次全国代表大会的报告》。

每一个环节都不断打上法律的烙印，出现法律的话语。一个没有法治观念（包括权利义务观念、合同观念、证据观念、保全观念、时效观念、程序观念等等）的经济人，往往要付出巨大的代价。市场经济的发展，为市民社会的成熟、社会结构的合理化重组提供了机会，从而有利于法治社会的建立。

法治的特征之一是权力的权利化，即将既存的国家权力、社会权力和个人权力转化为法律规定的权利。依法动用权力，是法治社会的重要准则。国家（政府）不能随意介入市民社会的自治领域，是社会个体、社会群体进行正常法律行为选择的前提。倘若国家（政府）可以随意干预（甚至包办）社会个体、社会群体的生活，国家工作人员滥用政治权力，人们将无所适从，其结果只能是市民社会的退化和萎缩。法治的政治，是培育市民社会必不可少的条件。

文化的力量在社会主体的法律行为选择方面也有不可低估的影响。传统的文化，以文化动力和文化阻力两种方式影响着法治进程。但是，解决文化问题，主要应通过文化的手段来解决。持之以恒地坚持全社会的法律文化传播，与社会主体产生、消费法律产品的真切体验相结合，是培育法治的社会文化基础的基本渠道。

第六节　中国的法治进程

建设社会主义法治国家，是社会进步和文明的要求，是中国社会现代化的重要战略目标之一。实现这一目标，需要经过一个较长的、渐进的法治建设进程。我们设想，这一进程可分为三个阶段，即基础阶段、巩固阶段和健全阶段。

一、法治基础阶段

该阶段的基本任务和目标是构筑社会主义法治的基础，具体包括：

1. 在法律制度层面上，基本建立法律规范体系，制定较为成熟的宪法和基本法典；设置各层次、种类的法律机构，按照法律制度运行的基本要求配置法律职业者；按照法律制度运行的基本要求配置手段体系。

2. 在法律运行层面上，法律的社会功能得到初步的实现，法律在国家生活和社会生活的各个领域确立了初步权威，法律秩序初步形成，法律对社会变迁产生明显的引导和干预作用。

3. 在法律文化层面上，法律知识得到广泛传播、灌输，法律研究基本满足立法、法律教育的要求，并深入执法、司法、守法领域；法律教育得到大力发展，培养和储备大批法律专业人才。

二、法治巩固阶段

该阶段基本任务和目标是巩固社会主义法治的基础,具体包括:

1. 在法律制度层面上,建立完善的法律规范体系;法律机构的设置合理化,法律职业者的整体素质有较大的提高,适应法律制度运行的要求;手段体系的配置更为科学、先进。

2. 在法律运行层面上,法律制度确立了不可动摇的权威,法律秩序趋于稳定,法律对国家生活和社会生活的调整积累了成熟的经验。

3. 在法律文化层面上,法治观念在全社会得以确立;法律研究在内容和方法上均有较大的突破,有效发挥促使法律制度理性运行的作用;法律教育能满足法律制度高水平运行的要求。

三、法治健全阶段

该阶段的基本任务和目标是使社会主义法治臻于完善,具体包括:

1. 在法律制度层面上,法律规范体系、法律主体体系和手段体系形成根据社会发展需要进行自我更新的良好机制。

2. 在法律运行层面上,法律权威在国家生活和社会生活的各个领域确立了绝对权威。

3. 在法律文化层面上,法律信仰在全社会得以确立。

法治进程三个阶段的工作重心各不相同。法治基础阶段的工作重心在于法律制度层面;法治巩固阶段的工作重心在于法律运行层面;法治健全阶段的工作重心在于法律文化层面。但这并不意味着各阶段上的其他层面任务不重要。实际上,在同一阶段,各层面的工作是紧密结合的;在不同阶段,同一层面的工作是持续不断的。

我国目前已基本完成法治基础阶段的任务,正在向法治巩固阶段过渡。今后一个时期的法治建设任务,应当将工作重心转移到法律运行上,极大地提高法律制度的运行权威,为法治植根于中华文化创造良好条件。

【重要概念】

社会变迁(social change)　社会进步(social progress)　社会退步(social regress)　社会演化(social evolution)　社会改革(social reform)　社会革命

(social revolution) 社会转型(social transformation) 社会发展(social development) 社会现代化(social modernization) 生活方式(life style) 法治(rule of law)

【文献指引】

1.《中共中央关于构建社会主义和谐社会若干重大问题的决定》指出:"我国已进入改革发展的关键时期,经济体制深刻变革,社会结构深刻变动,利益格局深刻调整,思想观念深刻变化。这种空前的社会变革,给我国发展进步带来巨大活力,也必然带来这样那样的矛盾和问题。"参阅《中共中央关于构建社会主义和谐社会若干重大问题的决定》(2006年10月11日中国共产党第十六届中央委员会第六次全体会议通过)。

2. 王义祥在《当代中国社会变迁》一书中认为,中国社会正在从封闭走向开放,从贫穷走向繁荣,从落后走向进步,从愚昧走向理性。当今的中国,具有二元社会、甚至三元社会的典型特征,一只脚已经跨入了工业社会,一只脚还停留在农业社会,一只手正在叩响信息社会的大门。该书对中国的人口变迁、婚姻家庭变迁、社会阶层变迁、农村社会变迁、城市社会变迁、政治结构的变迁、经济体制变革、思想文化变迁、教育体制变革、社会心理变迁、生活方式变迁以及转型期的社会问题进行了研究。参见王义祥:《当代中国社会变迁》,华东师范大学出版社2006年版。

3. 社会变迁包括社会制度的变迁。何玉书的《当代中国社会制度的变迁》对1949—2000年期间中国的政治制度,经济制度,劳动、社会保障和生育制度,教育、科技和文化管理制度进行了分阶段的研究。参见何玉书:《当代中国社会制度的变迁》,河北大学出版社2004年版。

4. 尹伊君所著《社会变迁的法律解释》是一部从法律视角解释社会变迁的历史社会学著作。作者从中国近代社会、法律转型的现实问题入手,在社会变迁和中西比较的背景下,对法律的概念、法律变革与法律传统的关系、法律秩序与法律规则、法律现代化与法律本土化以及法治等重大问题重新加以梳理和解释。参见尹伊君:《社会变迁的法律解释》,商务印书馆2003年版。

5. 中国现代著名的社会学家、犯罪学家严景耀(1905—1976)于1934年著《中国的犯罪问题与社会变迁的关系》(在美国芝加哥大学攻读博士期间撰写的博士论文,1986年被译成中文),该书是一部专门研究犯罪与社会文化、社会变迁关系的著作。参见严景耀:《中国的犯罪问题与社会变迁的关系》,吴桢译,北京大学出版社1986年版。

6. 社会变迁主要指社会结构的变迁。从法学角度透视中国的社会结构变迁,是很有价值的。参见张树义:《中国社会结构变迁的法学透视》,中国政法大学出版社2002年版。

7. 农村是中国法治进程的薄弱区域,研究中国农村法治进程具有重要价值。郑永流的《当代中国农村法律发展道路探索》是研究中国农村法治进程的一部重要著作。

8. 郝铁川认为中国依法治国需要走渐进性的发展道路,其原因在于社会经济发展水平的制约,社会文化水平的制约,以及社会变革的影响。参见郝铁川:《中国依法治国的渐进性》,《法学研究》2003年第6期。

9. 叶传星认为,法治的正功能可以概括为四个方面:通过正当化国家权力,促进价值多元化和解决纠纷而实现社会整合功能;通过降低社会交往和管理成本,促进市场效率和个人自由而实现福利增量功能;通过确立法律的正义形象、形式合理性及权威性而达到其意识形态功能;通过秉持有限理性论,破除权力迷信和确认基本的法律价值而实现法治的批判功能。参见叶传星:《法治的社会功能》,《法律科学》2003年第5期。

10. 徐璐、刘万洪根据1980—2004年全国人大常委会公报内容对立法理念的发展变化进行观察,认为我国立法者对法律的功能经历了从专政工具到治国方略的转变过程,在立法理念关于法律的稳定性和法律的“粗”“细”等方面都有了新的认识。社会转型时期的立法如何在维护法的稳定性和适应社会现实的变动之间谋求平衡是时代对立法提出的新的挑战。参见徐璐、刘万洪:《社会转型背景下的立法者——从1980—2004年人大常委会公报看立法理念的发展变化》,《法律科学》2005年第6期。

【研究选题】

1. 试论近期立法与体制改革的关联。
2. 试述“依法治国,建设社会主义法治国家”入宪的重大意义。
3. 试从法律社会学视角分析现实生活中的社会退步现象。
4. 通过典型案例分析网络犯罪的新特征。
5. 我国青少年犯罪与社会变迁之关联研究。

第十一章　法律与社会冲突

自19世纪以来的社会冲突理论已经趋向成熟。马克思、恩格斯等马克思主义的先驱者所建立的阶级斗争理论和辩证唯物主义为分析社会冲突现象提供了科学依据。社会学家韦伯和齐美尔也关注社会冲突。20世纪60年代以来,西方社会学家越来越关注社会冲突,并将社会冲突作为社会变迁和社会进步的主要论据,逐步形成和发展了社会冲突理论,出现了科塞(Lewis A. Coser,1913—2003)、达伦多夫(Ralf Dahrendorf,1929—2009)①、柯林斯(Randall Collins,1941—　)等社会冲突理论的主要代表人物。西方各学派的社会冲突理论突破均衡观念,更接近于社会现实。社会冲突理论敢于直面各种社会失调和社会问题,这是一大进步。

法律社会学以研究法律社会化过程及其规律为对象,而法律社会化过程与社会运行过程不可分离,社会运行过程充满社会冲突,或者说社会冲突是社会运行的基本方式之一,故法律社会学必须研究社会冲突。

本章将在阐述社会冲突基本理论的基础上,分析法律制度与社会冲突的关联,并分别研究法律制度内冲突和法律制度外冲突。

第一节　社会冲突理论

一、社会冲突的概念

社会冲突,是指一种相互对立的互动行为方式,指两个或两个以上的个人或团体以压倒对方为目的的行为。冲突与竞争意义相似,但方式不同。②

在法律术语中,"法律冲突"往往在国际私法中使用③,而在其他法律中,一

---

① 也译作达仁道夫。

② 王康主编:《社会学词典》,山东人民出版社1988年,第177页。

③ 《中国大百科全书·法学》(中国大百科全书出版社1984年版)"国际私法"条:"各国民法和商法互相歧异的情况,法律术语称为民法的抵触或民法的冲突,或称法律抵触或法律的冲突,因此长期以来这一部门法被称为法律抵触法或法律冲突法(law of the conflict of laws)。"(第228页)

《中国大百科全书·法学》"冲突规范"条:"指由国内法或条约规定的,在处理涉外民商事案件而有关国家的法律互相抵触时,哪一类问题应适用哪一种法律的规则。"(第47、64页)

般以“纠纷”“侵权”“犯罪”“抵触”等术语表示各类不同性质的冲突。从广义上来理解,各种诉讼活动都是冲突,诉讼当事人各方均从自己的利益和立场出发,在规定的程序中进行相对的互动。将社会冲突概念及其理论引入法律领域,有广泛的现实基础。

二、社会冲突的功能

(一) 马克思主义阶级斗争理论

马克思主义阶级斗争理论肯定了社会冲突的积极功能。根据历史唯物主义原理,人类社会是在生产力与生产关系、经济基础与上层建筑的矛盾运动中发展的。社会冲突是人类社会基本矛盾(生产力与生产关系、经济基础与上层建筑)及派生矛盾的具体体现。它的社会功能,依照能否促进社会生产力发展的标准,可以分为积极功能和消极功能。社会冲突的功能应结合具体的社会条件,进行辩证的分析,不能一概而论。离开唯物辩证法,就容易导致分析的片面性、局限性。帕森斯的结构功能理论忽视冲突的积极功能,齐美尔、科塞的冲突理论回避革命性的冲突,过分强调冲突的协调和整合功能,其失误原因概出于此。

(二) 齐美尔的社会冲突命题

齐美尔提出了一系列社会冲突命题。而其中关于社会冲突功能的命题改变了将社会冲突片面理解为有消极功能或负功能的观点。齐美尔关于社会冲突功能的命题强调冲突对社会整体的整合功能。与马克思不同的是,齐美尔没有假设,在更加有组织的和两极分化的群体之间,冲突逐渐升级为暴力冲突,最后引起整个社会制度的根本变化即革命。

齐美尔关于冲突对各方所起作用的命题如下:

“Ⅰ.群体间敌对越激烈,同时群体中冲突越频繁,群体界线就越不可能消失。

Ⅱ.冲突越激烈,而且群体越不整合,冲突群体专制的集权化就越有可能。

Ⅲ.冲突越是激烈,冲突群体的团结也就越紧密。

A.冲突越激烈,而且冲突群体越小,内部团结也就越紧密。冲突越激烈且冲突群体越小,每一群体对越轨行为和不同意见的忍耐性也就越小。

B.冲突越激烈且某一群体在系统中代表少数的程度越大,那个群体的内部团结也就越紧密。

C.冲突越激烈且一个群体从事纯粹自我防卫的程度越大,它的内部团结也将越紧密。”[①]

齐美尔关于冲突对系统整体作用的命题如下：

“Ⅰ. 在某一系统中，具有不同权力程度的群体之间的冲突越不激烈，冲突对社会整体的整合影响就越可能发生。

A. 冲突越不激烈而且越频繁，冲突对社会整体产生整合影响的可能就越大。

(1)冲突越不激烈而且越频繁，下属群体成员就越可能消除敌对，而且具有掌握自己命运的感觉，因而使社会整体的整合得以维持。

(2)冲突越不激烈而且越频繁，冲突各方越可能产生调节冲突的规范。

B. 冲突越不激烈，社会整体越是基于功能的相互依赖，冲突对社会整体产生整合的结果的可能性越大。

在功能的相互依赖程度很高的系统中，冲突越不激烈，它就越有可能促使产生用于调整冲突的规范。

Ⅱ. 群体间的冲突关系越激烈而且越延长，某一系统中起初对联系的群体形成联合的可能性就越大。

Ⅲ. 群体间激烈冲突的威胁越是延长，冲突各方的联合就越持久。”[②]

齐美尔温和的观点回避了革命性的冲突事件，但他关于冲突能促使社会整合并产生调节冲突规范的命题还是应当受到重视的。

（三）科塞的社会冲突理论

科塞同样认为，冲突作为一个过程能够促进社会的协调与整合。他认为，系统各个组成部分内部及相互间的各种过程，在不同条件下起着维护、改变、增加或者减少系统的整合与适应性的作用。许多被典型地视为对系统起破坏作用的行为，例如暴力、异端、越轨行为和冲突，在特定条件下也可以被视为既能加强系统的整合基础又能加强系统对环境的适应性的行为。

在科塞的社会冲突功能命题中，关于冲突促进冲突关系的规范控制的命题值得注意。科塞举例说，人与人之间往往不打不相识，互不相识的两个人通过吵架，发生关系，互相了解；另一方面，双方在冲突中，产生一种合作协议，协议成立后变成新规范，今后按新规范调整社会关系，形成新法律。科塞总结说：第一，冲突可制订和修改新的法律；第二，由于新的法律规范的应用，促成新的体

① 乔纳森·H·特纳：《社会学理论的结构》，浙江人民出版社1987年，第166页。

② 乔纳森·H·特纳：《社会学理论的结构》，浙江人民出版社1987年，第166—167页。

制的建立;第三,认识过去没有意识到的规范或规则。

分析社会冲突的功能,是分析法律制度与社会冲突关联的基础。事实上,关于社会冲突功能的不同见解,直接影响到对法的起源、本质等一系列基本问题的分析。如霍布斯认为,在自然状态中,人对人像狼一样,在那时每个人的私欲和其他人的私欲发生冲突,由此产生"一切人反对一切人的战争"。为了解决冲突,人们不得不以"理解"为指导,以契约的形式建立一种公共的权力,于是产生实在法,社会契约论即持此类观点。而马克思主义认为,随着生产力的发展和社会经济关系的变化,出现了生产资料私有制和阶级分化,在不断的阶级冲突中,原始社会的习惯已无法调整,于是产生国家和新的社会规范即法。法是适应社会经济的发展和阶级斗争的需要而逐渐形成的。

第二节 社会冲突与法律制度的关联

社会冲突与法律制度的关联可以通过以下四项命题予以概括:社会冲突能促成法律制度的产生;激烈的社会冲突可能导致法律制度的解体;法律制度能调整社会冲突;法律制度能预防或转化社会冲突。

一、社会冲突能促成法律制度的产生

法学家们在探讨法的起源问题上,虽然观点各异,但往往都承认法的起源与社会冲突现象的存在及其解决的困境有关。从历史和现实的角度看,社会冲突都是促成法律制度产生的社会背景。

最早的法律制度即奴隶制法律制度产生于阶级分化后成为剥削阶级和统治阶级的奴隶主阶级与成为被剥削阶级的奴隶阶级的斗争。"夏有乱政,而作禹刑","乱政"自然是指奴隶和平民对奴隶主阶级的反抗。封建主义、资本主义和社会主义法律制度也同样以一定的阶级冲突为产生的社会背景。

我们强调社会冲突能促成法律制度的产生,但需要说明两点:

第一,社会冲突不能自行产生法律制度,法律制度也不是冲突各方达成的契约,而是社会冲突的胜利者(掌握国家政权的统治集团)主持法律制度的制定,但在制定的过程中,必须考虑到调整冲突双方关系的现实要求和双方实际力量的对比。宪法就是阶级力量对比的集中表现。经过激烈的阶级斗争,取得胜利、掌握国家权力的统治阶级制定宪法,用以维护和巩固本阶级的政权,维护一定的统治秩序。英国、美国和法国都是在资产阶级革命胜利后制定出宪法

的。社会主义国家也是在社会主义革命胜利并建立政权后制定宪法的。不同类型的宪法随着阶级力量对比关系的变化和社会冲突的现实状况进行修改和完善。

第二,阶级斗争(或阶级冲突)是法律制度产生的重要的或根本性的社会背景。包括阶级冲突在内的各类社会冲突均成为法律制度产生的社会背景。特别是在社会主义国家政权建立以后,剥削阶级作为一个阶级已不复存在,阶级斗争虽然在一定范围和一定程度上存在,但一般来说已不是社会的主要矛盾。生产力与生产关系、经济基础与上层建筑的矛盾以及派生出来的各种社会冲突(包括阶级冲突、新旧体制的冲突、新旧观念的冲突、市场经济关系的冲突等)是促成新的法律制度产生的渊源。

二、激烈的社会冲突可能导致法律制度的解体

齐美尔和科塞明显忽视了激烈的社会冲突对社会结构的分解作用。社会冲突固然有促成社会主体间的联合和调整冲突的规范产生的作用,但激烈的社会冲突可能导致一定范围的社会结构的解体和法律秩序的瓦解。社会冲突也有量变和质变的区别。社会冲突激烈到一定的程度,就导致内乱或者革命。

内乱和革命都可能导致法律制度解体或者名存实亡。中、外历史上多少次改朝换代,都导致新法取代旧法。如中国共产党领导人民进行新民主主义革命,首先在革命根据地排除国民党政府法律的效力,继而在全国范围内(台湾地区除外)实际废除了国民党政府的法律制度。而我国的"文化大革命"十年内乱,则导致无法无天的局面,法律制度名存实亡。

由此可见,社会冲突冲垮法律秩序亦有进步和退步之分。新的法律制度代替旧的法律制度的革命性冲突具有进步意义,而对新的法律制度的破坏和旧的法律制度的复辟则是社会退步现象。

三、法律制度能调整社会冲突

法律是社会关系的调节器。调整各种社会关系,协调或处理各种社会冲突,建立起符合统治阶级意志和利益的法律秩序,是法律制度的直接目标。

中国古代的思想家已认识到法律调整社会冲突的作用。荀况从"性恶论"出发,认为"今人之性,生而有好利焉,顺是,故争夺生而辞让亡焉;生而有疾恶焉,顺是,故残贼生而忠信亡焉;生而有耳目之欲,有好声色焉,顺是,故淫乱生

而礼义文理亡焉。然则从人之性,顺人之情,必出于争夺,合于犯分乱理而归于暴,故必将有师法之化,礼义之道,然后出于辞让,合于文理,而归于治。""故古者圣人以人之性恶,明礼义以化之,起法正以治之,重刑罚以禁之……"①韩非子则认为:"……故以法治国,举措而已矣。法不阿贵,绳不挠曲。法之所加,智者弗能辞,勇者弗敢争。刑过不避大臣,赏善不遗匹夫。故矫上之失,诘下之邪,治乱决缪,绌羡齐非。一民之轨,莫如法;属官威民,退淫殆,止诈伪,莫如刑。"②"明君正明法,陈严刑,将以救群生之乱,去天下之祸,使强不凌弱,众不暴寡……而无死亡系虏之患。"③

我国法律的有关规定已反映了法律制度调整社会冲突的具体作用。一是法律制度具有镇压敌人、消灭剥削阶级和改造剥削阶级的作用,新中国成立后颁布的一系列法律也明确规定了镇压和改造的任务。④ 二是法律制度制裁刑事犯罪和其他违法行为。三是法律制度调整各种民间纠纷(经济纠纷和民事纠纷)。如《中华人民共和国人民法院组织法》将"解决民事纠纷"作为人民法院的一项任务,《人民调解法》规定"人民调解,是指人民调解委员会通过说服、疏导等方法,促使当事人在平等协商基础上自愿达成调解协议,解决民间纠纷的活动","人民调解委员会是依法设立的调解民间纠纷的群众性组织"。

我国的法律制度在调整社会冲突中采用刑事的、民事的和行政的等各种不同的手段,并以不同方式处理不同性质的社会冲突,如镇压、惩罚、改造冲突的对方,对有关纠纷进行辩论、调解、裁判、仲裁,等等。

四、法律制度能预防或转化社会冲突

法律制度为人们提供了社会生活的框架和尺度,依法办事,可以减少纠纷,预防违法犯罪行为的发生。通过法律制度的干预,社会冲突纳入法律程序,通过诉讼、仲裁或其他合法途径解决,可以防止冲突升级,冲突因此消除或者减弱。激烈的社会冲突也可以依法得到缓解。

① 《荀子·性恶》。

② 《韩非子·有度》。

③ 《韩非子·奸劫弑臣》。

④ 如《中华人民共和国宪法》(1954年)规定:"中华人民共和国保卫人民民主制度,镇压一切叛国和反革命的活动,惩办一切卖国贼和反革命分子。""国家依照法律在一定时期内剥夺封建地主和官僚资本家的政治权利,同时给以生活出路,使他们在劳动中改造成为自食其力的公民。"

第三节 法律制度内冲突分析

法律制度拥有自己的鲜明界线：职务、职权、业务活动范围、象征标识等等。在这个界线的内外，都存在着社会冲突。本书分别称之为法律制度内冲突和法律制度外冲突。

法律制度内冲突是指法律制度运行过程中自身因素引起的冲突。法律制度内部的各种不协调因素均可引起社会主体（主要是法律制度主体）之间的冲突。

法律制度外冲突是指法律制度运行过程中自身以外的因素引起的冲突。现实的各种社会冲突围绕着法律制度，影响着法律制度，同时受到法律制度的调整。

法律制度的内、外冲突并不是截然分开，而是相互联系的。法律制度内冲突往往是各种复杂的法律制度外冲突的集中体现——各种社会冲突所包含的利益差异，也会间接地反映到法律制度内冲突之中，而法律制度的内冲突则可能直接导致法律制度外冲突的发生、加剧或缓解。

法律制度内冲突主要包括法系冲突、立法冲突和司法冲突。各社会主体在法律事务上与法律制度主体体系之间发生的冲突与法律制度自身因素有关，也属于法律制度内冲突。

一、法系冲突分析

法系是根据法律制度的历史传统而对各种法律制度所作的分类。各个国家和地区由于社会发展的具体过程及其文化背景各有差异，所建立的法律制度也各有特征。法系之所以形成，与法律制度作为一种文化所具有的继承性和传播性是分不开的。事实上，法系的形成具有很深的政治、经济和文化背景。

法学家们将世界上的法律制度分为若干法系。法国著名比较法学家勒内·达维认为，当今世界主要法系有三个：罗马—德意志法系（即大陆法系）、普通法系（即英美法系）和社会主义法系。其他的法系还有穆斯林（即伊斯兰）、印度、犹太、中国和日本以及非洲各国法系。[①] 上述法系，有的基本上是法制史上的概念，而对当代世界影响最大的是大陆法系、英美法系。李步云认为法系的

① [法]勒内·达维德：《当代主要法律体系》，漆竹生译，上海译文出版社1984年版。

区分属于法律的形式的不同,所以不同意把"社会主义法系"算作一个法系。李步云认为大陆法系与英美法系的区别在于:(1)成文法与判例法在这两个法系中具有完全不同的地位和作用;(2)大陆法系多采用成文法典的形式,即重视法律的法典化以及法律体系的严谨性、系统性,英美法系虽然也有数量众多的法律,但多采用单行法律的形式,不重视成文法的系统化;(3)法官适用法律的方法不同;(4)审判的方式不同;(5)英美法系实行法官个人责任制,大陆法系则实行法官集体责任制。① 中国社会主义法律制度虽然也带有一定的文化传统特征,但与法学家们所称的中华法系已有本质的区别。②

法系之间存在着冲突和融合。这种冲突和融合表现为两种方式:

1. 横向冲突,即不同法系在空间上的冲突

不同的国家和地区拥有具有不同法系特征的法律制度,往往对不同法系褒贬不一,过于侧重自己所处的法系,也轻视其他法系,或排斥其他法系的影响。在特定国家和特定历史时期,一国之内也可能并存不同法域,各法域的法律制度归属于不同法系,不同法域会因此发生冲突。③ 在法系对峙和冲突的另一方面是法系的融合趋势。各大现行法系取长补短,相互吸收,已成为共知的事实。现代各国在制定宪法和法律时,都要借鉴其他法系、其他国家的法律制度。

2. 纵向冲突,即每一国家和地区所处前后不同法系之间的冲突

在不同的历史时期,由于社会条件的变迁,法律制度也随之变迁,法系特征也发生变迁,甚至导致法系消失、中断或更替。如埃及、美索不达米亚、希腊法系等均已消失。中华法系为中国社会主义法系所取代。在法系更替之际,其冲突是明显存在的,甚至会产生深远的影响。

二、立法冲突分析

法系冲突既有立法上的冲突,又有司法上的冲突。而立法冲突是指各国一国之内法律规范的冲突。

---

① 李步云:《关于法系的几个问题——兼谈判例法在中国的运用》,《中国法学》1990 年第 1 期。关于大陆法系与英美法系的主要差别,还可参阅沈宗灵:《比较法研究》,北京大学出版社 1998 年版,第 335—344 页。

② 我国学者在中华法系究竟是活法系还是死法系问题上存在不同观点。张晋藩、乔伟等认为中华法系是死法系,陈顾远、陈朝璧、陈鹏生、郝铁川等则认为是活法系。

③ 美国各州形成不同的法域。美国法律在传统上属于英美法系,但由于政治、经济、文化背景的差别,它与英国有较大的歧异。路易斯安那州原为法国属地,保留了大陆法系传统,西南部各州的亲属法则具有法国法和西班牙法的色彩。

根据法律规范发生冲突的范围划分，立法冲突可分为国际法律冲突、区际法律冲突、人际法律冲突和时际法律冲突。

（一）国际法律冲突

国际法律冲突是指世界各国所制定的法律规范（特别是民法和商法）相互冲突。各国的历史传统和现实条件不同，所制定的法律规范不同不足为奇，但当代世界各国政府和人民之间交往日益频繁，涉外法律行为日渐增多，适用法律时必生纠葛。

解决国际法律冲突的办法是：

第一，通过国际公约和国际条约协调各国法律冲突，争取合作和协商，完善国际法；

第二，通过制定涉外法律，处理国际法律冲突。通常可以将涉外法律分为国际私法、国际经济法和国际刑法等。

2010 年 10 月 28 日十一届全国人大常委会第十七次会议通过的《涉外民事关系法律适用法》是调整涉外民事关系法律适用的专门法律，规定了涉外民事关系法律适用的一般原则及民事主体、婚姻家庭、继承、物权、债权、知识产权方面法律适用的具体规则。

（二）区际法律冲突

区际法律冲突是指同一国家中各地区所制定的法律规范相互冲突。联邦制国家的各邦（州、共和国等）往往享有较大的立法权，单一制国家的地方也有程度不同的立法权。这样，同一国家内，各个地方制定的法律规范可能相互冲突，或者与联邦或中央制定的法律规范相互冲突。联邦制的美国各州之间的法律规范会发生相互冲突，在单一制的英国英格兰与苏格兰的民法也不相同。香港、澳门特别行政区基本上实行各自现行的法律制度，与内地的法律制度发生法律冲突。实际上，目前我国内地各省、自治区和直辖市所制定的地方性法规和自治法规，亦有一定程度的法律冲突。

解决区际法律冲突的办法是：

1. 由中央或联邦政府制定统一的法律适用法（包括区际私法和公法适用法）

为解决区际法律冲突问题，可以制定统一的法律适用法或采取其他方式。世界上其他国家已有制定统一的区际冲突法的先例，如波兰于 1926 年颁布国际私法典的同时，颁布了波兰的区际私法典。

我国目前尚无专门的区际法律适用法。除《立法法》规定立法冲突的处理办法外,还在"特别行政区基本法"中作出相关规定。《香港特别行政区基本法》第8条规定:"香港原有法律,即普通法、衡平法、条例、附属立法和习惯法,除同本法相抵触或经香港特别行政区的立法机关作出修改者外,予以保留。"第11条规定:"根据中华人民共和国宪法第三十一条,香港特别行政区的制度和政策,包括社会、经济制度,有关保障居民的基本权利和自由的制度,行政管理、立法和司法方面制度,以及有关政策,均以本法的规定为依据。""香港特别行政区立法机关制定的任何法律,均不得与本法相抵触。"第17条规定:"香港特别行政区享有立法权。""香港特别行政区的立法机关制定的法律须报全国人民代表大会常务委员会备案。备案不影响该法律的生效。""全国人民代表大会常务委员会在征询其所属的香港特别行政区基本法委员会后,如认为香港特别行政区立法机关制定的任何法律不符合本法关于中央管理的事务及中央和香港特别行政区的关系的条款,可将有关法律发回,但不作修改。经全国人民代表大会常务委员会发回的法律立即失效。该法律的失效,除香港特别行政区的法律另有规定外,无溯及力。"《澳门特别行政区基本法》也有相应的规定。

2. 由地方政府(特别行政区)和各州(共和国)制定各自的区际冲突法

我国内地与香港、澳门特别行政区,可以参照适用或"准用"各自现有的冲突规范来解决区际法律冲突,并作适当的修改和完善。

世界上其他国家也有采取这种做法的。如在美国,各州法院解决州际法律冲突的规范与解决国际法律冲突的规范基本上是相同的。某些国家的个别地区,以成文法形式解决区际法律冲突,如加拿大的魁北克省1886年民法典中的第6条至第8条和第135条,美国路易斯安那州1985年议会通过的《支配继承和婚姻财产的法律草案》。

(三)人际法律冲突

人际法律冲突也发生在许多国家和地区。国家规定不同种族、宗教或阶级成员适用不同的法律,致使他们在具体法律关系中发生冲突。目前,亚、非两洲的不少国家中,关于人的身份、亲属或继承所适用的民法,是随着当事人所属的种族、宗教或阶级的不同而不同的。在亚洲,这些国家是印度、印度尼西亚、伊拉克、伊朗、以色列、约旦、马来西亚、巴基斯坦、叙利亚等,在非洲有埃及、阿尔及利亚、加纳、利比亚、摩洛哥、尼日利亚、塞内加尔、索马里、苏丹、多哥等。

解决人际法律冲突的办法是:制定有关国内法。

(四)时际法律冲突

时际法律冲突也常有发生。在同一国家中,先后颁布的法律在效力上可能发生冲突。

解决时际法律冲突的办法是：

1. 在新的法律中明文规定废止前法

如 1980 年 9 月 10 日第五届全国人民代表大会第三次会议通过的《中华人民共和国婚姻法》第 37 条第 2 款明文规定："1950 年 5 月 1 日颁布的《中华人民共和国婚姻法》，自本法施行之日起废止。"

2. 规定法律溯及力条款

法律一般只能适用于生效后发生的事实和关系，不适用于生效前的事实和关系，即法律不溯及既往原则。但也有例外，如《中华人民共和国刑法》第 12 条规定，"……但是如果本法不认为是犯罪或者处刑较轻的，适用本法。"

（五）国内不同法律条文内容冲突

同一国家内的不同法律条文的概念或内容也会相互冲突。如部门法规范与宪法规范冲突，各部门法规范相互冲突，又如不同的法律解释机关作出了相互冲突的法律解释。

解决上述法律冲突的办法是：通过立法监督程序解决。

按照我国《立法法》的规定，宪法具有最高的法律效力，一切法律、行政法规、地方性法规、自治条例和单行条例、规章都不得同宪法相抵触。法律的效力高于行政法规、地方性法规、规章。行政法规的效力高于地方性法规、规章。地方性法规的效力高于本级和下级地方政府规章。省、自治区的人民政府制定的规章的效力高于本行政区域内的较大的市的人民政府制定的规章。部门规章之间、部门规章与地方政府规章之间具有同等效力，在各自的权限范围内施行。同一机关制定的法律、行政法规、地方性法规、自治条例和单行条例、规章，特别规定与一般规定不一致的，适用特别规定；新的规定与旧的规定不一致的，适用新的规定。

《立法法》同时规定，法律之间对同一事项的新的一般规定与旧的特别规定不一致，不能确定如何适用时，由全国人民代表大会常务委员会裁决。行政法规之间对同一事项的新的一般规定与旧的特别规定不一致，不能确定如何适用时，由国务院裁决。《立法法》还规定了地方性法规、规章之间不一致的裁决程序。

《全国人民代表大会常务委员会关于加强法律解释工作的决议》规定，最高人民法院和最高人民检察院的解释如果有原则性的分歧，报请全国人民代表大会常务委员会解释或决定。

三、司法冲突分析

司法冲突是法律制度复现过程中发生的冲突。司法冲突往往是立法冲突的现实化和表面化。司法冲突包括国际司法冲突和国内司法冲突。

(一) 国际司法冲突

国际司法冲突与国家主权、各国之间的法律冲突有关。如各国为维护国家主权而争夺司法管辖权,或拒绝承认他国司法文书在本国的效力。解决国际司法冲突的办法有外交手段、法律手段甚至军事手段。应避免直接采用军事手段解决国际司法冲突,尽量考虑外交和法律手段。国际司法协助制度,对于解决国际司法冲突具有重要和普遍的意义,是可取的。我国已与许多国家签订司法协助协定。

(二) 国内司法冲突

国内司法冲突包括不同法域和不同地区之间的司法冲突,上、下级和平级司法机关的冲突等。

根据《中华人民共和国宪法》的规定,各省、直辖市可以制定地方性法规,民族自治地方的人民代表大会有权依照当地民族的政治、经济和文化的特点,制定自治条例和单行条例。《中华人民共和国香港特别行政区基本法》也规定香港特别行政区立法机关有权制定与该法不相抵触的法律,特别是特别行政区享有独立的司法权和终审权。这样,民族自治地方与其他地方,各省、直辖市之间均可能发生司法冲突,内地与特别行政区也将发生司法冲突。司法冲突是立法冲突的必然结果。

为解决国内各地区之间的司法管辖、取证、审理、裁判和执行等方面的冲突,应建立起统一的司法协助制度。[①]

司法机关之间因级别和地域不同发生司法冲突是常见的现象。目前上级司法机关不顾司法程序提前介入下级司法机关的司法活动,下级司法机关越权处理应由上级司法机关处理的司法业务现象,也常有发生。因此发生的冲突扰乱了正常的司法程序,影响了司法效果。而尤为严重的是受地方保护主义思想影响而出现的“司法割据”现象。如个别法院为了保护地方利益,非法争夺司法

---

① 参见《最高人民法院关于内地与香港特别行政区法院相互认可和执行当事人协议管辖的民商事案件判决的安排》《最高人民法院关于内地与澳门特别行政区相互认可和执行民商事判决的安排》《最高人民法院关于内地与香港特别行政区相互执行仲裁裁决的安排》《最高人民法院关于人民法院认可台湾地区有关法院民事判决的规定》。

管辖权，枉法裁判，或者推托应予管辖的案件。

我国有关法律规定司法机关分工负责、互相配合和互相制约。各地司法机关和上、下级司法机关也均依法配合和制约，促使我国社会主义法制在各个地区统一、协调地实施。人民检察院对此负有职责。各级国家权力机关也应主动协调有关司法冲突的处理。

国内司法冲突还有一项内容，即司法机关与社会组织、个人在司法事务上发生的冲突。司法活动直接关系到公民和企事业单位、社会团体的利益，发生冲突是难免的。引起这种冲突的原因是复杂的，但不外乎两方面：第一，公民和企事业单位、社会团体法律意识不强，不协助、支持司法活动，甚至对抗司法活动；第二，司法机关不依法司法，出现冤、假、错案和其他违法或不公正事件，引起社会不满。应分清原因，及时、合理地解决冲突，避免冲突激化。处理时应注意保障社会组织和公民的合法权益，同时维护法律制度的尊严（有错必纠，也同样维护了法律尊严，决不能坚持“官无悔判”的封建旧观念），各司法机关应精诚合作，形成一股强大的法治力量。

第四节　法律制度外冲突分析

法律制度外冲突是与法律制度内冲突相对而言的，是指法律制度自身以外的因素引起的社会冲突。也就是说，除了法律制度内冲突以外的社会冲突，都是法律制度外冲突。要分析法律制度外冲突并寻求解决途径，应首先分析现实生活中社会冲突的状况。

一、社会冲突的类型

冲突、竞争和合作是每一个社会的普遍现象。

社会冲突的种类颇多，可以从不同的标准进行分类。

按照冲突主体划分，可分为人际冲突、个人与群体冲突、个人与国家冲突（如犯罪行为）、群体冲突（如宗族、村落械斗）、民族冲突、种族冲突、阶层冲突、阶级冲突、地区冲突和国际冲突（如国际经济冲突、政治冲突、文化冲突乃至军事冲突；根据范围的大小，还可分为一国与一国冲突、一国与多国冲突、多国与多国冲突）。

按照冲突内容划分，可分为经济冲突、政治冲突、法律冲突、文化冲突、宗教冲突等。

按照冲突的方式划分：可分为口角、争论、论战、诉讼、武斗(殴斗、决斗、械斗、仇斗等)、战争等。[①]

社会冲突是社会结构动态的突出表现，它以显著的特征将深藏于社会结构的矛盾表现出来，从这一方面来讲，社会冲突的出现具有提醒人们重视以便寻找解决办法的积极作用。因此，不能以简单的方式抑制社会冲突的表现，而应从社会冲突的现象中及时寻找协调、处理方案，包括制定冲突规范。社会冲突的解决，一般来说有利于社会的稳定和发展，使社会整合得以顺利进行。但解决社会冲突，应着眼于治本，并且做到治标与治本相结合。对社会冲突，不宜做无原则的调和，也不宜以封闭式强压的方法解决。否则，社会冲突虽一时得以表面上的解决，但仍不能促进社会整合，甚至潜伏着更大的危机。应充分利用社会安全阀机制解决社会冲突，引导冲突双方认识到现状及其可能发生的后果，协商解决的办法。

解决社会冲突的途径很多，可以分为法律途径和非法律途径。

二、社会冲突的法律处理

社会冲突刺激法律制度的生成，法律制度反过来处理社会冲突。

(一) 法律处理社会冲突的方式

法律处理社会冲突的方式是立法处理、司法处理及其他合法形式处理。

1. 立法处理

立法处理是统治阶级针对社会冲突而制定宪法和法律予以处理。如宪法往往更集中地体现统治阶级与被统治阶级、执政集团与它的同盟集团的力量对比关系，也是针对阶级冲突和其他冲突(特别是政治冲突)而制定的。每当一种新的社会冲突表面化、激烈化，往往会有相应的立法出现。

2. 司法处理

司法处理是指国家司法机关通过诉讼程序处理社会冲突。诉讼，俗称"打官司"，是司法机关受理告诉并依照法定程序处理纠纷的活动，包括民事诉讼、行政诉讼和刑事诉讼。司法机关每时每刻处理着各种诉讼，处理着自然人(公民)之间、自然人(公民)与社会组织之间、社会组织之间及其国家之间的关系。如民事诉讼涉及自然人与自然人、自然人与法人、法人与法人之间的财产和人

---

① 龙烈(F·E·Lumley)认为冲突方式有6种：拳击、决斗、仇斗、战争、诉讼、理想的冲突(常用辩论、批评或驳斥的方式)。齐美尔将冲突方式归纳为4种：战争、仇斗或派系斗争、诉讼和非私人的理想冲突。参见《云五社会科学大辞典·社会学》"冲突学说"条。

身关系，行政诉讼涉及公民、法人或者其组织与行政机关的行政关系，刑事诉讼涉及公民个人和单位与国家之间的严重对抗性关系。各社会主体将有关纠纷移交（起诉、控告或检举）给司法机关处理，将冲突引向了制度化的解决途径。通过诉讼，既能解决社会冲突，又可进一步预防类似社会冲突的发生，预防原来的社会冲突激化，千千万万次诉讼活动，缓解了公民的不满情绪，为国家获取了民心，使公民——社会群体——国家之间增强了聚合力，防止公民——社会群体——国家之间出现缝隙、疏远和解体。

仲裁是民间司法，由依法设立的仲裁委员会依照法定程序处理纠纷，属于广义的司法范畴。

3. 行政处理

行政机关处理争议（纠纷）的方式有信访、行政裁决、行政复议等。《信访条例》规定，信访人对行政机关等组织及其工作人员的职务行为反映情况，提出建议、意见，或者不服下列组织、人员的职务行为，可以向有关行政机关提出信访事项。依照有关法律法规规定，政府及其职能部门有权对有关争议进行裁决，如《土地管理法实施条例》规定，对征地补偿标准有争议的，由县级以上地方人民政府协调；协调不成的，由批准征收土地的人民政府裁决。依《行政复议法》，有规定情形之一的，公民、法人或者其他组织可以依法申请行政复议。

（二）法律处理社会冲突的长处和局限性

1. 法律处理社会冲突的长处

通过法律途径解决社会冲突，具有下列长处：

第一，法律制度以国家强制力为后盾，同时配合以各种法律手段（实用的和象征的），具有最高权威，有利于社会冲突的解决。

第二，法律制度拥有一套规范，便于分清是非曲直，以法律为准绳解决冲突，冲突双方容易信服。

第三，通过法律途径解决社会冲突，可以使社会冲突得到有效控制，不至于激化、扩大。为维护司法程序，法律规定了当事人各方的义务性规范，在法律机构和法律职业者的主持下，冲突纳入法律程序并得到有效的解决。

2. 法律处理社会冲突的局限性

通过法律途径解决社会冲突也具有其局限性，表现在下列几方面：

第一，社会冲突层出不穷，有时难以找到明确的法律规范作为解决的依据。常言“法网恢恢，疏而不漏”，但面对不断涌现的社会冲突，法律难免疏漏，因为法律只是为了社会生活提供一个模式和框架，而非社会生活本身。因此，以社会共知的习惯、道德规范作为补充是必要的。

第二,法律制度主体体系的力量毕竟有限,不可能受理所有的社会冲突,只能通过一定的条件限制,仅受理较为严重或现实的社会冲突,对于影响很轻微的社会冲突不予受理,一般的思想冲突也不是法律机构受理的范围。人民调解组织受理的范围要广泛得多,但也是有其范围限制的。我们强调依法治国,但不应抱着"事无巨细,一律以法论断"的幻想。

第三,法律制度具有的权威性,在一般情况下有利于社会冲突的解决,但有时则容易使冲突双方伤了和气。在大量的一般性民事纠纷中,纠纷当事人还是乐意通过非法律途径协调解决的,其效果往往是良好的。

第四,法律措施往往带有一定的严厉性,与其他措施(如舆论、道德、教育等)相配合,才能发挥更好的效果,做到事半功倍,否则仅靠法律措施,可能难以完全有成效,或者产生一些副作用。中国古代思想家也从当时社会背景或其所处社会地位出发,论述过法的副作用。①

这里要强调的是,一个社会的制度体系应保持均衡,不能过分倚重于某一制度。过分倚重政治制度或法律制度,往往轻视其他制度(如文化制度、教育制度、道德制度等)的建设和功能发挥。应根据社会冲突的内容、性质及其严重程度,分流到各种社会制度的途径上进行解决,这样,多层次、多侧面的社会冲突就可以得到圆满的解决。因此,我们还必须在法律途径之外,寻找社会冲突的非法律处理途径。

三、社会冲突的非法律处理

法律途径不是解决社会冲突的唯一途径。我们一方面应该摒弃"法律虚无主义",另一方面也不能接受"法律万能论"②,应当充分利用替代性纠纷解决机制③,

---

① 如《文子·上礼》说:"法能杀不存者,不能使人孝;能刑盗者,不能使人廉。"《盐铁论·申韩》说:"法能刑人而不能使人廉,能杀人而不能使人仁。"《尹文子》说:"法所以齐众异,亦所以乖名分;刑所以威不服,亦所以生陵暴,赏者所以劝忠能,亦所以生鄙争。"但韩非子对此似乎不以为然,认为"故法之为道,前苦而长利;仁之为道,偷乐而后穷。圣人权其轻重,出其大利,故用法之相忍,而弃仁之相怜也。"(《韩非子·六反》)。

② 按法律作用的重要性标准,依次有法律万能论、刑主礼辅论、刑礼并重论、德主刑辅论和法律无用论等学说。

③ 替代性纠纷解决机制,英文缩写 ADR,是指诉讼制度以外的非诉讼纠纷解决程序或机制的统称,包括法院附设的 ADR(如日本的民事和家事调停)、行政机关或类似行政机关所设或附设的纠纷解决机构(如消费者协会)、作为民间团体的 ADR(如美国的邻里司法中心、我国的民间调解组织)、由律师主持的专业咨询或法律援助性质的 ADR、国际组织所设的纠纷解决机构(如 WTO 建立的纠纷处理机构 DSB)等。

解决现实生活中的各种纠纷，维护社会团结，建设和谐社会。《中共中央关于构建社会主义和谐社会若干重大问题的决定》要求："健全社会舆情汇集和分析机制，完善矛盾纠纷排查调处工作制度，建立党和政府主导的维护群众权益机制，实现人民调解、行政调解、司法调解有机结合，更多采用调解方法，综合运用法律、政策、经济、行政等手段和教育、协商、疏导等办法，把矛盾化解在基层、解决在萌芽状态。"

在现实生活中，自行和解（"私了"）、调解、私力救济、新闻舆论、集合行为、社会运动乃至社会革命和战争均可能称为解决社会纠纷的手段。

（一）通过自行和解"私了"纠纷

通过自行和解"私了"纠纷，即不通过权威机构（如司法机关和其他国家机关）解决冲突，而由冲突双方自行协商解决。中国古代的"无讼"思想浓厚，影响深远。今天我国的民间纠纷，很大一部分是自行和解进行"私了"的。

通过自行和解"私了"纠纷，有利有弊。它的优点是弥补了法律处理方法的不足，缓解了社会冲突对法律制度的压力，能在冲突伊始就及时解决，其缺点是自行和解"私了"难以接受法律监督，不能保证符合法律原则和规范，特别是自行和解和"私了"一些重大案件（如刑事案件），侵犯了法律制度的权威，使违法犯罪分子逃避了法律制裁。这样，不仅可能致使违法犯罪分子继续为恶，潜伏下更大的冲突，而且直接制造了一项冲突，即当事人因回避法律监督而与国家之间产生的冲突。

对通过自行和解"私了"纠纷现象的对策是：第一，通过自行和解"私了"纠纷，应局限于一般性的民间纠纷，重大纠纷不应自行和解和"私了"；第二，通过自行和解"私了"纠纷，应以不违背法律和道德原则为前提，以法律和道德原则为依据；第三，在自行和解"私了"无法奏效时，冲突双方均应及时向司法机关请求法律处理或向其他权威机构请求处理。

（二）调解

调解不同于自行和解，它是在有关调解组织或调解人主持下，对当事人之间的纠纷进行裁决的活动。

调解可分为诉讼内调解和诉讼外调解，诉讼内调解属于诉讼活动，只有诉讼外调解属于社会冲突的非法律处理方式。《人民调解法》规定的人民调解属于非法律处理方式。

为充分发挥人民调解的功能，应当承认调解协议的效力。《人民调解法》规定，经人民调解委员会调解达成的调解协议，具有法律约束力，当事人应当按照约定履行。经人民调解委员会调解达成调解协议后,当事人之间就调解协议的履行或者调解协议的内容发生争议的,一方当事人可以向人民法院提起诉讼。

(三)私力救济

权利的救济可分为公力救济和私力救济。公力救济是指权利受到侵害时,由国家机关通过法定程序予以保护;私力救济是指权利受到侵害时,自己采取必要的保护措施保护其权利。私力救济的方式有正当防卫、紧急避险、自助行为等,是公力救济的不可或缺的补充。

法律对有关私力救济及其效力作了规定。《刑法》规定,为了使国家、公共利益、本人或者他人的人身、财产和其他权利免受正在进行的不法侵害,而采取的制止不法侵害的行为,对不法侵害人造成损害的,属于正当防卫,不负刑事责任。正当防卫明显超过必要限度造成重大损害的,应当负刑事责任,但是应当减轻或者免除处罚。对正在进行行凶、杀人、抢劫、强奸、绑架以及其他严重危及人身安全的暴力犯罪,采取防卫行为,造成不法侵害人伤亡的,不属于防卫过当,不负刑事责任。为了使国家、公共利益、本人或者他人的人身、财产和其他权利免受正在发生的危险,不得已采取的紧急避险行为,造成损害的,不负刑事责任。紧急避险超过必要限度造成不应有的损害的,应当负刑事责任,但是应当减轻或者免除处罚。《民法通则》规定,因正当防卫造成损害的,不承担民事责任。正当防卫超过必要的限度,造成不应有的损害的,应当承担适当的民事责任。因紧急避险造成损害的,由引起险情发生的人承担民事责任。如果危险是由自然原因引起的,紧急避险人不承担民事责任或者承担适当的民事责任。因紧急避险采取措施不当或者超过必要的限度,造成不应有的损害的,紧急避险人应当承担适当的民事责任。

对私力救济对策是:第一,宽容合理的私力救济,并承认其合法效力;第二,私力救济不能超过必要的限度,超过必要的限度造成不应有的损害,行为人应当承担法律责任;第三,杜绝违法的私力救济(如私刑、非法侦查、非法搜查、私人罚款)。

(四)新闻舆论

现代社会由于新闻媒介的空前发达,致使新闻舆论的社会功能日益膨胀。新闻媒介,特别是报刊、电视、广播、网络等经常报道各种社会冲突,引起公众和政府的关注。

通过新闻舆论处理社会冲突,具有其他手段难以取代的优点,如反映、传播速度快,参加人数多,受到公众监督,社会影响范围大等。但也有其缺点,即难以就冲突的解决达成共识，不能直接作出权威的决定和处理。新闻舆论干预社会冲突，一旦失之偏颇，也容易产生难以弥补的影响。

就我国现实情况来看，新闻媒介参与社会冲突处理的广度和深度都还是有限的，应鼓励广大工作者和广大公众以解决社会冲突为己任，积极讨论、评判各种社会冲突，以利于社会冲突的公正解决。

（五）集合行为

集合行为，也称作集体行为、聚合行为、集群行为、群动、群众行为，是指相对自发、无组织的群体性行为。集合行为具有无组织性、强烈的情绪性、不稳定性、非常规性和行动上的匿名性等特征。从行为性质来看，集合行为可分为以下类型：(1)政治性集合行为，它是由于各种原因引发的矛头指向政府、政党的一种集合行为，如游行示威、罢工、骚乱、暴乱；(2)经济性集合行为，它是由经济利益受到损害而引起的一种集合行为，如现金挤兑、股票抛售、抢购、哄抢、民间台会[①]、因经济利益受损害而集体上访；(3)法律性集合行为，它包括群体性诉讼和流行性诉讼（如一时性的“民告官热”“告记者热”）；(4)社会性集合行为，它是因某些社会热点、重大事件引发的集合行为，主要形式有时尚、传闻、谣言、大众恐慌（或称作“群众性歇斯底里”）、迷信活动等；(5)文化性集合行为，它是由于文化活动失控引发的群体性混乱事件，如歌迷、球迷哄闹（足球流氓闹事），大型文化活动无序事件，体育赛事引起的狂热和失控；(6)自然性集合行为，它是由于突发性灾害或事故引发的集合行为，如地震、水灾、火灾等引发的大众恐慌。[②]

集合行为是参与者试图解决社会矛盾或缓解紧张情绪的一种方式，但由于集合行为具有无组织性、强烈的情绪性特征，很容易造成更大的混乱和紧张，甚至不可收拾，严重的会导致社会解体或社会解组，因此，对集合行为的可能后果要有充分的预见，并采取必要的预防措施。

（六）社会运动

社会运动是动员全社会力量参与解决某一社会问题的办法，其意义重大，当然其投入也是较高的。一些深刻的和全社会范围的冲突，单凭个别的措施往往难以触及和奏效，需要借助社会力量予以解决。故社会运动往往被用于解决具有广泛和深刻意义的社会问题。但是社会运动的局限性和缺点必须引起足够重视，如社会运动的投入较高；社会运动凝聚了全社会的力量，一旦失控，后

① 有的地方称为“标会”“互助会”“呈会”等。

② 参见范和生：《现代社会学》（上册），安徽大学出版社2005年版，第245—246页。

果不堪设想;[1]社会运动由于参与范围大,其内部整合、协调较难完成,社会运动打乱了正常的社会运行程序。所以在一般情况下,不可轻易发动社会运动,如果确有必要发动社会运动,必须事先预计到可能发生的社会后果,事先制订好运动的计划(方法、步骤、范围、防范措施等)并切实执行。在社会运动过程中,应随时监督其进程,发生异常情况及时纠正,决不应让社会运动失控,酿成社会灾难。

(七) 社会革命

革命是一种社会制度推翻并代替另一种社会制度的社会运动。革命的发生是历史的必然。革命是历史火车头。没有革命,社会的发展不能实现质的飞跃。因此,真正的革命运动具有进步意义。

革命在推动社会进步的同时,要打破旧的社会秩序,不可避免地要导致社会解体和一时性的生产力破坏。但当革命胜利后,新的社会秩序重新建立,社会在制度上重新整合,社会生产力也将得以飞速发展。但是,如果在社会尚未出现根本性障碍之前,仅仅出现局部的社会冲突,就以革命的名义进行激烈的社会运动,只能破坏社会生产力和导致社会解体,谈不上具有社会进步意义了。我国 1966—1976 年间进行的"文化大革命",被认为不具有任何意义的革命性和进步性。

(八) 战争

战争分为国内战争和国际战争,战争是解决社会冲突的最激烈的方式。战争聚集了参战方最富有杀伤力的技术和物质力量,其破坏性不言而喻。但战争有正义与非正义之分。人类应避免战争,国际冲突应通过和平方式解决,不能动辄诉诸武力。但反侵略战争是迫不得已的正义行为,应予以支持。

【重要概念】

社会冲突(social conflict) 法系冲突(conflict of Legal families) 立法冲突(legislative conflict) 国际法律冲突(international conflict of laws) 区际法律冲突(interregional conflict of laws) 人际法律冲突(conflict of personal laws) 时际法律冲突(intertemporal conflict of laws) 司法冲突 (judicial conflict) 法律制度内冲突(inner conflicts of legal institution) 法律制度外冲突(exterior conflicts of legal institution) 诉讼(procedure) 替代性纠纷解

① "文化大革命"的惨痛教训应该永远记取。

决方式(alternative dispute resolution) 调解(conciliation) 自行和解(compounding) 私力救济(self-remedy) 新闻舆论(news and public opinion) 集合行为(collective behavior) 社会运动(social movement) 战争(war)

【文献指引】

1. 有关西方社会冲突理论,可参阅科塞:《社会冲突的功能》,孙立平等译,华夏出版社 1989 年;达仁道夫:《现代社会冲突》,中国社会科学出版社 2000 年版。

2. 立法冲突是法律冲突的重要方面。刘莘主编的《国内法律冲突与立法对策》一书是研究法律冲突的一部有价值的著作。该书在分析国内立法冲突种种现象(包括立法的纵向冲突、横向冲突、地方与部门法律规范之间的冲突以及立法程序的法律冲突),法律冲突的原因以及法律冲突的利弊的基础上,探讨了我国法律冲突解决途径(事前控制和事后排除),并提出国内法律冲突的立法对策。参见刘莘主编:《国内法律冲突与立法对策》,中国政法大学出版社 2003 年版。

3. 有关诉讼的数据,参阅各年度全国法院司法统计公报(可从最高人民法院公报、最高人民法院网站检索),亦可参阅《中国法律年鉴》。

4. 关于纠纷解决机制的理论,可参阅范愉:《非诉讼纠纷解决机制研究》,中国人民大学出版社 2000 年;何兵:《现代社会的纠纷解决》,法律出版社 2003 年版;陈信勇、孙云等:《社会矛盾多元化解决机制理论与实践》,知识产权出版社 2009 年版。

5. 有关法律的私人执行问题,可参阅田中英夫、竹内昭夫:《私人在法实现中的作用》,李薇译,法律出版社 2006 年;徐昕:《法律的私人执行》,《法学研究》2004 年第 1 期。

【研究选题】

1. 2003 年,洛阳市中级人民法院在审理一起种子赔偿纠纷案时,遭遇法律冲突问题。在庭审中,就赔偿损失的计算办法原、被告争议激烈,原告主张适用《种子法》,以“市场价”计算赔偿数额;被告则要求适用《河南省农作物种子管理条例》,以“政府指导价”计算。面对摆在眼前的法律抵触问题,承办该案的李慧娟在院审委会的同意下,支持了原告的主张,并在判决书中做了“《种子法》实施后,玉米种子的价格已由市场调节,《河南省农作物种子管理条例》作为法律位阶较低的地方性法规,其与《种子法》相抵触的条(款)自然无效”的表述。这一表述激起河南省人大常委会的强烈反响,河南省人大常委会认为这样的表述“其实质是对省人大常委会通过的地方性法规的违法审查,违背了我国人民代表大会制度……是严重违法行为。”试就李慧娟事件进行评论。

2.《母婴保健法》第12条规定:“男女双方在结婚登记时,应当持有婚前医学检查证明或者医学鉴定证明。”《婚姻登记条例》(2003年8月8日国务院令第387号发布)不再以婚前医学检查证明为办理结婚登记应当出具的证明材料。2000年10月20日通过的《黑龙江省母婴保健条例》规定,本省实行婚前医学检查制度。没有婚前医学检查证明的,不予办理结婚登记。黑龙江省人大常委会于2005年6月24日、2013年12月13日两次修改《黑龙江省母婴保健条例》,均保留了上述规定。试就上述立法冲突进行评论。

3. 据报道,河南省三级法院从2006年11月30日起全面推行“判前释法”和“判后释法”制度。试就此进行评论。

4. 中国替代性纠纷解决机制(ADR)研究综述。

5. 中国民间调解制度的成就与完善研究。

6. 医疗事故纠纷专业调解机构及其运行调研。

7. 交通事故纠纷专业调解机构及其运行调研。

8. 了解我国现阶段群体性事件的类型和特征,或对某一典型群体性事件进行法律社会学分析。

第十二章 法律与社会控制

《中共中央关于构建社会主义和谐社会若干重大问题的决定》指出："目前，我国社会总体上是和谐的。但是，也存在不少影响社会和谐的矛盾和问题，主要是：城乡、区域、经济社会发展很不平衡，人口资源环境压力加大；就业、社会保障、收入分配、教育、医疗、住房、安全生产、社会治安等方面关系群众切身利益的问题比较突出；体制机制尚不完善，民主法制还不健全；一些社会成员诚信缺失、道德失范，一些领导干部的素质、能力和作风与新形势新任务的要求还不适应；一些领域的腐败现象仍然比较严重；敌对势力的渗透破坏活动危及国家安全和社会稳定。"解决上述影响社会和谐的矛盾和问题，法治是不可回避的路径。

任何社会都不可能没有矛盾，人类社会总是在矛盾运动中发展进步的。我们要始终保持清醒头脑，居安思危，深刻认识我国发展的阶段性特征，科学分析影响社会和谐的矛盾和问题及其产生的原因，更加积极主动地正视矛盾、化解矛盾，最大限度地增加和谐因素，最大限度地减少不和谐因素，不断促进社会和谐。

本章将在阐述越轨、社会问题及社会控制理论的基础上，重点研究通过法律的社会控制机制，以及社会危机的法律控制原理。

第一节 越轨、社会问题及社会控制理论

一、越轨行为

（一）越轨的定义

越轨，也称偏离行为、偏差行为、离轨行为或异常行为等。社会学家们给越轨下过多种定义。D. 道格拉斯等将越轨定义为"某一社会群体的成员判定是违反其准则或价值观念的任何思想、感受或行为"。[①] 有的认为是"指人的

---

① [美]杰克·D. 道格拉斯、弗兰西斯·C. 瓦克斯勒：《越轨社会学概论》，河北人民出版社1987年版，第11—12页。

行为脱离了社会生活正常轨道,超越社会规定的行为规范并为大多数人所非难和反对”。[①] 或者是“指违背社会规范的行为”,[②]“偏离或违反社会大多数成员公认的社会规范的行为”。[③] 阿尔伯特·柯亨用列举的方式给越轨下了定义,即“要无赖、诈骗、撒谎、不端、犯罪、偷窃、装病、投机取巧、不道德、不诚实、陷害人、贪污、腐化、心怀恶意、过失——简言之,越轨”。[④]

给越轨下一个精确的定义并非易事。我们认为可以采用一个简明的定义,即越轨是指违背社会规范的行为。对这一定义须作以下解释:

1. 是否越轨以客观存在的社会规范为依据,不以某些人的见解为依据

不能以当事人自以为是的理由为依据。越轨者往往千方百计为自己辩解,不能因此而否认其行为的越轨性。一个人知法犯法,固然构成违法,不知法而犯法,同样构成违法。现实生活中确实有些人为自己的明白无误的越轨或违法犯罪行为辩解,杀人放火者也会以不知法为由进行辩解,企图借此减轻处罚。还有“知法犯法,从重处罚”一说。知法与否及知法的程度高低,不应成为决定处罚轻重的依据,法律面前人人平等,法律在知法者与不知法者面前一律平等。

2. 越轨的界限不是一成不变的,而是因其所处的时空不同而变化的

同一事实,因其社会背景或个体身份不同而呈现不同性质。如随着法律的修改和废立,同一种行为可能从违法的变为合法的,或者从合法的变为违法的。不同身份的公民(如国家工作人员和普遍公民)所进行的同一行为具有不同的法律性质,对前者而言可能是违法的,对后者而言可能不是违法的,或者刚好相反。

3. 越轨一般来说是消极的,但有时也可以是积极的

新生事物刚刚出现时,要突破原来的社会规范,往往被认为是越轨。如改革和革命并不会一开始就获得绝大多数人的理解和支持,但它们虽然越轨,却无疑会促进社会的进步。革命直接打破旧的法律秩序,它与旧的法律制度是根本对立的,但在一定的条件下,可以利用旧的法律制度保护革命活动,但这种利用是极有限度的。而改革则应在较为稳定的法律秩序下进行,法律制度应及时为改革开辟道路,自行清理保守的、阻碍改革的陈规,为改革提供可靠的保障。

---

① 奚从清、沈赓方主编:《社会学原理》,浙江大学出版社 1988 年版,第 250—251 页。

② 郑杭生主编:《社会学概论新编》,中国人民大学出版社 1987 年版,第 408 页。

③ 吴增基、吴鹏森、苏振芳主编:《现代社会学》,上海人民出版社 1997 年版,第 334 页。

④ 引自[美]杰克·D. 道格拉斯、弗兰西斯·C. 瓦克斯勒:《越轨社会学概论》,河北人民出版社 1987 年版,第 10 页。

改革措施有可能被认为是越轨行为，改革者有可能中箭下马。因此，即使是积极的越轨（改革、革命）也同样冒极大的风险。

4. 越轨有个人越轨，也有群体越轨

不能因为有一定数量的人共同越轨就不认为是越轨。如大多数人都不排队，则大多数人都在越轨。个人越轨与群体越轨具有不同的特征。个人越轨是无组织的，而群体越轨往往带有狂热性、动乱性和情绪感染性等。“文化大革命”中“红卫兵小将们”在“造反有理”口号的鼓动下违背各种社会规范，造成难以控制的局面，正是一种大规模的群体越轨。群体越轨对法律秩序构成极大危险，我国刑法对于共同犯罪（特别是集团犯罪）制定了较个体犯罪更为严厉的对策。至于人们常说的“法不责众”，在法律上是没有依据的。只要行为违法，不论违法者人数有多少，均应追究其法律责任。某一时期或某一地区有众多的人越轨违法，更应引起重视，如法不责众，则可诱发更大规模的群体越轨或群体违法，法律秩序更无法维持了。

5. 有些行为很难一般性地断定为越轨或不越轨，要具体分析

如自杀，一般认为是越轨，但有些人主张人有生的权利，也有死的权利，自杀是行使权利，不是越轨；为正义事业而自杀（如狼牙山五壮士投崖自尽）与畏罪自尽等性质迥异。离婚是否越轨也不可一概而论，因婚姻基础差，感情破裂而离婚，合乎我国婚姻法的规范，不能认为是越轨，但如果视婚姻为儿戏，轻率结婚又轻率离婚，反反复复，人们就会认定其为越轨。

越轨行为比比皆是，可以说，有多少社会规范就有多少种越轨行为。D. 道格拉斯将越轨列举为：性行为越轨、麻醉药品越轨、暴力行为、不诚实行为和认识越轨。[①] 有的论著对越轨进行分类，分为积极的越轨和消极的越轨，习惯性的越轨和偶然性的越轨，个人越轨和群体越轨，严重越轨和一般越轨，等等。

（二）越轨的原因

社会学和犯罪学对越轨和犯罪原因的探讨有助于制定防范越轨和犯罪的社会政策。D. 道格拉斯等将社会科学家们为说明越轨行为所提供的解释归纳为以下几种“根源和分析层次”：(1)自然环境和生物机体；(2)社会、社会结构和社会冲突；(3)特殊的社会结构变量；(4)亚文化群；(5)社会相互作用；(6)个人心理；(7)具体的相互作用过程；(8)特定情境和行动的独特性质；(9)具体的活

① 参见［美］杰克·D. 道格拉斯、弗兰西斯·C. 瓦克斯勒：《越轨社会学概论》，河北人民出版社1987年版。

动和事件;(10)标志论;(11)编剧理论;(12)现象学和本土方法论;(13)存在主义社会学。[①]

自19世纪以来,犯罪学家们提出了各种犯罪原因学说,如犯罪人类学、犯罪生物学、犯罪心理学和犯罪社会学:

龙勃罗梭提出天生犯罪人类型说,将犯罪的原因归之于隔世遗传。

K.克雷奇默尔、A.伦兹等人研究了体质、性格、环境和犯罪的关联。

S.弗洛伊德的精神分析说将犯罪归因于意识的性本能,而他的学生A.阿德勒不同意泛性欲说,认为犯罪的主要原因是“自卑感复合”。

犯罪统计学派的主要代表人物凯特莱、法国的A.M.盖里等运用统计方法,从资本主义社会的犯罪现象与年龄、性别、种族、职业、经济、地域、季节、气候等的联系中,发现犯罪的种类和频率,寻找规律性。凯特莱说,社会本身就是孕育犯罪的胚胎。

著名的西方犯罪学家G.塔尔德提出“模仿法则”,认为犯罪的原因在于模仿他人的犯罪活动。

马克斯·韦伯认为犯罪是社会正常、必然的现象,是社会自身失去控制力的结果。

E.菲利提出三元犯罪原因说,即犯罪与个人因素、自然因素(如季节、气候、地域、自然灾害等)和社会因素(如经济状况、工农业生产、社会教育、舆论、习惯等)有关。

李斯特则提出个人因素和社会因素相结合的二元犯罪原因说,他认为最好的社会政策就是最好的刑事政策。

马克思则揭示出资本主义社会犯罪的根本原因在于私有制。

研究越轨和犯罪的目的在于寻找解决越轨和犯罪现象的办法。社会学中成熟的社会控制理论和法学中的有关理论为我们探讨这一课题提供了许多启示。

二、社会问题

(一)社会问题的概念

越轨发展到一定程度,便成为社会问题。社会问题是指在社会变迁过程

---

① 参见[美]杰克·D.道格拉斯、弗兰西斯·C.瓦克斯勒:《越轨社会学概论》,河北人民出版社1987年版。

中，某些社会活动和社会关系与现实的社会环境发生了失调，并引起人们的普遍注意，需要以社会的力量来解决的现象。

社会问题的特征主要有以下几项：

1. 社会问题的普遍性

每一个社会都有其社会问题。文森特·帕里罗、约翰·史汀森、阿黛思·史汀森在《当代社会问题》一书中列举了酗酒、吸毒（可卡因、大麻、麻醉性毒品、烟草）、性行为（同性恋、色情、卖淫、猥亵儿童）、犯罪和暴力（暴力犯罪、有组织的犯罪、白领犯罪、财产犯罪、少年犯罪、恐怖主义）、种族和种族关系（制度化歧视、特殊的问题领域）、贫困、性别不平等、家庭（离婚、家庭暴力）、教育问题、美国的公司与工作、医疗保健（艾滋病、精神健康）、城市的兴衰、人口与生态等方面的社会问题。[①]

2. 社会问题的深刻性

社会问题的产生，有其深刻的社会根源。从表面看，社会问题往往是通过个体的或群体的越轨来表现的，但其根源不在于个体的行为动机。在个体行为动机的背后，深刻的社会矛盾决定了社会问题的出现。外部因素（如自然灾害、侵略等）也会侵入社会内部产生社会问题。

3. 社会问题的复杂性

社会问题是普遍存在的，但它在不同的时空条件下具有不同的特征。导致社会问题产生的原因和条件也不是单一的，往往以某一原因为主，夹带着多种社会矛盾。不能片面地看待社会问题。

4. 社会问题的周期性

有的社会问题，经过各种社会力量的努力，一时不见了，但倘若其根源没有消除，社会问题还会反复出现。如失业问题、卖淫问题就很难完全根除，永不复发，一劳永逸。

（二）中国的社会问题

新中国成立以来的不同时期，出现过不同类型的社会问题。如粮食问题、政治运动问题、计划经济体制下的经济失调问题、失业问题等。自改革开放以来，我国在国民经济和社会发展取得重大成就的同时，也出现了许多社会问题。

---

① 参见[美]文森特·帕里罗、约翰·史汀森、阿黛思·史汀森：《当代社会问题》，华夏出版社 2002 年版。

陆建华在《中国社会问题报告》一书中，列举出失业问题、贫困问题、犯罪问题、腐败问题、环境污染问题、流动人口问题、教育问题、收入分配问题、劳动(劳资)关系问题和妇女问题等十大问题。[①] 朱力等的《社会问题概论》一书将社会问题分为三类：第一类是异常群体社会问题，包括自杀问题和精神疾病问题；第二类是越轨群体社会问题，包括吸毒问题、卖淫问题、青少年犯罪问题、赌博问题和拐卖人口问题；第三类是弱势群体社会问题，包括残疾人问题、老年人问题、婚姻家庭问题、不良青少年问题、失业问题、贫困问题、游民问题。[②] 中国社会科学院发布的历年社会蓝皮书"中国社会形势分析与预测"均列出公众关注的社会问题，值得参考。

社会问题不同于个别的越轨，它对整个社会产生重大影响，对社会秩序构成重大危险，需要动员社会的力量来解决，同时需要使用各种社会控制手段进行整治。综合治理的理论是完全适用于解决社会问题的。制定对策，建立机构，组织实施和反馈研究，是解决社会问题必不可少的步骤，首先要制定切合实际的对策。法律对策作为其中的一种对策，是不能忽视的。

三、社会控制

(一) 社会控制的含义

越轨行为虽有积极和消极之分，但不论何者，均冲击社会的固有秩序，引起社会动荡。对于改革和革命等积极的越轨，应予支持并主动参与，但也必须预测这种大规模越轨行为所可能带来的社会动荡。改革必须考虑社会结构的承受力。社会主义国家的改革，既要冲破原来的僵化体制，又要保持社会稳定，确实是一项艰难的社会工程。

社会控制的概念最早由美国社会学家 E. A. 罗斯提出。罗斯认为，19 世纪末至 20 世纪初美国社会情况发生较大变化，都市化和大规模移民产生许多社会问题，越轨乃至犯罪剧增，必须有一种新的机制来维持社会秩序，这种机制就是社会控制。

社会控制是指社会对个人行为和思想有规定和影响的作用，或指通过社会力量使人们遵从社会规范，维持社会秩序的过程。因此，社会控制的直接目的是防止和纠正越轨，从而避免社会问题的产生。

---

① 陆建华：《中国社会问题报告》，石油工业出版社 2002 年版。

② 参见朱力等：《社会问题概论》，社会科学文献出版社 2002 年版。

(二) 社会控制的特征

1. 社会控制具有普遍性

正常的社会秩序是社会存在和发展的必要条件,为了防止社会成员逾越社会规范,维持社会秩序,就需要社会控制,只是在不同的社会、不同的时代,社会控制的方式、性质、强度和目的不同而已。

2. 社会控制具有强制性

社会控制以制度化过程为核心,即社会规范的形成和系统化及其实施过程。但社会控制并不排斥非制度因素——它同样是社会控制不可缺少的因素。作为社会控制手段的各种社会规范,都具有一定的强制性,如法律规范、政治规范、纪律规范、宗教规范、道德规范、教育规范等等。

3. 社会控制具有阶级性。社会控制在阶级社会中主要是由统治阶级和集团操纵的,因此具有鲜明的阶级性。

(三) 社会控制的分类与范围

社会学家们对社会控制进行过详尽的分类。如分为有组织的社会控制和无组织的社会控制,正式的社会控制和非正式的社会控制,直接的社会控制和间接的社会控制,积极的社会控制和消极的社会控制,个人的社会控制和群体的社会控制,外在的社会控制和内在的社会控制,良性的社会控制和恶性的社会控制,等等。

社会控制范围有大有小。就社会整体的社会控制而言,社会控制的目的在于维持正统的社会规范和固有的社会秩序。因此,社会控制可以防止和减少社会越轨行为(特别是大规模的群体越轨),保全固有的社会结构,减少社会解组现象,防止社会解体。但社会控制如不因时因地进行调整,则其保守性就会表现出来,就会阻碍新生事物的成长。因此,社会控制应保持一定的灵活度。

(四) 社会控制体系

社会控制拥有自己的多种手段,主要有法律制度、经济制度、政治制度、道德制度、舆论、习俗、宗教等等。这些制度和其他非制度性手段构成社会控制体系。而法律制度在现代社会的社会控制体系中占据越来越重要的地位。

在了解越轨的内涵、特征、种类及其原因的基础上,结合社会控制的分析,有助于我们加深对社会安全阀机制的认识。只有实行有效的社会控制,将越轨控制在一定的范围和程度上,社会结构才能得以保全。社会安全阀机制也是在这一过程中体现出来的。

利用法律制度这一社会控制手段处理越轨,更是为保全社会结构提供了一套完整的安全阀装置。当然,运用法律制度对越轨进行社会控制,必须掌握和应用社会控制原理,了解其内涵、特征、种类和作用机制。

第二节　通过法律的社会控制

一、法律安全阀机制

(一) 社会安全阀机制

现实生活中有诸多因素导致社会冲突,社会结构因此产生紧张状态。社会紧张加剧到一定的程度,就会导致社会问题产生,出现社会解组,[①]甚至出现社会解体。[②]

每一社会结构都需要安全阀机制,所谓的安全阀机制,是指排除社会紧张,减少社会解组现象,防止社会解体的作用过程。安全阀机制是社会结构的预警系统,同时又是社会结构的救济系统。

安全阀机制是受工业生产中的“安全阀”装置的启发而提出的。科塞在研究社会冲突时,认识到每一个社会中,社会成员之间不可避免地存在敌对情绪,随着敌对情绪的不断积累,一旦爆发冲突,则不可收拾,因此,社会需要安全阀机制。安全阀机制的作用在于及时排泄积累的敌对情绪。科塞举了大量例子来说明安全阀的作用。他指出,原始社会中许多看上去淫秽不堪的舞蹈也是一种安全阀,它使人们的敌对情绪得以发泄,因而也就避免了社会的冲突。科塞认为武打电影也起着同样的作用。

(二) 法律安全阀机制

法律制度为各种社会制度提供了一条制度化的解决途径。我们把法律制度所具有的保全社会结构的功能称之为法律安全阀功能,将这功能的作用原理和过程称之为法律安全阀机制。

这里所说的法律安全阀机制,应作广义的解释,其内涵不限于科塞所谓的宣泄敌对情绪的内容,还包括了法律制度处理社会问题、防止和纠正各种越轨

---

① 社会解组是指在一个社会系统中,社会制度或社会控制体系受到某种因素的影响、干扰而遭受破坏。

② 社会解体指作为一个整体的社会结构因受到某种重大因素的影响而发生分裂、崩溃直至瓦解的现象。社会解体可以区分为个人解体、集团解体、文化解体三种状态。社会解体较之社会解组更为严重,归根到底是社会基本矛盾尖锐化的结果。

行为、协调社会工作以促进现存社会结构和社会秩序的内容。在今天的社会，法律制度是最重要的安全阀装置，最重要的预警系统和救济系统。

法律安全阀机制是法律制度社会化规律的一项重要内容。研究法律安全阀机制，是研究法律制度与冲突关系的进一步深入，同时又为研究社会变迁的法制轨道和法律的社会整合机制铺底。法律安全阀机制是与法律干预、导引社会变迁，促进社会文明进化的整合功能分不开的。

（三）法律安全阀功能

法律安全阀功能是指法律制度保全现有社会结构的功能，包括预警、宣泄、控制和救济。

1. 预警

社会解组或社会解体都有其先兆。法律制度既然被称为“法网”，就不仅仅起到制裁作用，同时也起到“雷达”预警和控制作用。

法律制度通过立法技术手段，确定社会紧张超过一定强度（临界点）即纳入法制轨道。这套立法技术手段主要体现在各类案件的立案标准和立案条件。如我国司法机关在受理各类刑事案件时均审查该项刑事纠纷中有关数据、情节是否达到法定最低限度，否则不予受理。受理以后，司法机关通过审理，具体确定该项刑事纠纷的强度。①

《民事诉讼法》《行政诉讼法》和《刑事诉讼法》分别确定了人民法院受理民事案件、行政案件和刑事案件的管辖权。这实际上划分了各级、各地司法机关对各类社会纠纷的预警范围。地方各级司法机关和最高司法机关通过日常的司法统计和工作报告分析各地和全国范围的法律制度运行状况和社会的法律秩序，对社会结构的紧张状况进行综合分析，报告出现的社会问题和社会解组现象，提醒全社会注意，并寻找解决办法。

其他社会制度也有其预警功能，但就整体而言，法律制度拥有最完整、最健全的预警系统。社会政策的决策者应时刻注意法律制度发出的警告信息。

2. 宣泄

不平情绪（不满情绪）甚至敌对情绪是每一社会不可避免的社会心理现象。这种情绪无疑会导致对抗行为的产生，而对抗性社会行为将冲击现有的社会关系、社会秩序。因此，要避免社会结构遭受破坏，就应当想方设法消除社会成员

---

① 法国刑法规定的犯罪分为重罪、轻罪和违警罪。我国在司法实践中也将犯罪分为恶性犯罪和一般犯罪、严重刑事犯罪和一般刑事犯罪。

间的不平情绪或敌对情绪。

历史和现实都证明,强行压制不平情绪是不足取的。“防民之口,甚于防川”的古训一针见血。在一定的范围和可以控制的条件下,进行经常性的不平情绪的宣泄,是防止不平情绪积累、防止不平情绪上升为敌对情绪的有效途径。国家和社会应为各社会主体设置相应的不平情绪宣泄渠道。

法律活动是宣泄不平情绪的重要渠道。公民和社会组织通过诉讼和仲裁的程序进行指控、辩护或辩解,在司法机关的主持下解决具体的纠纷,在具体纠纷得到公正处理的同时,不平情绪也就随之消除。当然,在规定的诉讼活动或仲裁、调解活动中,当事人双方依然会发生某种冲突,但这种冲突可以被控制在一定的强度之下(限于口头和书面的冲突),不允许发生暴力冲突。诉讼法严禁在诉讼过程中发生非法冲突,对于哄闹、冲击法庭、侮辱、诽谤、威胁、殴打审判人员、严重扰乱法庭秩序的人,依法追究其法律责任。

3. 控制

社会控制是社会秩序得以实现的基本保证,而法律制度作为一种社会控制手段,具有比其他手段更为广泛和有效的作用。

社会物质条件是社会存在和发展的基础。社会制度(特别是法律制度)是维护、保全一定的社会结构的基本手段。因为在一社会中,越轨行为总是难免要出现的,而某一方面的越轨行为骤增,就会酿成社会问题,对社会结构的完整和安全构成威胁。法律制度对于纠正和预防越轨行为、解决社会问题具有普遍意义。

4. 救济

救济一词,有两种解释:一是对社会上一般遇有不幸,无力生活的人们的救助;二是指人与人之间的关系或社缘,因某一种的疏忽、脱节、失调或冲突而发生不幸、不良、不平或不安的状态时,对其所需加以援助、纠正、调整或改善的一种社会工作及社会现象。

法律制度通过两种方式进行社会救济,其一是规定法律救济权,即通过法律规定在原权利受到他人侵害时产生相应的派生权①,如因侵害物权而发生的损害赔偿请求权。法律制度通过司法保护的方式维护法律救济权的实现。其二是制定社会保障和社会工作立法,协调、促进各种社会救济工作。

---

① 原权利是指基于法律规范之确认,不待他人侵害而已存在的权利,又称第一权利,如所有权等。

二、越轨的法律控制

依照越轨行为所违背的社会规范进行划分，越轨可以分为政治性越轨、经济性越轨、法律性越轨、宗教性越轨、道德性越轨等，其中违背法律规范的法律越轨，通称为违法行为。[①]

（一）对法律性越轨的法律控制

越轨的法律控制首先是对违法行为的控制。违法行为按照其严重程度和性质分为违宪行为、民事违法行为、行政违法行为和刑事违法行为（即犯罪）。

法律制度通过一定的立法技术对法律性越轨进行了分类，并分别规定了不同的法律对策。这种法律对策包括了有关的实体法和程序法。法律机构依照法定程序，追究各类违法者的法律责任（包括违宪责任、民事法律责任、行政法律责任和刑事责任），进行不同方式的制裁（包括违宪制裁、民事法律制裁、行政法律制裁和刑事法律制裁）。值得注意的是，各种法律对策是要相当详细的，如为追究不同性质法律性越轨的法律责任，规定了不同的诉讼程序（违宪审查程序、民事诉讼程序、行政诉讼程序和刑事诉讼程序）和其他执法程序（主要是行政执法程序），每一类法律责任都规定了轻重不同的责任方式。[②] 法律对策不仅仅包括制裁对策，也包括了预防、纠正越轨和改造越轨者等对策。我国法律一方面重视制止、制裁各类违法行为，另一方面则重视教育、改造违法犯罪分子，促使他们在思想根源上放弃越轨动机，走上正道。

（二）对非法律性越轨的法律控制

法律制度不仅仅对法律性越轨起到控制作用，而且对非法律性越轨也起到间接的控制作用。法律制度自身包含并在其运行过程中表现出来的道德倾向，影响着道德规范的内容，也制约着不道德行为，更不必说，不道德又不合法的行为会直接受到法律的谴责（而不仅仅是道德的谴责）。法律制度引导人们选择正确的道德行为。

（三）法律控制功能的发挥

为充分发挥法律制度的社会控制功能，应注意以下几点：

---

① 在法学中，违法行为除应符合“违反法律规范”这一条件外，还应符合“危害社会”“行为人主观上有过错”和“行为人具有责任能力”等条件，是主观因素和客观因素的统一。

② 我国《民法通则》规定了停止侵害，排除妨碍，返还财产，恢复原状，修理、重作、更换，赔偿损失，支付违约金，消除影响，恢复名誉，赔礼道歉等等民事责任方式。我国刑法规定了主刑（包括管制、拘役、有期徒刑、无期徒刑和死刑）和附加刑（包括罚金、剥夺政治权利和没收财产）等刑事责任方式。

第一,根据具体的社会形势确定法律制度进行社会控制的范围。法律制度不能包揽所有的越轨,只能有选择地控制对社会稳定和社会进步构成危险的越轨。社会稳定和社会进步是辩证的关系,是统一的又是对立的,稳定似乎与越轨势不两立,而进步也离不开越轨(积极的越轨)。法律制度既要为积极的越轨保留余地,以促进社会进步,又要毫不犹豫地阻止消极的越轨,以保证社会稳定。因此,确定法律制度控制(或调整)的范围非常重要。商鞅的"各当时而立法,因事而制礼。礼法以时而定,制令各顺其宜"的思想是值得借鉴的。

第二,针对不同违法行为,制订不同对策,同时要做到各种对策相互呼应、相互配套。对违法行为进行控制的目标是一致的,但因其产生的原因不同、后果不同,就要制订不同的对策。各种对策要相互衔接,不要造成脱节和疏漏。

第三,要结合法律制度以外的控制手段控制法律性越轨。越轨行为有其共同的社会背景,各种社会控制手段也只有结合为一个体系才能更有效地控制各类越轨行为。在法律制度运行过程中,适当地运用政治手段、道德手段、教育手段、宗教手段、新闻舆论手段等是必不可少的。在非常时期和非常场合,运用军事手段控制大规模的严重对抗性越轨也是必要的。但是,运用其他控制手段应以不违背法律规范为前提,否则又会造成新的越轨。

第四,在对法律性越轨进行法律控制的同时,法律制度还应发挥其拥有的强大力量,影响其他越轨行为。

三、社会问题的法律对策

中国当今社会仍然面临诸如贫富分化问题、腐败问题、生态问题、人口问题、失业问题、刑事犯罪问题(特别是毒品犯罪、暴力恐怖犯罪、青少年犯罪、经济犯罪问题等)、黄色文化问题、教育问题等重大社会问题。对这些重大社会问题既要寻求政治、经济、文化等非法律的社会对策,也应寻求法律的社会对策。

对社会问题进行法律社会学研究,应当从所要研究的社会问题现状及其具体影响分析入手。要具体分析该社会问题的表现形态,其直接的、间接的社会危害,通过点(典型)、线(演变)、面(整体)的方式描述该社会问题。其次,要深入分析产生该社会问题的原因,既要分析表面的原因,也要分析深层次的原因;既要分析制度方面的原因,也要分析非制度方面的原因。最后就解决该社会问题提出相应的对策,包括法律方面的对策和非法律方面的对策。

第三节　社会危机的法律控制

一、社会危机理论

（一）社会危机的概念

《现代汉语词典》对危机的解释有两个含义：一是“危险的祸根，如危机四伏”，二是“严重困难的关头，如经济危机”。[①]《袖珍牛津词典》对危机（crisis）的解释也有两个含义：一是“危险和非常困难的时期”，二是“决定性的瞬间或转折点”。美国学者罗森豪尔特认为，危机是指“对一个社会系统的基本价值和行为准则架构产生严重威胁，并且在时间压力和不确定性极高的情况下必须对其作出关键决策的事件。”[②]这个定义成为社会危机概念的通说。

社会不可避免地充满着各种危机。社会危机具有以下特点：

第一，威胁性。危机对社会公众、社会结构或核心价值观念构成一定的威胁，如自然灾害对受灾地区公众人身、财产的威胁。

第二，紧迫性。危机出现后，决策者和危机管理者必须在很短的时间内，依据有限的信息，作出重大判断和决定。如2003年“非典”袭来，决策者必须在短期内形成对策。

第三，不确定性。很多危机的爆发是极其突然的，其发生往往出人意料。如美国的“9·11”恐怖事件，其情节以往只能出现在恐怖电影中，却变成现实。

（二）社会危机的种类

社会危机可以分成突发性灾害型危机和社会型危机。

突发性灾害危机又可分为自然灾害型危机和事故性危机（前者是“天灾”，后者是“人祸”）。地震、火山爆发、龙卷风、台风（飓风）、洪水、山崩、泥石流、严重干旱等威胁人类生命、财产的自然现象，属于自然灾害型危机，如1976年7月28日唐山大地震和2008年5月12日汶川大地震，1998年夏爆发的百年不遇的洪灾，等等；工业事故、科技灾难、传染疾病等属于事故性危机（或称“公共灾害”），如1984年12月3日印度波帕尔发生的毒气泄漏事件，1986年1月28

① 中国社会科学院语言研究所词典编辑室编：《现代汉语词典》（增补本），商务印书馆2002年版，第1305页。

② 转引自清华大学公共管理学院、中国行政管理学会：《社会变革中突发事件应急管理专家研讨会论文集》打印稿，2001年11月26日，第5页。

日美国挑战者号航天飞机爆炸事件,1986 年 4 月 26 日前苏联切尔诺贝利核电站泄漏事件,2003 年中国发生的“非典”事件,2014 年爆发于西非国家的埃博拉病毒疫情。

社会型危机又可分为国内危机和国际危机。国内危机包括政治危机、经济危机以及其他危机。政治危机主要表现为政府的信任危机、合法性危机和政权危机,苏联解体就是重大政治危机。经济危机主要表现为金融危机、货币危机、债务危机以及经济萧条,如 1929—1933 年资本主义经济大萧条,1997 年 7 月爆发的东南亚金融危机。国内危机还包括其他原因引起的社会恐慌、社会冲突、社会失序和社会动乱,如宗教冲突,邪教狂热。国际危机是指一国与他国或多国间发生的外交、政治、军事、领土争端、民族宗教、经济、环境等方面的冲突引发的危机,如 1948 年的柏林危机,1962 年的古巴导弹危机,1991 年海湾战争,2003 年海湾战争。

(三) 社会危机处理体制

社会危机处理,也称作危机管理(crisis management)机制、应急管理,是政府动员各类社会资源,处理各种社会危机的各种措施的总和。各国由于社会制度不同,其社会危机处理的体制和机制也有所不同。

1. 美国、俄罗斯的社会危机处理体制和机制

美国的社会危机处理体制和机制主要体现在《全国紧急状态法》(1976 年通过)、《反恐怖主义法》(1996 年通过)等法律法规中。《全国紧急状态法》对紧急状态的颁布程序、颁布方式、终止方式、紧急状态的期限以及紧急状态期间的权力作了明确的规定;《反恐怖主义法》规定:“总统必须使用一切必要手段,包括秘密行动和军事力量,中止、摧毁国际恐怖主义的基地设施。”2001 年 10 月 25 日美国国会通过《反恐怖主义法》修正案,极大地加强了美国联邦执法机构的权力。美国社会危机处理机构包括国家安全委员会、危机决策特别小组、中央情报局、国务院、国防部、白宫办公厅、白宫情报室、联邦调查局、移民局、美国社会保障局、联邦紧急事态管理局、国土安全部等。

俄罗斯的社会危机处理体制和机制主要体现在《俄罗斯联邦紧急状态法》(2001 年通过)和《俄罗斯联邦战时状态法》(2002 年通过)之中。《俄罗斯联邦紧急状态法》对紧急状态进行了明确定义,并规定了紧急状态条件下采取的措施和临时限制。俄罗斯社会危机处理机构包括总统、联邦安全会议、国防部、外交部、俄罗斯联邦安全局、对外情报局、通讯和信息署、联邦边防局和紧急情况部。

2. 我国社会危机处理体制和机制的构建

我国遭遇过不同类型的危机事件，在党和中央政府的领导下，危机大都得到有效控制与处理。但我国社会危机处理体制和机制尚不健全，存在各种问题，主要体现在以下几个方面：第一，有关危机立法分散、独立，没有统一的危机管理机构和预警制度；第二，对危机认识不足，未能从政局和社会稳定高度关注危机管理；第三，我国现有的危机管理机制没有连成一体，协调能力较弱；第四，媒体的积极作用发挥不够，消极影响却时常出现；民间力量没有得到充分的动员。①

《中共中央关于构建社会主义和谐社会若干重大问题的决定》提出："完善应急管理体制机制，有效应对各种风险。建立健全分类管理、分级负责、条块结合、属地为主的应急管理体制，形成统一指挥、反应灵敏、协调有序、运转高效的应急管理机制，有效应对自然灾害、事故灾难、公共卫生事件、社会安全事件，提高危机管理和抗风险能力。按照预防与应急并重、常态与非常态结合的原则，建立统一高效的应急信息平台，建设精干实用的专业应急救援队伍，健全应急预案体系，完善应急管理法律法规，加强应急管理宣传教育，提高公众参与和自救能力，实现社会预警、社会动员、快速反应、应急处置的整体联动。坚持安全第一、预防为主、综合治理，完善安全生产体制机制、法律法规和政策措施，加大投入，落实责任，严格管理，强化监督，坚决遏制重特大安全事故。"上述表述为我国社会危机处理体制和机制的构建提供了基本思路。

二、社会危机应对立法

通过法律控制社会危机，是许多国家的成功经验。我国也非常有必要建立健全社会危机应对立法。

中国是一个自然灾害、事故灾难、公共卫生事件等突发事件较多的国家。进一步完善有关法律制度，提高全社会的危机意识，明确政府、企业、组织和个人的责任，从根本上预防和减少突发事件的发生，提高政府依法处置突发事件的能力，控制、减轻和消除突发事件引起的严重社会危害，是当前中国法制建设面临的一项紧迫任务。因此，加强社会危机应对立法是非常必要的。

2007 年 8 月 30 日全国十届人大常委会第二十九次会议通过的《突发事件

① 参见阎梁、翟昆主编：《社会危机事件处理的理论与实践》，中共中央党校出版社 2003 年版，第 56—58 页。

应对法》是一部重要的社会危机应对立法。为了解决应对突发事件工作中存在的应对责任主体不够明确,应急响应机制不够统一、灵敏、协调,信息发布不够及时、准确、透明,突发事件预防与处置制度、机制不够完善、措施不够得力等突出问题,《突发事件应对法》对应急管理体制、预防与应急准备、监测与预警、应急处置与救援、事后恢复与重建等内容作了全面、系统的规定。该法按照社会危害程度、影响范围等因素,把自然灾害、事故灾难、公共卫生事件分为特别重大、重大、较大和一般 4 级。该法规定,国家建立健全突发事件预警制度。按照突发事件发生的紧急程度、发展态势和可能造成的危害程度,预警级别分为一级、二级、三级和四级,分别用红色、橙色、黄色和蓝色标示,一级为最高级别。

《突发事件应对法》同已经颁布的《传染病防治法》《防洪法》《防震减灾法》《自然灾害救助条例》等有关法律法规相衔接,对自然灾害、事故灾难、公共卫生事件、社会安全事件等突发事件的预防与应急准备、监测与预警、应急处置与救援、事件恢复与重建等作出了全面规定。

【重要概念】

越轨(deviation)　社会问题(social problem)　社会控制(social control)　社会控制体系(social control system)　社会安全阀机制(mechanism of the social relief valve)　社会解组(social disorganization)　社会解体(social disintegration)　法律安全阀机制(mechanism of the legal relief valve)　社会危机处理(crisis management)

【文献指引】

1. 关于越轨社会学理论,可参阅[美]杰克·D. 道格拉斯、弗兰西斯·C. 瓦克斯勒:《越轨社会学概论》,河北人民出版社 1987 年版;杨隽、刘宏春等:《中国社会转型期越轨问题研究》,中国人民公安大学出版社 2004 年版;皮艺军主编:《越轨社会学概论》,中国政法大学出版社 2004 年版。

2. 关于社会问题理论,可参阅雷洪:《社会问题》,社会科学文献出版社 1999 年版;[美]文森特·帕里罗、约翰·史汀森、阿黛思·史汀森:《当代社会问题》,周兵等译,华夏出版社 2002 年版;朱力等:《社会问题概论》,社会科学文献出版社 2002 年版;陆建华:《中国社会问题报告》,石油工业出版社 2002 年版;王尚银主编:《中国社会问题研究引论》,浙江大学出版社 2005 年版。

3. 刑事犯罪问题是长期困扰中国社会的一个重大社会问题。肖扬主编的

《中国刑事政策和策略问题》一书是我国刑事政策和策略的总结,包括绪论、上篇"基本的刑事政策和策略问题"、中篇"打击犯罪、惩治和改造罪犯的政策问题"和下篇"政法机关同犯罪作斗争的策略问题"。参见肖扬主编:《中国刑事政策和策略问题》,法律出版社1996年版。

4. 黑社会犯罪是当今世界上的一大公害。早在1995年,联合国大会就宣布:"黑社会犯罪已成为世界三大犯罪灾害之一。"我国的黑社会组织犯罪的发展趋势也值得警惕。参见贾宏宇:《中国大陆黑社会组织犯罪及其对策》,中共中央党校出版社2006年版。

5. 为预防青少年犯罪,切实保护未成年人,我国先后制定了《未成年人保护法》和《预防未成年人犯罪法》。参阅《未成年人保护法》(1991年9月4日第七届全国人民代表大会常务委员会第二十一次会议通过,2006年12月29日第十届全国人民代表大会常务委员会第二十五次会议修订)和《预防未成年人犯罪法》(1999年6月28日第九届全国人民代表大会常务委员会第十次会议通过)。

6. 沈杰在《中国青年报》撰文指出,我国社会急剧转型引发大量心理问题。一项调查表明,在我国,精神疾病发生的数量已超过了心血管疾病,跃居疾病发生率的首位。据一项相关调查,目前我国约有3000万青少年存在不同的心理问题,其中,中小学生中有心理障碍者为21.6%—32%;大学生中有心理障碍者为16%—25.4%,而且呈现上升趋势。有关研究显示,目前在我国每年有25万人自杀,已成为青年人群的首位死因。每年约有150万人因家人或亲友自杀而产生长期、严重的心理创伤,从而成为一种严重的社会负担。处在中国社会转型最深刻的时期,急剧的社会变迁对于社会成员的心理适应性提出了严重挑战,在适应性较弱者身上则出现了程度不同的"心理震荡"现象。参见沈杰:《防预急剧社会变迁中的心理震荡》,《中国青年报》2007年2月25日。

另可参阅李建军:《我国青少年自杀问题研究》,中国社会科学出版社2007年版;樊富珉:《自杀及其预防与干预研究》,清华大学出版社2009年版。

7. 为了有效预防、及时控制和消除突发公共事件的危害,国务院先后制定了《核电厂核事故应急管理条例》《破坏性地震应急条例》《重大动物疫情应急条例》《突发公共卫生事件应急条例》。2007年8月30日,十届人大常委会第二十九次会议通过了《突发事件应对法》。可从中央人民政府网站和中国人大网检索上述法律法规。

8. 社会危机事件处理的研究具有重要理论价值和实践意义。阎梁、翟昆主编的《社会危机事件处理的理论与实践》一书分析了社会危机的概念和社会危机事件处理机制,分析了社会危机事件处理中的政府及领导者、非政府组织、民众以及媒体的作用,并对外力因素导致的社会危机事件、人为因素导致的社会危机事件以及全球化背景下的社会危机事件的处理分别作了实证研究。参见阎梁、翟昆主编:《社会危机事件处理的理论与实践》,中共中央党校出版社2003年版。

【研究选题】

1. 你认为当前我国主要的社会问题有哪些?
2. 《联合国反腐败公约》读后感。
3. 近年来重大腐败案件特征分析。
4. 农民工问题对策研究。
5. 社会保障问题对策研究。
6. 国家禁毒委员会历年中国禁毒报告读后感。
7. 出生性别比失调问题对策研究。
8. 互联网的安全阀功能分析。
9. 通过典型案例分析我国食品、药品安全问题及其对策。
10. 通过典型案例分析我国安全生产问题及其对策。

第十三章　法律与社会整合

分化与整合，是许多社会学家关注的课题。自古典社会学理论采用有机体类比方法分析分化与整合以来，分化与整合的理论涉及越来越广泛的领域，人们也逐渐摆脱了某些片面的观点，辩证地看待这两者之间的关系。

社会分化以社会分层、社会分工、文化分化等形式出现。有社会分化，必定需要社会整合。许多社会制度都承担着社会整合的功能，法律制度是促进社会整合的最重要的社会制度。

本章将在阐述社会分化与整合基本理论的基础上，分析社会分层及其法律整合、社会分工及其法律整合、文化分化及其法律整合以及法律制度自身的分化整合。

第一节　社会分化与整合理论

一、社会分化与整合的概念

分化本是生物学上的概念，系指生物体功能的变异、分离与专门化过程。社会分化是指在社会变迁过程中，由于物质生产和文化因素的变化，社会各部分在其形态、特点、结构诸方面逐步发生变异、不断地系统化和专门化，从而具有不同功能和等级的过程。社会整合是指社会不同的因素、部分结合成为一个协调统一的社会整体的过程。社会整合有三个层次：一是社会制度的整合；二是社会组织的整合；三是社会舆论的整合。

分化是人类社会乃至整个自然界发展变化的一种趋势。人类本身也是从高级动物界分化出来的。自人类社会开始运行，人口不断增长，生活领域逐渐扩展，社会文化日益积累和传播、传递，分化的势头从未衰减。

社会分化一方面固然极大地丰富了生活内容，促进了社会进化，但分化往往突破原先的社会结构，在社会主体间出现距离。为了弥补因社会分化出现的种种缝隙，人类努力寻找社会主体相互凝聚的机制，即社会整合机制。

分化是人类社会发展变化的客观事实，人们自觉或不自觉地跻身分化的潮流之中。当然,人类早有群居合作习惯,有许多因素构成了社会凝聚力。人类社会虽纷争不已,但毕竟还是一个完整的世界。

原始习惯风俗曾在漫长的岁月中整合着人类的社会生活,此后宗教和道德及其他更为丰富的文化因素对社会生活起着整合作用。在阶级社会里,崛起的国家政权和法律制度,在社会整合机制中日益取得重要地位。

二、社会分化与法律整合

社会学家们对社会分化的理解不尽相同。斯宾塞认为:(1)随着有机体和超机体规模的扩大,它们的结构也就日益增大并日益复杂和分化;(2)结构的分化伴随着功能的分化,每一分化的结构为维持整个系统"生命"而执行一定的功能;(3)分化的结构和功能要求有机体和超机体通过相互依赖实现整合,等等。

帕森斯借鉴上述观点,提出:(1)系统单位日益分化为功能上相互依赖的模式;(2)在分化的系统中,确立新的整合原则和机制;(3)分化的系统适应环境的能力不断增强。帕森斯着重分析了文化系统和社会系统内部分化和相互间的分化,以及整合问题的解决。

系统功能论者卢曼在他的《社会的分化》等著作中系统地阐述了他的社会分化理论:(1)人类的行动组成系统,而系统可分为互动系统、组织系统和社会系统三种基本类型。这三种系统在非常简单的社会中是融为一体的,但随着社会日益扩大和复杂,这些系统之间的分化不断加剧,并不可能还原为单一系统。(2)由于上述系统的分化,出现了一系列问题,如互动系统妨碍组织系统的高效率运行,组织系统发展出自身的结构和程序时出现的利益冲突,不同的组织可以用严重损害组织系统和更大的社会系统的方式追求自身的利益。(3)只有社会整合过程的维持才能消除这些破坏性倾向。不同层次的系统互相在对方内部"筑巢",互动系统内的行动经常纳入组织系统内部,而组织系统的行动则在社会系统内部进行;人们在横跨不同功能领域中不同组织的活动时所出现的偏差,也促进整合的实现;组织的进出规则降低了在组织外冲突的相关性;一旦组织的分化成为社会中的既成机制,那么特定的社会控制组织——法律、警察、法院等就容易建立起来以便缓和和解决冲突,因此,组织分化和扩展造成的整合问题恰恰创造了解决该问题的条件,即创造在诸组织中起中介作用的组织。

卢曼特别强调了社会文化的进化的分化过程。他认为,进化是互动系统、组织系统和社会系统相互之间的不断分化，包括了这三类系统的内部分化。进化涉及社会系统不断分化出各种功能领域，如经济、政治、法律、宗教、家庭、科学和教育，这种功能分化伴随着各种沟通媒介的越来越多的使用，如经济领域的组织系统利用货币，政治或政府中的组织系统运用权力，科学界的组织系统依靠真理，而家庭中的组织则采用情爱。在进行过程中，个人、角色、节目和价值之间的分化是明显的，并以三种不同方式运动：分割、分层和功能分化。最后，进化的分化提高了系统及系统与环境关系的复杂性。

卢曼对法律系统分析也是值得注意的。他认为，法律行动有协调个体扮演角色的功能机制。通过法律，人们的行动与正在分化的角色相联系。法律根据环境的变化不断的调节，滋生出新的法律和机构，以便调整社会系统单位之间的合作，降低由于社会分化带来的复杂性。①

在介绍了上述几种有代表性的社会分化理论之后，我们可以得出几点结论：

1. 社会分化是指在社会变迁过程中，由于人口增长和其他社会因素变化，社会的结构和功能等方面变异、分离和专门化的过程。

2. 分化是进化的基本方式。分化使各社会系统之间关系复杂化并出现整合问题。

3. 在分化过程中，整合组织同时被分出来。法律机构是一种整合组织。

社会分化是社会全方位的分化，最明显的是社会结构分化和社会功能分化。前者如社会分层(社会成员分化为阶级、阶层等)，后者如社会劳动分工和文化分化等。这些分化现象均有赖于整合机制的调整，否则就会使社会成员的社会距离日益扩大，社会离心力增加。

法律的产生确实与社会分化有直接的关联。但是，法律并不仅仅为了社会成员的合作，在阶级社会中，法律是作为阶级专政工具和统治阶级内部的组织规范而存在的。但不论怎样，法律总是维护统治关系和统治秩序的手段。近代和现代的法律，在高度分化的社会里发挥着更为广泛的作用。法律以权利和义务这两个沟通媒介，联结社会结构各个部分和社会功能的各个领域。如我国的宪法通过规定公民和基本权利和义务，将国家与公民联结起来，防止它们之间出现距离。在政治、经济、文化、教育、科学、宗教、家庭等功能领域，法律也是一座桥梁，协调它们之间因分化带来的整合问题。

---

① 参见乔纳森·H.特纳：《社会学理论的结构》，浙江人民出版社1987年版。

第二节　社会分层及其法律整合

一、社会分层

社会分层是社会分化的一种表现,是社会结构分化的一个重要方面。

所谓社会分层,或称社会阶层化,是指依据一定的标准将社会成员划分为不同的社会集团。马克斯·韦伯首先提出依据财富(经济标准)、地位(社会标准)和权力(政治标准)作为分层尺度,认为财富的差别产生阶级,地位的差别产生身份群体,权力的差别产生政党。在韦伯之后,西方社会学界提出了各种分层模式和理论。美国社会学家华纳(W. Warner)根据财产、地位和声望等综合指标,将社会成员划分为六个等级(上上层、下上层、上中层、下中层、上下层和下下层)的分层模式。此外,有以职业的种类为标准的分层理论;有以各种不同标准来划分(如上等阶级、中等阶级、下等阶级,企业家阶级和工人阶级,白领阶级和蓝领阶级等)的所谓阶级区分理论;依据职业、收入、身份、声望等方面的细微差别,把人们划分为连续排列的众多小层次,即续谱排列方法。[①] 李强分析了社会分层的十种标准:生产资料的占有;财产或收入;市场地位;职业;政治权力;文化;社会关系;社会声望;公民权利;人力资本。[②]

在阶级社会中,根据社会成员对生产资料占有情况的不同,可以将社会成员划分为不同的阶级。如奴隶社会中的奴隶主阶级和奴隶阶级,封建社会中的地主阶级和农民阶级,资本主义社会中的资本家阶级和工人阶级,社会主义社会中的工人阶级和农民阶级,等等。阶级分层确定了社会成员结构的基本轮廓,阶层分层则可以更详细地说明社会成员的结构。

除了阶级、阶层的分层外,还可以根据劳动分工、劳动性质、知识水平、社会地位、生活水平、声望、政治面貌等标准对社会成员进行分层。在社会分层问题上,我们一方面要坚持阶级分层方法,另一方面要承认社会分层的丰富内涵。

不论在何种社会,分层现象是客观存在的。处于不同层次的社会成员地位不同,其利益和价值观念也不相同,其行为的内容和方式各异。社会固然不应抹杀社会成员的个性发展,但社会成员必须具有必要限度的共识,遵从一定的

---

① 王康主编:《社会学词典》,山东人民出版社1988年版,第229页,“社会分层”条。

② 参见李强:《试析社会分层的十种标准》,《学海》2006年第4期。

行为规范。协调不同层次的社会成员的基本规范就是法律规范和道德规范。

二、对社会分层的法律整合

新中国成立以来,阶级和阶层等分层现象发生了较大的变化。法律制度在分层现象的变化中发挥了整合作用,如:

1. 以政治和法律手段没收了官僚买办资产阶级的财产,消灭了这个阶级。

2. 1950 年至 1952 年实行土地改革,消灭了封建土地所有制,从而在经济上消灭了地主阶级。

3. 对民族资产阶级进行了改造。第一步,变私人资本主义为国家资本主义,实行公私合营,使民族资产阶级失去对生产资料的所有权;第二步,变国家资本主义为社会主义全民所有制,进而取消资本家的定息,最终消灭了民族资产阶级。

4. 在消灭上述三大阶级之后,我国社会只剩下工人和农民阶级,这样就为我国社会在新的经济和政治基础上的整合提供了条件。

5. 我国宪法确立了各社会阶级的法律地位,确定工人阶级为领导阶级,农民阶级为联盟阶级。

6. 宪法专条规定"国家培养为社会主义服务的各种专业人才,扩大知识分子队伍,创造条件,充分发挥他们在社会主义现代化建设中的作用"。

7. 规定中华人民共和国公民在法律面前一律平等;规定年满 18 周岁的公民,不分民族、种族、性别、职业、家庭出身、宗教信仰、教育程度、财产状况、居住期限,除依照法律被剥夺政治权利的人除外,都有选举权和被选举权。

8. 通过各种法律程序解决各社会阶层和社会集团的冲突。

9. 中国人民政治协商会议发挥团结全国各阶级、阶层、社会团体、企事业组织的重要作用。

从法律角度看,为处于不同社会层次的全体社会成员确立平等的法律地位是整合的基础,在这一基础上通过实际行动促成各社会集团的团结。如宪法规定中华人民共和国各民族一律平等,国家保障各少数民族的合法权利和利益,维护和发展各民族的平等、团结、互助关系,禁止对任何民族的歧视和压迫,禁止破坏民族团结和制造分裂的行为。又如宪法和法律都规定男女平等,保护妇女、儿童和老人的合法权益等。

法律制度应随时关注社会分层现象的变化,并作出相应的调整。如自实行改革、开放政策以来,各社会阶级、阶层和社会集团的经济地位、政治地位均发生了较大的变化。根据陆学艺领导的"当代中国社会结构变迁研究"课题组的研究成果,当代中国社会阶层结构的基本形态由国家与社会管理者阶层、经理人员阶层、私营企业主阶层、专业技术人员阶层、办事人员阶层、个体工商户阶层、商业服务业员工阶层、产业工人阶层、农业劳动者阶层和城乡无业、失业、半失业者阶层等十个社会阶层组成。[①] 国家重视利用包括法律在内的各种手段调节各社会阶级、阶层和社会集团的利益。《中共中央关于构建社会主义和谐社会若干重大问题的决定》提出:"坚持按劳分配为主体、多种分配方式并存的分配制度,加强收入分配宏观调节,在经济发展的基础上,更加注重社会公平,着力提高低收入者收入水平,逐步扩大中等收入者比重,有效调节过高收入,坚决取缔非法收入,促进共同富裕。通过扩大就业、建立农民增收减负长效机制、健全最低工资制度、完善工资正常增长机制、逐步提高社会保障标准等举措,提高低收入者收入水平。"

通过法律渠道,保障各社会阶级、阶层和社会集团成员间的流动,有利于社会整合。如允许一定范围内的垂直流动(包括较低阶层的个体向较高阶层流动及较高阶层的个体向较低阶层流动),有利于调动社会成员的进取精神,允许一定范围的水平流动有利于经济发展。

第三节 社会分工及其法律整合

一、社会分工

社会分工也是一种分化现象,自古至今为许多思想家所关注。

社会分工即劳动分工,是社会生产中各种具体劳动的分化或独立化为相互联系的各种劳动部门和劳动工种。在漫长的原始社会及其向奴隶社会过渡的时期,曾发生了三次社会大分工,即农业与采猎劳动分工,手工业与农业分工,商业与产业分工。此后出现自然经济的奴隶制分工和封建制分工。在工业革命以来,社会分工越来越发达,社会分工从经济领域扩展到整个社会生活领域,并第一次建立起大规模的企业内部分工。

在社会主义社会的初级阶段,仍需大力发展社会分工。在现阶段,充分合理的社会分工有利于社会生产力的提高,如提高劳动技能,节约劳动时间,降低

① 参见陆学艺主编:《当代中国社会阶层研究报告》,社会科学文献出版社2002年版,第8页。

劳动成本，改进劳动工具等。但是，社会分工有其局限性和弊端，它使不同社会成员的劳动分离，可能使社会成员间产生严重的不协调和冲突；分工虽然有利于社会成员提高某方面的技能和效率，但同时也会妨碍人的精力集中和焕发，降低劳动兴趣，影响人的创造性，等等。因此，应采取各种手段促进社会分工按照社会发展的客观需要进行，并防范其可能带来的弊端。

二、对社会分工的法律整合

法律制度可以在这几个方面发挥整合作用：

1. 可以通过法律保障新兴行业的运行，如通过律师立法设置律师制度，确立律师职业；

2. 可以通过法律鼓励新的科技部门和科技行业的发展，现代的分工往往与科学技术的发展有关，分工同时也促进现代科技的开发和利用；

3. 用法律手段引导不同劳动部门的合作，如引导工业、科研、教育部门的合作；

4. 可以通过法律在宏观上调控各不同分工集团的利益分配，如利用税法、社会保障法等调节因分工造成的实际利益失衡；

5. 可以通过劳动保护、职业培训等法律协调社会成员因不同劳动所处外部环境和物质、文化条件不同带来的不平等现象；

6. 通过法律程序解决因分工不同带来的利益冲突。

第四节　文化分化及其法律整合

一、文化分化

文化分化是指从旧体系中分化出新的文化体系的过程。

文化分化在不同国家、社会的不同历史发展时期经常发生。一般来讲，一种文化的发展大都经过生长期、成熟期、分化期和衰亡期。新文化总是从旧文化的母体中分化出来。

文化分化不仅存在于整个社会文化体系之中，也存在于它的各个子系统之中。如从旧哲学中分化出新哲学，从旧道德中分化出新道德，从旧宗教中分化出新宗教，等等。

文化分化的过程充满着冲突现象，因此需要进行文化整合。现代社会人际交流频繁,文化分化显著,没有文化整合,就难以维持稳定的社会结构和社会秩序。

二、对文化分化的法律整合

法律制度一方面可以促进文化的合理分化,另一方面可以促进文化整合,其具体途径是:

1. 依法保障科学、技术、知识等文化的分化和发展(我国制定了许多科学技术法规和教育法规);
2. 依法保障物质文化的分化和发展;
3. 依法调整文化的各个领域,如各种社会制度和社会组织;
4. 法律制度直接或间接影响某些文化领域,如道德、风俗、宗教、教育、语言等;
5. 依法促进精神文化的分化和发展;
6. 依法保护新兴文化(如社会主义道德意识和法律意识);
7. 积极促进中外文化交流。在保护传统优秀文化的同时,汲取外来优秀文化,并促进其融和过程。

第五节　法律制度的分化与整合

一、法律制度的分化

在社会分化的潮流中,分化出法律制度,法律制度又随着社会变迁而不断分化。

我们知道,国家和法律从原始社会后期的原始部落组织和原始习惯中分化出来的。纵观古今,法律制度的分化包括了以下三个方面(即法律制度的三大要素)的分化。

(一) 法律规范的分化

法律规范的分化,包括以下几个步骤:

1. 从原始习惯和原始道德中分化出习惯法

在原始社会中,没有法律,只有习惯和道德规范。奴隶制国家建立以后,原来的一部分符合统治阶级利益的习惯和道德规范便被赋予法律效力,成为习惯法。我国古代的礼原来也只是原始社会的习惯,经国家政权认可后成为奴隶制度的基本法律渊源，以习惯法的形式存在下来。

2. 从习惯法中分化出成文法

夏朝的法律主要是不成文的习惯法和案例，即所谓“夏刑三千条”；商朝的法律也主要是习惯法，还有商王的诰、训、誓等；西周开国之初，周公旦以周族习惯法为基础，吸收夏商两代礼仪制度的有用部分，整理出调整国家制度、调整社会关系以及生活规范的礼典，至周穆王时，吕侯受命制赎刑，此后各种成文法渐渐增多。

3. 公布成文法

春秋后期的郑国执政子产作刑书，并“铸刑书于鼎，以为国之常法”；此后30余年，邓析又作《竹刑》；晋国也铸刑鼎，公之于众。战国时李悝集各国立法之大成，著成《法经》。

4. 成文法的立法体例和法律形式日渐完善

从立法体例上看，李悝的《法经》分为盗、贼、网、捕、杂、具六篇；商鞅以《法经》为蓝本，改法为律；至秦朝，除六篇外，更有《田律》《厩苑律》《仓律》《金布律》《工律》《徭律》等，汉时萧何取李悝的《法经》六篇为基础，参照秦律，增加户、兴、厩三篇，合为九篇，后来叔孙通又作《朝律》六篇，共六十篇；《唐律》分为名例、卫禁、职制、户婚、厩库、擅兴、贼盗、斗讼、诈伪、杂律、捕亡、断狱等十二篇，另有一部行政法典《唐六典》；此后明朝将《唐律》二十篇合为七篇，即名例、吏律、户律、礼律、兵律、刑律和工律，仿照《唐六典》编制《大明会典》；清明的《大清律》在结构形式上与《明律》相同，并依照《明会典》制定《清会典》；民国时期受西方影响，制定《六法全书》，即将成文法律分为宪法、民法、民事诉讼法、刑法、刑事诉讼法和行政法等六个部门；中华人民共和国的法律体系是以宪法为首，由宪法、行政法、民法、经济法、刑法和诉讼法等构成的。从法律形式上看，历代总的趋势是以律为主，其他形式为辅，如秦有制、诏；汉有令、科、比，三国两晋南北朝时有科、比、格、式，唐有令、格、式，宋有敕、令、格、式、例，明有大诰、例，清有条例、则例、事例。民国时期除法典外，有法令、判解；中华人民共和国除宪法、法律外，有行政法规、地方性法规和自治条例、司法解释等。总之，在立法体例和法律形式变迁过程中，有分化，又有整合，两者相互配合。

5. 成文法的内容日渐分化

唐朝以前，诸法合为一体；唐朝以后，刑法典和行政法典分列，但其他法律规范（如民事法律规范）较少，也不单立法典。清朝末年，受西方影响，于1907年开始编订民律，1911年8月完成《大清民律草案》；1908年10月起草《大清商律草案》;1906年编成《大清刑事、民事诉讼法》,并于1910年12月重新编成《刑事诉讼律草案》《民事诉讼律草案》;1909年编订《法院编制法》。以上立法除少数颁行外,大多未颁布或颁而未行。民国时期的立法仿照西方各国(主要是德国、日本等)分为六法。中华人民共和国成立以来,特别是在实行改革开放政策以来,法律体系日臻完备,法律规范化加速。

需要说明的是,成文法日臻完善,并不完全排斥习惯、伦理道德规范在执法、司法过程中的适用。成文法与社会生活之间总是存在距离,习惯、伦理道德规范是填补成文法与社会生活缝隙的天然材料。

(二) 法律制度主体体系的分化

清末以前的中国古代社会,奴隶制和封建制国家实行君主专制,立法、行政、司法职权基本不分,集权于君主及各级官吏,仅在朝廷设置司法机关和司法官,地方则由行政长官执掌司法。历朝司法机关和司法官名称有所变化,如夏朝的司法官为"士"(或"理");商朝的司法官为司寇、正、史;周朝为司寇、士师、士;秦以廷尉为最高司法官和司法机构,在地方,司法机关与行政机关合二为一;汉朝以皇帝、丞相、御史大夫和廷尉为中央司法机关,在地方则以行政长官为司法官;唐朝在中央设有大理寺、刑部和御史台行使审判权,在地方仍是行政长官兼理司法,但辅助司法的属吏增多(如法曹参军、司法参军、司法佐、史);明朝以刑部、大理寺和都察院为中央司法机关,在地方与行政合一;清朝以刑部、通政使和大理寺卿组成的"九卿会审"为中央最高审级,地方以州县为第一审级,府为第二审级,省按察使为第三审级,总督、巡抚为第四审级,至清末,改刑部为法部,掌管司法行政,改大理寺为大理院,为最高审判机关并负责解释法律,监督各级审判,在地方州县设初级审判厅,府(直隶州)设地方审判厅,省设高级审判厅,同时在大理院和地方各级审判厅设立各级检察厅。国民党政府确立法院系统为地方法院、高等法院和最高法院三级,在最高法院设检察署,其他法院各设检察官若干人。中华人民共和国以最高人民法院及地方各级人民法院和专门人民法院组成审判机关,以最高人民检察院、地方各级人民检察院和专门人民检察院组成检察机关。

除司法机关以外,其他法律机构(如国民党政府的立法院、律师公会,中华人民共和国的权力机关、律师机构等)也在社会变迁中分化出来。

(三) 法律制度手段体系的分化

自古至今,法律制度的实用设备(如衙门、公堂、审判庭、刑具等)和象征标识(如印章、招牌、名称等)均有变化且随着时间推移而分化。中华人民共和国成立以来，法律制度手段体系趋于分化而日臻完备。

在上面的阐述中，我们发现法律制度三大要素处于不断的分化过程之中。但分化之中亦有整合，如奴隶制和封建制国家的君主始终控制立法权、行政权、审判权，并设置“三司推事”（唐朝）、“三司会审”（明朝）、“九卿会审”（清朝）等联合审判制度，及至封建社会后期，更加重视对司法机关的监督和制约。

二、法律制度分化的利弊

法律制度分化的结果是形成结构严密的法律体系、分工负责的法律机构和专门的手段体系。它的积极功能包括：

1. 适应现代社会充分分化的现实。法律制度分化取决于整个社会分化，服务于整个社会分化。

2. 提高工作效率。权力机关、审判机关、检察机关分别行使立法权、审判权、检察权，有利于提高工作效率。

3. 有利于互相监督和制约。权力机关可以监督审判机关和检察机关，审判机关和检察机关分工负责，且依法相互制约，有利于保障司法活动的顺利进行。

但是，法律制度分化与其他社会分化现象一样，具有局限性，其主要表现是：

1. 法律规范过度分化，容易发生相互抵触现象，并可能导致法律规范与社会现实的分离（如难以实施，不适应社会变迁等）；

2. 法律机构和法律职业者分工负责具体的法律事务，固然可以提高责任感和工作效率，但也可能出现相互扯皮和难以协调的情况。

三、法律制度的整合

为了防止法律制度因分化产生的种种问题，应在法律制度内部建立整合机构，即促使法律制度各要素、各部门一体化的机制。

从我国目前的情况看，宪法是法律规范整合的基础，法律规定的人民代表大会制度以及行政机关、审判机关、检察机关相互之间的配合制约关系是法律机构整合的基础，组织法和组织纪律是法律职业者整合的基础。此外，法律职业者共同体也起着整合作用。

目前我国法律界最严重的整合问题是地方保护主义和部门保护主义问题。应把这一问题纳入法律制度自身整合的体系之中加以解决。

【重要概念】

社会分化(social differentiation) 社会整合(social integration) 社会分层(social stratification) 社会流动(social mobility) 社会分工(social division of labour) 文化分化(cultural differentiation) 法律制度的分化(differentiation of legal institution)

【文献指引】

1. 陆学艺领导的中国社会科学院"当代中国社会结构变迁研究"课题组在全国开展大规模的社会调查的基础上,撰写了《当代中国社会阶层研究报告》。该书包括"当代中国社会各阶层研究总报告""专题研究报告"和"市县个案研究报告"三部分,是研究当代中国社会阶层的重要成果。参见陆学艺主编:《当代中国社会阶层研究报告》,社会科学文献出版社 2002 年版。

2.《当代中国社会流动》是继《当代中国社会阶层研究报告》之后,中国社会科学院"当代中国社会结构变迁研究"课题组完成的又一力作。该书分析了新中国成立以来的五次社会流动以及各社会阶层的社会流动状况。参见陆学艺主编:《当代中国社会流动》,社会科学文献出版社 2004 年版。

3. 有关当代中国社会阶层及社会流动的研究成果,还有:许欣欣:《当代中国社会结构变迁与流动》,社会科学文献出版社 2000 年版;尹焕三:《当代中国社会阶层的分化与流动》,山西人民出版社 2002 年版;陆学艺等:《邓小平理论与当代中国社会阶层结构变迁》,经济管理出版社 2002 年版;胡秀娥、安姝:《现阶段我国社会阶级阶层变动研究》,中国文史出版社 2005 年版;杨继绳:《中国当代社会各阶层分析》,甘肃人民出版社 2006 年版;王春光:《社会流动和社会重构:京城"浙江村"研究》,浙江人民出版社 1995 年版。

4. 迪尔凯姆的《社会分工论》是社会学经典著作。该书包括"劳动分工的功能""原因和条件""反常形式"三卷,从法的角度具体阐释集体意识的社会作用。参见[法]埃米尔·涂尔干:《社会分工论》,渠东译,三联书店 2000 年版。

5. 杨力考察了社会分层与法律秩序的关联,认为资源配置关系构成法律秩序的生成基础,现代法律秩序生长需要一个开放、合理的分层结构,阶层意识也对法律秩序产生影响。参见杨力:《社会分层与法律秩序的关联考察》,《学海》2006 年第 2 期。

【研究选题】

1.《当代中国社会阶层研究报告》读书报告。

2.《当代中国社会流动》读书报告。

3. 论法律制度运行与社会阶层的关联。

4. 城乡一体化与法律制度变革。

5. 论社会分层问题与户籍制度改革。

6. 关于“第二代农民工”问题的研究综述。

7. 试评“检警一体化”观点。

8. 法律职业的代际传承调研。

第十四章　法律与社会政策

在现代社会，社会冲突不断，越轨行为频发，社会问题成堆，国家和政府应对如此复杂的社会环境，建立起公平正义的社会秩序，必有赖于正确的社会政策。

社会政策源于19世纪70年代的德国。当时主张通过社会政策改良资本主义制度的德国“新历史学派”，为解决最迫切的社会问题——劳资冲突，组织了“德国社会政策学会”。“社会政策”一词发端于此。日本仿效德国，于1897年成立了“日本社会政策学会”。我国所用“社会政策”一词，亦源于日文。

社会政策是社会学研究的一项重要内容，也应当成为法律社会学研究的主要内容之一。研究社会政策，有助于对社会法本质及其重要性的理解，有助于深入了解法律制度的社会需求。

本章将在阐述社会公平与社会政策理论的基础上，重点研究社会政策法律化以及社会政策与社会立法的相关理论。

第一节　社会公平与社会政策理论

一、社会公平

（一）社会公平的定义

由于视角不同，社会公平有多种定义，如：社会公平是指获得或损失利益的机会均等、规则均等；社会公平是指以共同的价值观为基础，具有历史必然性并成为社会进步基础的公平观念；社会公平是指将收入差距维持在现阶段社会各阶层公民所能接受的合理范围内；社会公平是指全社会公民能够平等自由并遵照一定的法律规范，享用社会所提供的各类有效资源的一种状态；社会公平是指无论需要、种族、收入、政治倾向而给所有人分配同样的权力和服务。

不同时代有不同时代的社会公平定义，不同利益集团对社会公平有不同的理解。社会公平是一个很难定义的概念。

从法律社会学的视角看，社会公平是指社会成员在政治、经济、文化、社会等方面享有合理的权力和利益。

社会公平与社会平等、社会正义、社会公正等概念往往被人们不加区分地使用。由于这些概念不是被严格定义的法律概念,所以要辨别也非常不容易。我们认为,社会平等是社会公平的基础,是社会公平的基准线,但不等于社会公平。在一般情况下,社会平等是符合社会公平要求的,但对弱势群体的倾斜保护也是符合社会公平的。社会正义是一个更宽泛的概念,社会公平是一种社会正义,社会平等也是一种社会正义,效率也是一种社会正义,——凡被认为是符合人类进步要求的,都是社会正义。① 社会公正,有时与社会公平不加区别,或可理解为社会公平正义。

与上述概念相反的概念有社会不公、社会不平等、非正义、不正之风等。

(二) 社会公平的内容

按照通说,社会公平的内容包括权利公平、机会公平、规则公平和分配公平。②

权利公平是指法律面前人人平等。权利公平要求法律赋予每一个社会主体同样的权利和义务,不承认任何凌驾于法律之上或超越法律的特权,正如法国《人权宣言》所称:“平等就是人人能够享有相同的权利。”我国宪法规定,中华人民共和国公民在法律面前一律平等。国家尊重和保障人权。任何公民享有宪法和法律规定的权利,同时必须履行宪法和法律规定的义务。这就是权利公平的集中体现。

机会公平是指每一个社会主体在其生存、发展和社会活动中享有同样的机会。每一个人来到世上,都有活下去的机会(也可能有的人活得长,也可能有的人获得短)。每一个人在成长过程中,都应当都有发展的机会。国家和社会应当为每一人提供同样的受教育机会(可能有的人学得好,有的人学得差)。每一个人都有参与政治、经济、文化等社会活动并实现自身价值的机会。每一个人都应当有选择信仰、专业、职业,乃至选择配偶的机会。应当打破各种各样的垄断和壁垒,废除种种社会歧视和社会排斥。信息公开也是机会公平的要求。

规则公平是指每一个社会主体在社会活动中适用相同的规则,按照相同的规则实现权利,获得利益。规则公平一方面要求制定公平的规则,另一方面要

---

① 《礼记·中庸》《尔雅·释天》均谓:“义者,宜也。”

② 肖玉明认为,现代社会公平主要表现在权利公平、机会公平、规则公平、效率公平、分配公平、社会保障公平等六个方面。参见肖玉明:《社会公平与和谐社会》,《光明日报》2005 年 4 月 26 日。

求遵守公平的规则。制定规则要考虑绝大多数人的利益,同时也考虑少数人的正当利益。每个人都有机会参与游戏,倘若每个人的游戏规则不同,自然谈不上公平。所以必须避免既当运动员又当裁判的现象。[①] 规则公平要求废除特权现象,同时要求对不遵守规则行为采取纠正措施,维护遵守规则者的正当利益。

分配公平是指结果上的公平。分配公平一方面要求分配利益的标准要统一,另一方面要求对严重失衡的分配结果要纠正。在经济领域,分配公平体现在一、二次分配上。按照现行法律规定,一次分配按照资本、劳动等因素分配。由于社会主体所拥有的资本、知识、能力、体力等有所不同,为纠正一次分配导致的财富分配失衡状态,政府采取税收、财政、社会保障等手段进行二次分配。《中共中央关于建立社会主义市场经济体制若干问题的决定》(1993 年 11 月 14 日)提出:“建立以按劳分配为主体,效率优先、兼顾公平的收入分配制度,鼓励一部分地区一部分人先富起来,走共同富裕的道路。”《中共中央关于构建社会主义和谐社会若干重大问题的决定》(2006 年 10 月 11 日)强调:“完善收入分配制度,规范收入分配秩序。坚持按劳分配为主体、多种分配方式并存的分配制度,加强收入分配宏观调节,在经济发展的基础上,更加注重社会公平,着力提高低收入者收入水平,逐步扩大中等收入者比重,有效调节过高收入,坚决取缔非法收入,促进共同富裕。”这对分配公平提出了更高的要求。

维护社会公平是社会政策的基本任务。

二、社会歧视与社会排斥

社会歧视与社会排斥是实现社会公平的严重障碍。社会歧视与社会排斥是既有区别又紧密联系的两个概念。

(一) 社会歧视

社会歧视是指针对某一特殊社会群体的不公平、不合理的社会心理、社会行为或制度安排。社会歧视表现为一种不正常的社会心理,即社会上某一群体的成员看不起另一群体的成员;社会歧视也表现为一种不正常的社会行为,社会上某一群体的成员基于社会偏见不公平地对待另一群体的成员;社会歧视表现为一种不合理的制度安排,社会上某一群体对另一群体的歧视被制度化。

① 如《民事诉讼法》规定,院长担任审判长时的回避,由审判委员会决定;审判人员的回避,由院长决定;其他人员的回避,由审判长决定。此类的规定,就是要避免既当运动员又当裁判的现象。

从历史或现实角度考察，存在过或仍然存在的社会歧视有：性别歧视、种族歧视、种姓歧视、民族(族群)歧视、地域歧视、年龄歧视、其他生理歧视(如长相、健康、体态、言语动作习惯等方面)、出身歧视、身份歧视、文化歧视、就业歧视、政治歧视、经济歧视等。这些社会歧视大致上可分为三类：一类是基于生理的；一类是基于自然的，还有一类是基于各种社会原因。

社会歧视造成社会隔阂，破坏社会团结，减弱社会凝聚力，影响社会整合，是社会排斥的重要根源。消除社会歧视，需要发展教育事业，需要培养先进文化，消除社会歧视的不正常心理；普及法律常识，强调人格平等和“公民的人格尊严不受侵犯”，对不公平行为采取包括法律措施在内的救济；[①]对基于社会歧视的制度安排，要解决废除。消除社会歧视是社会政策的重要任务。

（二）社会排斥

社会排斥理论的出现和发展经历了一个较长的过程。早在20世纪60年代，排斥问题开始成为法国人讨论的主题。1974年，法国学者维莱·勒内(René Lenior)首先明确提出了“社会排斥”这一概念，用以阐述被排斥在就业岗位正式来源和收入保障制度之外的特定社会边缘群体的状态。维莱·勒内估计当时法国受排斥者达到了其全国人口的十分之一。这些人包括精神病患者、身体残疾者、有自杀倾向者、老年病人、受虐待的儿童、吸食毒品者、有越轨行为者、单亲父母、多问题家庭、边缘人、反社会者和社会不适应者。[②]

社会排斥，也称为社会排挤，是指一定的社会成员或者社会群体在一定程度上被排斥在社会主流关系网络之外，不能获取正当的经济、政治、公共服务等资源的过程或者状态。社会排斥可能是基于社会歧视而发生，也可能是基于利益冲突而发生，一次与社会歧视既有联系，也有区别。社会排斥不仅仅表现为一种心态，更表现为一种行动。

社会排斥包括政治排斥、经济排斥、文化排斥等方面。在政治排斥方面，中国的古代的禁锢制度、美国的麦卡锡主义就是例证。经济排斥主要表现在对排斥某些社会群体、社会成员进入某些经济领域，获得公平的经济待遇和经济帮助。欧洲的早期社会排斥理论将社会成员在福利资源中不平等的分配视为部分社会成员被社会排斥的现象。部分社会成员被拒之文化教育大门之外也是

① 如2003年安徽省芜湖市新芜区人民法院审理的中国乙肝歧视第一案。

② 转引自李景治、熊光清：《中国城市中农民工群体的社会排斥问题》，《江苏行政学院学报》2006年第6期。

一种社会排斥。

在我们的社会,社会排斥现象依然在一定程度上存在。溺杀女婴是一种最恶劣的社会排斥,不幸的女婴被排斥在人世的大门之外。教育资源分配的不公平造成了教育排斥。就业以及职业准入上的性别、身高、健康、文凭、户籍等方面的歧视造成的社会排斥依然存在。比如身高,除了部分职业(如军人、警察、竞技体育、模特)的特殊要求外,附加的身高条件就是社会排斥的规定。

社会排斥是社会联结的断裂,是社会隔阂的制造者。反社会排斥是促进社会融合,建设社会主义和谐社会的重要任务。公平的社会政策和社会立法是消除社会排斥的基本保障。

三、社会政策

(一)社会政策的定义

社会政策有多种定义,如:社会政策是指公共领域为实现一定目标而制定的强制实施的方案;社会政策是指政府为管理社会公共事务、实现公共利益而制定的公共行为规范、行为准则和活动策略;社会政策是指政府所采取的一系列透过提供服务或资金直接影响公民福利和行动,其核心成分包括社会保险、公共援助、卫生福利服务和住房政策;社会政策是指对社会的外部事物再分配和社会利益特别是收入公平的计划;社会政策是指国家和社会运用行政和立法的手段,遵循一定的程序,动员、利用、分配与再分配各种社会资源,以解决社会问题,保障人民基本权益,实现社会公平的过程。

从法律社会学的视角看,社会政策是指国家或政府为解决社会问题、促进社会公平、消除社会排斥而采取的各种对策。

(二)社会政策的分类

社会政策可以依照不同的标准加以分类。

1. 依范围分类

有的学者将社会政策分为广义和狭义两类。广义的社会政策包括一国所有的政策,即国策;狭义的社会政策仅针对社会问题和社会不公平,是指保护弱势群体的政策。

2. 依对象分类

依调整对象,社会政策有:劳动政策;社会保障政策;住宅保障政策;医疗卫生政策;人口与计划生育政策;民族政策;“三农”政策;等等。

3. 依层次分类

依层次，社会政策可分类总政策、基本政策和具体政策。“一个中心，两个基本点”是我国当前指导经济社会发展的总政策。国家的基本政策，也就是基本国策。计划生育、环境保护、耕地保护、科教兴国、依法治国、对外开放等都是我国的基本国策。具体政策是实施基本政策目标的手段和措施，是基本政策的具体规定。

（三）社会政策过程

社会政策过程包括社会政策的制定、社会政策的实施和社会政策的终结等过程。

社会政策的制定从发现问题开始到政策方案出台，具体包括确认政策问题、建立政策议程、制定政策方案、政策方案优选、政策方案合法化等内容。

社会政策的实施是指将正式确定的政策方案加以贯彻、执行，以达到预期的政策目标的活动及过程，包括准备（制定实施计划、建立组织、宣传、物质准备和典型试点）和实施（包括指挥、协调、监督和控制等工作）两个阶段，前者包括制定实施计划、建立组织、宣传、物质准备和典型试点等工作；后者包括指挥、协调、监督和控制等工作。

社会政策的终结包括社会政策评估和社会政策终止。社会政策评估是对政策实施效果的分析研究。社会政策对社会问题可能产生的效果，有完全解决、部分解决、效果不明显、问题加剧和预防问题发生等。如“国家八七扶贫攻坚计划”，虽未完全实现用 7 年时间解决 8000 万人的贫困问题的政策目标，但大大缓解了贫困问题，属于部分解决。

第二节 社会政策法律化

法律法规是社会政策的重要表现形式。社会政策法律化是指国家机关将经过事件检验的社会政策上升为国家的法律法规，赋予社会政策以法律效力和国家强制力。社会政策法律化是非常必要的。

一、社会政策法律化的必要性

（一）法律化的社会政策更具规范性

《中国共产党党章》第 15 条规定：“有关全国性的重大政策问题，只有党中央有权作出决定，各部门、各地方的党组织可以向中央提出建议，但不得擅自作出决定和对外发表主张。”自改革开放以来,党中央制定了一系列重大政策,这些重大政策体现在中共中央的许多重要文献中。这些记载重大政策的文献指导着改革事业和法律的制定。如《中共中央关于经济体制改革的决定》(1984年10月20日)、《中共中央关于建立社会主义市场经济体制若干问题的决定》(1993年11月14日)、《中共中央关于完善社会主义市场经济体制若干问题的决定》(2003年10月14日)指导着我国经济体制改革和有关市场主体、市场行为以及市场竞争中弱者保障的立法;从十三大报告到十六大报告有关政治体制改革的陈述,指导着政治体制改革和有关促进政治民主和法治的立法;《中共中央关于教育体制改革的决定》(1985年5月27日)指导着教育立法;《中共中央关于科学技术体制改革的决定》(1985年3月13日)指导着科学技术体制改革和科技立法;《中共中央关于构建社会主义和谐社会若干重大问题的决定》(2006年10月11日)必将在社会保障体制改革和社会立法方面发挥重要的指导作用。而《中共中央关于全面深化改革若干重大问题的决定》(2013年11月12日)则是新形势下全面深化改革的纲领性文件,标志着从1978年开始中国改革开放进入新阶段。

法律化的社会政策比非法律化的社会政策更具有规范性。非法律化的社会政策毕竟不是法律,不具有法律规范所独有的严密逻辑结构,在实施过程中作为行为规则和裁判规则缺乏法律的操作性,因而影响其实施的效果。以计划生育为例,首先是党中央作出实行计划生育的政策,在全国推行,而后地方纷纷制定计划生育条例,最后于2001年12月29日制定了《人口与计划生育法》。《人口与计划生育法》汲取了计划生育政策实践的经验,但比未法律化的计划生育政策更加规范,更具操作性。《农村土地承包法》也是农村土地承包政策实践的总结,但比未法律化的农村土地承包政策更加规范,更具操作性。

(二)法律化的社会政策更具强制力

法律具有以下特征:它是调整社会关系的规范,具有规范性;它有国家专门机关制定或认可,具有国家性、权威性;它以国家强制力保证实施,具有强制性。法律既不同于一般社会规范,也不同于非法律化的社会政策。宪法规定,一切国家机关和武装力量、各政党和各社会团体、各企业事业组织都必须遵守宪法和法律。一切违反宪法和法律的行为,必须予以追究。

(三)法律化的社会政策更具持久性

社会政策一旦法律化就上升为国家意志。由于立法程序的严谨性,体现社会政策的法律不经过立法程序不能修改和废除。因此,与非法律化的社会政策相比,法律化的社会政策更具有持久性。

二、社会政策法律化的方式

(一) 将经过实践的社会政策通过立法程序法律化

上文提到的《人口与计划生育法》是计划生育政策的法律化,《农村土地承包法》是农村土地承包政策的法律化。此外,《教育法》《义务教育法》《高等教育法》《民办教育促进法》是教育政策的法律化,《劳动法》《劳动合同法》是劳动政策的法律化,《妇女权益保障法》《未成年人保护法》《预防未成年人犯罪法》《老年人权益保障法》《残疾人保障法》《消费者权益保护法》等立法是保护弱势群体政策的法律化。

(二) 将政策直接规定为法律渊源

在立法缺乏的情况下,政策成为法律渊源,这在新中国成立以来很长一段时间内存在。1984 年 8 月 30 日最高人民法院审判委员会讨论通过的《最高人民法院关于贯彻执行民事政策法律若干问题的意见》规定:“人民法院审理继承案件,应根据宪法、婚姻法和有关政策法律的规定……”“人民法院审理房屋案件,必须根据宪法和有关政策、法律的规定……”“对华侨和港、澳、台同胞的房产确权问题,应依有关政策规定处理。”1986 年 4 月 12 日通过的《民法通则》第 6 条规定:“民事活动必须遵守法律,法律没有规定的,应当遵守国家政策。”此后的其他法律,罕见直接将政策规定为法律渊源。《民法总则》不再将国家政策规定为一般性法律渊源。

第三节　社会政策与社会立法

社会政策法律化在各法律部门都有所体现,但最直接和最集中的是社会法部门。我们可以把体现社会政策的立法称之为社会立法。

一、体现社会政策的社会法部门

在各大法律部类中,公法、私法和社会法具有不同的目标和任务,社会法以保护国家利益、私人利益以外的社会利益为己任,倾斜保护弱者,通过对劳动者等弱势群体以及脆弱的环境、资源的特别保护,恢复利益平衡局面。社会法是对公法、私法的弥补和矫正。

以解决社会问题、促进社会公平、消除社会排斥为己任的社会政策,其法律化的形式主要体现为社会法。劳动法、社会保障法、环境资源法、弱势群体保护法等立法与社会政策有不可分割的关系。

社会法部门集中体现社会政策并不等于其他法律部类、法律部门不体现社会政策。其实,根本的社会政策在宪法部门体现;与社会政策相关的财政政策在行政法部门的财政行政法中体现;与社会政策有关的刑事政策在刑法部门体现;与社会政策相关的教育政策在教育行政法中体现;等等。

二、人口与计划生育制度

(一) 中国的人口问题

中国人口在停滞了一百多年后,于 1949 年后再次快速增长,由 1953 年超过 6 亿,1964 年超过 7 亿,1982 年超过 10 亿,1990 年超过 11 亿,2010 年超出 13.7 亿。中国面临着严重的人口压力。从下表可以看出新中国成立以来人口变化的情况。

普查次别	标准时间	总人口(人)	性别比①	年平均增长率
第一次全国人口调查登记	1953 年 7 月 1 日 0 时	601938035	107.56	—
第二次全国人口普查	1964 年 7 月 1 日 0 时	723070269	105.46	1.83%
第三次全国人口普查	1982 年 7 月 1 日 0 时	1031882511	106.3	2.1%
第四次全国人口普查	1990 年 7 月 1 日 0 时	1160017381	106.6	1.48%
第五次全国人口普查结果	2000 年 11 月 1 日 0 时	129533 万	106.74	1.07%
第六次全国人口普查结果	2010 年 11 月 1 日 0 时	1370536875	105.20	0.57%

从上表可以看出,我国自 20 世纪 70 年代末开始实行的计划生育基本国策,取得了举世瞩目的成就:人口过快增长的势头得到有效控制,人口再生产类型基本实现了由高出生、低死亡、高增长到低出生、低死亡、低增长的历史性转变,我国进入世界低生育水平国家的行列。出生人口素质不断提高,婴幼儿健康水平得到很大改善;人民群众传统婚育观念明显转变,计划生育这一基本国策基本上已为人民群众所接受。计划生育工作有力地促进了综合国力的提高、社会的进步和人民生活的改善。通过实践,我国成功地摸索出一条有中国特色

① 性别比是指以女性为 100,男性对女性的比例。

综合治理人口问题的道路。同时又要看到，目前我国生产力水平还比较低，各地方发展很不平衡，社会保障制度尚不健全，如何合理调整人口政策，以应对老龄化的挑战，是一个重大的课题。

（二）现行人口与计划生育立法与政策

第九届全国人民代表大会常务委员会第二十五次会议于2001年12月29日通过了《人口与计划生育法》，规定自2002年9月1日起施行。该法规定实行计划生育是国家的基本国策，并规定了生育政策、计划生育的鼓励政策、社会抚养费制度等。

考虑到我国计划生育工作已经取得巨大成就，控制了人口过快增长，为适应我国经济社会的发展和人口形势的变化，2013年12月28日十二届全国人大常委会第六次会议审议了国务院关于调整完善生育政策的议案，作出了《关于调整完善生育政策的决议》，同意启动实施一方是独生子女的夫妇可生育两个孩子的政策。2015年12月27日第十二届全国人大常委会第十八次会议通过《关于修改〈中华人民共和国人口与计划生育法〉的决定》，规定“国家提倡一对夫妻生育两个子女”。

（三）人口与计划生育法律制度实施中的问题

《人口与计划生育法》施行以来，人口与计划生育工作的法治化水平得到提高，但人口与计划生育事业存在的一些问题依然没有得到根本解决。如：

1. 非医学需要的胎儿性别鉴定和选择性别的人工终止妊娠问题

第五次全国人口普查结果显示：我国新生儿出生性别比已高达116.9，[①]远高于国际认同的最高警戒线——107，而实际上我国局部地区的性别比甚至接近150，这已使我国成为全球人口性别比最不平衡的国家之一。目前有些机构、人员利用B超等仪器设备进行非医学需要的胎儿性别鉴定和选择性别的人工终止妊娠，严重危害了出生人口性别比例平衡，破坏了计划生育工作秩序。虽然《人口与计划生育法》规定“严禁利用超声技术和其他技术手段进行非医学需要的胎儿性别鉴定；严禁非医学需要的选择性别的人工终止妊娠”，并明确规定了对这种违法行为的处罚，但这种违法行为依然屡禁不止。2005年12月首次提请全国人大常委会第十九次会议审议的刑法修正案（六）草案曾规定：“在刑法第三百三十六条后增加一条，作为第三百三十六条之一：违反国家规定，为他人进行非医学需要的胎儿性别鉴定，导致选择性别、人工终止妊娠后果，情节严

① 2008年我国的出生性别比甚至达到120.56。

重的,处三年以下有期徒刑、拘役或者管制,并处罚金。”但终因意见分歧较大,刑法修正案(六)未作规定。

2. 与人口与计划生育工作相关的社会保障问题

《人口与计划生育法》明确规定“国家依靠宣传教育、科学技术进步、综合服务、建立健全奖励和社会保障制度,开展人口与计划生育工作”,“国家建立、健全基本养老保险、基本医疗保险、生育保险和社会福利等社会保障制度,促进计划生育”,但由于我国社会保障历史欠账过多,多年来一直采取“混账”“空账”运营方式,并未从根本上解决现有以及未来人口的社会保障问题,而社会保障问题的存在又导致人口与计划生育工作基础不稳。

三、劳动法律制度

(一) 现行劳动立法

我国现行劳动法体系包括《劳动法》《工会法》《安全生产法》《矿山安全法》等法律以及法规规章。《劳动法》于 1994 年 7 月 5 日由第八届全国人民代表大会常务委员会第八次会议通过,自 1995 年 1 月 1 日起施行,是劳动法体系的核心。《劳动法》规定了劳动者的基本权利和义务和用人单位的基本义务,规定了促进就业、劳动合同和集体合同、工作时间和休息休假、工资、劳动安全卫生、女职工和未成年工特殊保护、职业培训、社会保险和福利、劳动争议、监督检查、法律责任等制度。

(二) 劳动法体系的完善

劳动法体系尚不完整,《集体合同法》《工资法》等法律应尽早制定。

(三) 劳动法施行中的问题

劳动法、劳动合同法等劳动法律在施行中还处在各种问题。详见第九章第二节“法律制度运行的评价”有关内容,此处不赘述。

四、社会保障法律制度

(一) 中国的社会保障问题

经过多年的努力,中国社会保障事业取得了一定成就,当前面临着严峻的挑战,但也存在良好的机遇。中国社会保障事业面临的挑战在于:社会保障历史债务沉重;人口老龄化加速;城乡以及东西部社会保障严重失衡;立法滞后和执法不严。中国社会保障事业面临的机遇在于:中国经济持续稳定发展;中国目前正处于人口抚养比最低、劳动人口负担最轻的时间；法治进程顺利推进。[①]

（二）现行社会保障立法

现行社会保障立法在法律层次上只有《社会保险法》《军人保险法》《职业病防治法》和《劳动法》第九章"社会保险和福利"7个条文；在行政法规层次上有《社会保险费征缴暂行条例》《工伤保险条例》《失业保险条例》《社会救助暂行办法》《军人抚恤优待条例》和《退伍义务兵安置条例》等。社会保障立法尚不健全。

（三）社会保障法律制度的完善

社会保障法体系中还需要制定若干法律，应确立社会保障基本国策，加快社会保障立法进程，建立与社会保障基本国策相适应的管理体制，建立社会保障司法机构。[②]

五、教育法律制度

（一）中国的教育问题

中国的教育问题主要表现在以下几个方面：

1. 教育经费投入不足问题

教育经费投入不足，一直是困扰我国教育事业发展的一个关键问题。《中国教育改革和发展纲要》（中共中央、国务院1993年2月13日印发）提出："逐步提高国家财政性教育经费支出（包括：各级财政对教育的拨款，城乡教育费附加，企业用于举办中小学的经费，校办产业减免税部分）占国民生产总值的比例，本世纪末达到4%。计划、财政、税务等部门要制定相应的政策措施，认真加以落实。"《教育法》也规定："国家财政性教育经费支出占国民生产总值的比例应当随着国民经济的发展和财政收入的增长逐步提高。具体比例和实施步骤同国务院规定。""全国各级财政支出总额中教育经费所占比例应当随着国民经济的发展逐步提高。"国民经济一直保持良好的发展势头，国家财政性教育经费支出占国民生产总值的比例多年来呈停滞或徘徊之势。2012年，国家财政性教育经费为22236.23亿元，占GDP比例为4.28%，终于突破了4%。

2. 教育公平问题

教育公平是社会公平的基础。我国教育不公平的现象依然严重地存在，其

① 详见陈信勇：《论社会保障基本国策》，载于余逊达等主编：《民营经济与政府管理》，浙江大学出版社2006年版。

② 详见陈信勇：《论社会保障基本国策》，载于余逊达等主编：《民营经济与政府管理》，浙江大学出版社2006年版。

主要表现在：第一，地区差别。各地的教育差距仍然十分明显，且最发达地区和最贫困地区之间的差距仍在加大；第二，城乡差别。农村教育问题仍然突出；第三，阶层差别。城市不同阶层对入学机会和学校质量差距造成的不公平感受正在增加。全国数千万流动人口及其子女尚未享有公平的教育机会；第四，女性教育和少数民族教育方面也还存在不公平现象。①

3. 应试教育问题

应试教育问题在不同教育层次均存在，基础教育为提高升学率，以应试为中心，以应试为目标进行教学教育，进入高等教育阶段继续保持应试的心理惯性。应试教育的弊端有目共睹，成为社会共识，为人们所普遍痛恨，但是应试教育的局面并没有得到根本性改变。

(二) 现行教育立法

现行法律层次上的教育立法有《教育法》《教师法》《义务教育法》《高等教育法》《学位条例》《民办教育促进法》《职业教育法》《体育法》等法律。其中《教育法》是教育法体系的核心，1995 年 3 月 18 日第八届全国人民代表大会第三次会议通过，1995 年 9 月 1 日起施行。该法规定了“教育必须为社会主义现代化建设服务，必须与生产劳动相结合，培养德、智、体等方面全面发展的社会主义事业的建设者和接班人”为我国的教育方针；规定“中华人民共和国公民有受教育的权利和义务”，“公民不分民族、种族、性别、职业、财产状况、宗教信仰等，依法享有平等的受教育机会”；规定了教育基本制度、学校及其他教育机构、教师和其他教育工作者、受教育者、教育与社会、教育投入与条件保障、教育对外交流与合作、法律责任等内容。

(三) 教育法律制度的完善与实施

教育法律制度体系已基本形成，但尚需制定《教育投入法》《国家教育考试法》《学校法》《学位法》《终身教育法》等教育法律，同时要对原有的教育立法进行修订，改变教育立法的“软法”形象，提高法律的针对性、可操作性。

教育法律制度的贯彻实施是一项艰巨的社会工程。当前教育法律制度的贯彻实施仍然存在各种问题，如前述教育经费投入不足问题、教育公平问题、应试教育问题，此外还有学校不规范办学问题、教育乱收费问题、高校负债办学问

① 可参见陈信勇、蓝邓骏：《流动人口子女平等受教育权的应然与实然》，《浙江大学学报》人文社会科学版 2007 年第 6 期；陈信勇、贺天才：《高中阶段教育救助问题及其立法构想》，载于郑造桓主编《民生保障与社会建设》，浙江大学出版社 2013 年版。

题、学生权益受侵害问题，等等。全国人大常委会曾经于1996年对《教育法》的执法情况进行检查，[①]于1999年、2004年先后两次对《义务教育法》的执法情况进行检查。[②] 其他教育法律的实施情况也有必要进行检查。

六、住宅保障政策

（一）中国的住宅保障问题

城镇住房问题是一个关系广大城镇居民切身利益的大问题。新中国成立以后在计划经济体制下形成的城镇住房制度，存在着严重弊端。有鉴于此，国务院决定进行城镇住房制度改革。1987年7月、1987年10月、1988年1月，国务院先后批复同意烟台、蚌埠、唐山的城镇住房制度改革试行方案。1988年2月25日，国务院印发了国务院住房制度改革领导小组《关于在全国城镇分期分批推行住房制度改革的实施方案》。1991年6月7日，国务院发出《关于继续积极稳妥地进行城镇住房制度改革的通知》。1994年7月18日，国务院发布了《关于深化城镇住房制度改革的决定》。1998年7月3日，国务院发出《关于进一步深化城镇住房制度改革，加快住房建设的通知》。

城镇住房制度改革取得了巨大成就，但还存在以下问题：第一，经济适用房制度在实施中出现偏差和新的不公平；第二，住房公积金制度实施中存在两极分化、管理不善等问题；第三，住房补贴制度矛盾突出，住房补贴发放进展缓慢。

（二）现行住宅保障立法

我国的房改在制度化方面，也已取得一定的成绩，制定了《住房公积金管理条例》《物业管理条例》《个人住房贷款管理办法》《经济适用住房开发贷款管理暂行规定》《城镇最低收入家庭廉租住房管理办法》《城镇经济适用住房建设管理办法》等。

（三）住宅保障法律制度的完善

我国城镇住房制度改革的最终法律成果之一应当是一部符合中国国情、保障广大城镇居民居住权利的《住宅保障法》。《住宅保障法》的性质是社会保障

---

① 参见网上资料：全国人民代表大会/文献资料/报告/常委会执法检查报告/全国人大常委会执法检查组关于检查《中华人民共和国教育法》执行情况的报告（1996年10月26日）。

② 参见网上资料：全国人民代表大会/文献资料/报告/常委会执法检查报告/全国人大常委会执法检查组关于检查《中华人民共和国义务教育法》实施情况的报告（1999年12月24日）；全国人民代表大会/文献资料/报告/常委会执法检查报告/全国人大常委会执法检查组关于检查《中华人民共和国义务教育法》实施情况的报告（2004年10月26日）。

法,其立法宗旨是确保城镇居民(随着社会经济发展扩展到农村居民)的基本居住条件,奠定城镇住房制度的法律基础。该法应当规定城镇居民的居住权利,政府、单位和职工个人的在保障居民居住条件方面的共同义务,住房保障的管理体制,以及符合社会主义市场经济体制和社会保障原则要求的住房货币化分配制度、住房公积金制度、住房建设投资制度、住房金融制度、经济适用住房建设制度、住房供应制度、物业管理制度等具体制度。

七、弱势群体权益保障法律制度

(一) 中国的弱势群体权益保障问题

所谓弱势群体,是指由于自然、经济、社会和文化方面的低下状态而难以像正常人那样去化解社会问题造成的压力,导致其陷入困境、处于不利社会地位的人群或阶层。在当今社会,妇女、未成年人、老年人、残疾人、失地农民、农民工、消费者、归侨侨眷等均属弱势群体。下面仅以农民工为例予以简要说明。

农民工是我国改革开放和工业化、城镇化进程中涌现的一支新型劳动大军。大量农民进城务工或在乡镇企业就业,对我国现代化建设作出了重大贡献。但农民工面临的问题仍然十分突出。主要是:工资偏低,被拖欠现象严重;劳动时间长,安全条件差;缺乏社会保障,职业病和工伤事故多;培训就业、子女上学、生活居住等方面也存在诸多困难,经济、政治、文化权益得不到有效保障。这些问题引发了不少社会矛盾和纠纷。解决好这些问题,直接关系到维护社会公平正义,保持社会和谐稳定。

(二) 现行弱势群体权益保障立法及其完善

我国现行弱势群体权益保障立法有《妇女权益保障法》《未成年人保护法》《预防未成年人犯罪法》《老年人权益保障法》《残疾人保障法》《消费者权益保护法》《归侨侨眷权益保护法》等法律。

2006 年 3 月 27 日,国务院发布了《关于解决农民工问题的若干意见》。该意见包括以下内容:充分认识解决好农民工问题的重大意义;做好农民工工作的指导思想和基本原则;抓紧解决农民工工资偏低和拖欠问题;依法规范农民工劳动管理;搞好农民工就业服务和培训;积极稳妥地解决农民工社会保障问题;切实为农民工提供相关公共服务;健全维护农民工权益的保障机制;促进农村劳动力就地就近转移就业;加强和改进对农民工工作的领导。

【重要概念】

社会公平(social justice) 社会歧视(social discrimination) 社会排斥(social exclusion) 社会政策(social policy) 社会立法(social legislation)

【文献指引】

1. 有关社会政策的理论,可参阅郑杭生主编:《社会学概论新修》,中国人民大学出版社 2003 年第 3 版,第十九章;谢志强、李慧英主编:《社会政策概论》,中国水利水电出版社 2005 年版;丁建定主编:《社会政策概论》,华中科技大学出版社 2006 年版;庄华峰、杨钰侠、王先进主编:《社会政策导论》,合肥工业大学出版社 2005 年版;安东尼·哈尔、詹姆斯·梅志里:《发展型社会政策》,社会科学文献出版社 2006 年版;杨团、张秀兰主编:《当代社会政策研究(Ⅱ)》,中国劳动社会保障出版社 2007 年版;郑功成:《关注民生:郑功成教授访谈录》,人民出版社 2004 年版;郑功成:《构建和谐社会:郑功成教授演讲录》,人民出版社 2005 年版;郑功成:《科学发展与共享和谐——民生视野下的和谐社会》,人民出版社 2006 年版。

2. 关于社会不平等的理论,可参阅[美]戴维·波普诺的《社会学》,李强等译,社会科学文献出版社 2006 年版,第三部分"社会不平等"。

3. 董保华等所著《社会法原论》对社会法的产生和发展、社会法的规制对象、社会法的原则、社会法的客观法、社会法的调整模式、社会法的法律关系、社会法的执法程序以及社会法中的法律责任进行了深入的阐述,是社会法原理的创新之作。参见董保华等:《社会法原论》,中国政法大学出版社 2001 年版。

4. 有关社会保障法的理论,请参阅本人有关论著:陈信勇等:《社会保障法原理》,浙江大学出版社 2003 年版;陈信勇:《论社会保障基本国策》,载于余逊达等主编《民营经济与政府管理》,浙江大学出版社 2006 年版;陈信勇、蓝邓骏:《失土农民社会保障的制度建构》,《中国软科学》2004 年第 3 期;陈信勇、程敏:《论社会保险的刑法规制》,《贵州师范大学学报》2006 年第 4 期;陈信勇、金向英《农民工医疗救助研究》,《浙江大学学报》人文社会科学版 2006 年第 6 期。

5. 弱势群体的权利保护是一个理论问题,更是一个现实问题。齐延平主编的《社会弱势群体的权利保护》提出"人权首先是社会弱势群体的人权"的观点,对社会弱势群体权利的意蕴及权利保护的法理进行了阐述,分析了社会弱势群体的利益表达和法律援助机制,并对妇女、儿童、农民工及残疾人权利的法律保护进行了具体研究。

6. 关于弱势群体权利的保护,可参阅我国政府发表的白皮书,如《中国的儿童状况》(1996 年 4 月)、《中国的少数民族政策及其实践》(1999 年 9 月)、《中国的农村扶贫开发》(2001 年 10 月)、《中国的就业状况和政策》(2004 年 4 月)、《中国的社会保障状况和政策》(2004 年 9 月)、《2004 年中国人权事业的进展》(2005 年 4 月)、《中国性别平等与妇女发展状况》(2005 年 8 月)《中国老龄事业的发展》(2006 年 12 月)等。可从中央人民政府网站检索政府白皮书。

【研究选题】

1. 为什么要“更加注重社会公平”?

2. 社会上存在哪些严重的社会歧视现象?

3. 社会上存在哪些严重的社会排斥现象?

4. 社会立法应当包括哪些法律制度?

5. 计划生育政策的调整研究。

6. 你是否同意将宪法规定的“国家建立健全同经济发展水平相适应的社会保障制度”确定为基本国策?

7. 在促进教育公平方面,你有什么立法建议?

8. 你认为是否需要制定《住宅保障法》? 如果需要,你有哪些立法建议?

9. 解决农民工问题,你有哪些立法建议?

第十五章　法律与社会文化

社会学认为，人类社会生活的一切方面，包括社会化、社会互动、社会群体、社会制度、社会变迁等，均可归结为各种文化现象。文化联结着社会生活和社会运行的各个方面，人是文化的创造者，也是文化的产物。

法律制度在文化的变迁中运行，文化成为法律制度运行的动力或阻力。法律本身也是一种文化，——一种制度文化和一种精神文化。

本章将在阐述社会文化原理的基础上，分析作为制度文化的法律和作为精神文化的法律，以及影响法律制度运行的文化因素。

第一节　社会文化理论

一、社会文化的概念

社会文化是人类创造的一起成果，包括物质文化、精神文化和制度文化。

文化是社会不可或缺的要素，没有文化就没有社会。文化诸现象还可以进行分类。如马林诺夫斯基(B. Malinowski)根据文化的功能将文化现象分为四类：(1)物质设备；(2)精神方面的文化；(3)语言；(4)社会组织。[①]

美国的奥格本把文化现象划分为物质文化和非物质文化，其中非物质文化又划分出精神文化(宗教、艺术)和调适文化(制度、习惯)。[②]

司马云杰将文化现象分为第一类文化(自然史领域产生的文化，是人类生存的基础)和第二类文化(人类史领域产生的文化，是人类生存的样式和自我完善的方式)。第一类文化包括智能文化(科学、技术、知识等)和物质文化(包括房屋、器皿、机械等)，第二类文化包括规范文化(社会组织、制度、政治和法律形式、伦理、道德、风俗、习惯、语言、教育等)和精神文化(宗教、信仰、审美意识、文

① 马林诺夫斯基：《文化论》，商务印书馆1945年版，第4—8页。

② [美]奥格本：《社会变迁》，商务印书馆1935年版。

学、艺术等)。[①]

每一种文化都有其结构,这个结构包括文化特质、文化丛和文化模式三个层次。文化特质是组成文化的基本要素或最小单位,如象形字、纸、墨、笔、砚等就是中国传统文化中的文化特质;文化丛即文化特质丛,是因功能上相互联系而组合成的一组文化特质,如放烟花爆竹、挂灯笼、贴春联、串亲戚等构成中国春节文化的文化丛;文化模式是一个社会所有文化内容组合成的特殊结构,不同国家、不同民族甚至不同区域和不同群体具有特殊的文化模式。

文化具有自己的独特功能。文化各社会和民族区分的标志,文化使社会的行为规范系统化,文化奠定了社会团结的基础,文化塑造了社会的人。

文化功能的发挥就是文化过程。文化过程是文化发展、变化及文化互动的一种连续形态,包括文化积累、突变、冲突、适应、分化、整合以及控制等方面。

法律社会学具体研究两种文化过程:一是法律文化的历史过程;二是法律文化以外的文化影响法律制度运行的过程。法律文化总是与其他文化相互交织,相互作用,故此上述两种文化可以视为同一文化过程。

二、法律文化

(一) 法律文化的定义

对法律文化的定义是这项研究的开端。国内外学者曾给法律文化下过多种定义,如:

美国匹兹堡大学的 L. S. 温伯格和 J. W. 温伯格认为:"法律文化基本上是指人们对法律,法律机构和对法律判决的制作者的各种观念、态度和期望。"[②]

美国比较法学家亨利·W. 埃尔曼在其著作《比较法律文化》一书中阐述的法律文化概念是"使法律制度凝结在一起,决定法律制度作为一个整体的社会文化中的地位的态度和观念。比如,律师们和法官们具有什么训练和观念?人们对于法的看法如何?群体或个体愿意上法院打官司吗?人们抱有什么目的而求助于律师?他们抱有什么目的而利用其他官员和中间人?人们尊重法、尊重政府传统吗?各阶层使用或不使用法律制度有什么关系?除了正式的控制外,还有何种非正式的社会控制存在?哪类人喜用何种控制方法?为什么?"[③]

---

① 司马云杰:《文化社会学》,山东人民出版社 1987 年版,第 16 页。

② L. S. 温伯格、J. W. 温伯格:《论法律文化和美国人对法律的依赖性》,《法学译丛》1987 年第 1 期。

③ 转引自刘作翔:《论法律文化》,《法学研究》1988 年第 1 期。

刘学灵认为，法律文化就是社会观念形态、群体生活模式、社会规范和制度中有关法律的那一部分，即法律观念、法律心理、法律知识、法律经验、法律传统以及与它们相关的法律制度和法律思想体系的部分内容的总和，还包括社会总体文化作用于法律而产生的法律文化总功能。①

贺晓荣认为，法律文化作为一个系统，它是由法律制度，法学理论和法律观念三个因素组成的一种特有的文化机制。②

刘作翔分析了法律文化的内涵，认为法律文化是人类文化系统中独特的、不可缺少的一个组成部分，是人类在漫长的历史发展过程中从事法律活动所创作的智慧结晶和精神财富，是社会现象存在和发展的文化基础，既是以往人类法律活动的智慧凝结物，也是现实法律实践的一种文化状态和完善程度，是由社会的物质生活条件所决定的法律上层建筑的总称。一国的法律文化就表明了法律作为社会调整器的发展程度和状态，表现了社会上人们对法律、法律机构以及司法工作者等法律现象和法律活动的认识、价值观念、态度、信仰、知识等水平。

刘作翔认为，法律文化主要由法律意识形态和与法律意识形态相适应的法律制度、组织机构等两大部分构成。法律文化具有实践性、实用性、历史的连续性、互容性、政治功能等基本特征。③

郑成良认为法律文化由法律认知、法律情感和法律评价三大要素构成。其具体结构是：在“法律文化的公设”下，分为“与法律规范有关的认识、感情与评价取向”“与法律机构有关的认识、情感与评价取向”“与法律行为有关的认识、情感与评价取向”三个层面以及“法律文化的热点”。④

公丕祥认为，“法律文化是在一定社会物质生活条件的作用下，掌握国家政权的统治阶级所创制的法律规范、法律制度或者人们关于法律现象的态度、价值、信念、心理、感情、习惯以及学说理论的复合有机体。”⑤

我们认为，给法律文化下定义，要考虑两方面因素：一方面要考虑法律文化是作为社会整体文化的一个不可分离的部分而存在的，具有一般社会文化的特征；另一方面要考虑法律文化自身发展的规律。法律文化是因为人类社会进入

---

① 刘学灵：《论法律文化》，《社会学研究》1988 年第 1 期。

② 贺晓荣：《法制现代化的观念阻碍及文化背景》，《西北政法学院学报》1987 年第 1 期。

③ 刘作翔：《论法律文化》，《社会学研究》1989 年第 2 期。

④ 郑成良：《论法律文化的要素结构》，《社会学研究》1989 年第 2 期。

⑤ 公丕祥主编：《法律文化的冲突与融合》，中国广播电视出版社 1993 年版，第 4 页。

阶级社会、出现国家和法律制度而产生的一种特殊文化,具有与一般文化不同的特征。法律文化始终围绕法律制度社会化过程而产生、变迁、传播、冲突、分化和整合。法律文化发展过程与法律制度社会化过程是同步的。因此,我们认为法律文化是围绕法律制度社会化过程而形成的所有特质的复合体。

对于上述定义,需要说明以下几点:

第一,法律制度社会化过程是法律文化产生的基础。法律制度社会化过程包括了法律的生成和复现过程,纵向运行和横向运行过程,外向运行和内向运行(内化)过程。在上述各种具体过程中,法律制度主体及社会成员共同创造出丰富的法律文化特质。

第二,法律文化特质是全体社会成员共同创造的,其中法律职业者(包括立法工作、司法和执法工作者、法律服务人员、法律教育和研究人员)在创造法律文化方面起主导作用。

第三,法律文化是所有有关法律制度社会化的特质的复合体。法律文化既是法律制度社会化历史过程积累、扬弃的结果,又是法律制度社会化运行现状的基础。法律文化具有自身的内在体系和结构,并不是偶然集合的一堆特质。

第四,法律文化包括法律制度文化和法律精神文化两大要素,两大要素缺一不可。

(二) 法律文化的特征

法律文化具有下列基本特征:

1. 创造性

所有的法律文化都是社会成员创造的。法律文化不是上帝启示和赐予的,也不是人的天性(先天的)中本来就包含的,法律文化的“公正”“平等”等观念也是在人类的社会生活中产生的。

2. 继承性

人类的文化是代代相传,不断积累的。法律文化通过不同的传递媒介(如国家机关、法律职业者、社会组织、家庭、法律文献等)传递、继承下来。

3. 扬弃性

法律文化并非原封不动地继承下来。在法律制度社会化历史过程中,法律文化既积累、继承,同时又变迁、扬弃。特别是在政权更替之际,法律文化可能发生突变。

4. 实践性

法律文化是现行法律制度运行的基础,在法律制度社会化过程中产生、传播、冲突、分化、适应和整合。

为了更详细地分析法律文化过程和法律制度运行过程的文化因素，我们在以下各节中继续进行阐述。

（三）法律制度文化与法律精神文化

法律文化中的制度文化部分与精神文化部分是相辅相成的两个部分，其基本关系是：

第一，法律制度文化是法律精神文化的制度化形态。法律精神一旦上升到制度文化层次，为国家政权所接受，就开始了国家强制力保障运行的文化过程，产生更显著的社会效果。

第二，法律精神是法律制度文化的反映，也是法律制度文化过程的指导思想。没有法律制度文化，就不会有相应的法律精神文化，但是，法律制度文化过程一旦离开相应的法律精神文化，就会失去方向和动力。

法律制度文化是法律制度自身文化特质的总和。我们将法律制度理解为主体体系、规范体系和手段体系三要素的有机构成体系，因此法律制度文化也可分主体体系、规范体系和手段体系三部分。包括法律机构、法律职业者角色、法律规范、法律制度实用设备和象征标识等方面的文化特质。①

第二节　作为制度文化的法律

一、法律制度文化的产生、积累、继承与突变

法律制度文化的产生需要两个基本条件。其一是一定的物质生活，其二是一定的法律精神文化条件。奴隶制法律文化、封建制法律文化、资本主义法律文化和社会主义法律文化分别渊源于奴隶主私有制经济、封建私有制经济、资本主义私有制经济和社会主义公有制经济，以及在上述经济基础上形成的法律知识、法律观念、法律思想等。一定的经济基础不会自行萌发法律制度文化。法律规范的制定和颁行、法律机构的设置和手段体系的配置，是与一定的法律意识相联系的。

① 我们赞同将文化分为物质文化、精神文化和制度文化三部分的观点。制度文化是有关社会制度的规范、机构和手段的特质的总和，涉及物质、精神两方面的内容，但不同于物质、精神文化，具有相对的独立性。法律制度文化中的手段特质涉及物质，但从整体上看，手段特质仍然是法律制度文化不可缺少的组成部分。

法律制度文化是不断积累的,创造性的法律规范、新建置的法律机构和法律制度手段不断增多、更新和充实,使法律制度不断积累。继承和采借也可以成为法律制度文化的来源,如封建社会继承了奴隶社会中的某些法律规范,新中国成立初期留用部分旧司法人员;在立法中搬用或移植国外法律等。由于法律制度与国家政权和主权相联系,法律制度文化的继承和采借都是有限的,而且都被赋予了新的内涵。

在政权更替、社会制度发生根本变革以后,法律制度文化就要发生突变。如我国人民经过革命,建立人民民主政权,旧的法律制度文化就从根本上被消灭了,发生了突变,新的法律制度文化在新的社会环境中诞生。

二、法律制度文化的冲突、适应与整合

法律制度文化产生以后就要在一定的社会范围内传播,在传播过程中将发生冲突、适应、整合等现象。

法律制度文化的传播方式是法律制度的各种运行方式。法律制度文化为全社会所承认,并获得认同,在各种法律活动(如立法、司法、督法、法律服务、法律教学和法律研究)中被引用和传递、扩散,国家机关的各类法律文书是法律制度文化的重要传播媒介。在现代化信息日渐发达的今天,报纸、杂志、广播、电视、电影等大众媒介更有力地推动法律制度文化的传播。但是,在我国的农村,特别是落后农村,法律制度文化的传播状况很不理想,从而影响了法律制度运行的效果。

在法律制度文化的传播中,可以发生文化冲突现象。法律制度文化与旧的法律文化观念发生冲突,不同的法律制度文化(不同国家、不同法系、不同法域)之间发生冲突,诉讼制度与传统的"厌讼"心理发生冲突,等等。

新的法律制度文化对社会环境有一个适应过程。新中国成立以来,长期习惯于依政策办事,在强调依法办事、加强法制建设的今天,有许多人与法制原则不相适应,甚至发生对抗、排斥现象。只有不断推进法制事业,提高公民的法律意识,新的法律制度文化才会扎下根来,逐渐适应。大力发展法律精神文化是法律制度文化顺利适应社会和被社会适应的必不可少的步骤。

法律制度文化内部各部分需要相互协调和适应。法律制度文化与法律精神文化也需要相互适应。为了建设法治国家,现行的法律制度文化和精神文化(包括历史遗留的法律精神文化)须不断更新、协调、适应,融合成为新的社会主义法律文化。

第三节　作为精神文化的法律

一、法律精神文化的分类

法律作为精神文化，是指法律规范中所包含的精神因素（如法律思想和法律观念）以及在法律制度社会化过程中形成的意识形态，包括法律心理、法律知识、法律观念、法律价值评价、法律理论、法律思想等等。我们把上述现象统称为法律精神文化。

法律精神文化可以按照不同的标准进行分类。如：

按照法律精神文化的发展阶段，可将法律精神文化分为初级法律精神文化和高级法律精神文化，前者是其低级阶段，包括法律心理（习惯、情绪、态度、动机等）和法律常识等；后者其实是其高级阶段，包括法律理论（包括对法律制度的系统评价）和法律思想。

按照法律精神文化的实际地位，可将法律精神文化分为主导法律精神文化和副法律精神文化。前者一般是指与法律制度文化相一致的法律精神文化，因为与法律制度文化相一致的法律精神文化得到国家政权的大力推行，容易取得主导地位；后者一般是指不能取得主导地位，在一定群体、领域或区域内产生影响的法律精神文化，它可能是历史遗留下来退居次要地位的法律精神文化，也可能是在特定环境中滋长的对抗主导法律文化的现象，如历史遗留下来的"厌讼"心理、人治观念、特权观念和在违法犯罪群体中形成的违法犯罪心理、违法犯罪方法等。[①] 一般而言，副法律精神文化的作用是消极的，但新生的法律文化在没有取得主导地位之前，也是以法律精神文化状态存在的，故此不可一概而论。

二、法律精神文化的过程

法律精神文化在社会生活中也经历产生、积累、继承、突变、传播、冲突、适应、分化融合、整合的过程。法律精神文化过程与法律制度文化过程是同一个

① 许章润提出了"犯罪亚文化"的概念。他认为，所谓犯罪亚文化，是指犯罪亚群体在犯罪活动中逐渐形成并一体信奉和遵循与社会文化相对立的价值标准、行为方式及其现象的综合体。如犯罪暗语，犯罪亚群体及其规则、禁忌和仪式，文身，以及与犯罪有关的手势、图像等非语言符号，犯罪技巧、犯罪特征和反社会意识等现象。参见许章润：《论犯罪的文化原因》，《政法论坛》1991 年第 2 期。

过程,并非两个分离的过程,只是为了分析的需要才加以区别的。

法律精神文化的产生、传播和整合过程与法律制度文化不尽相同。

法律制度文化的产生依赖于国家政权,而法律精神文化既可能在国家政权的倡导下产生,也可能由社会成员自发产生。法律制度文化是单一的(如同一国家或同一法域内),而法律精神文化则可分为主导的或非主导的(即副法律精神文化)。法律精神文化往往比法律制度文化具有更大的惰性和保守性,在法律制度文化已经发生突变的情况下,法律精神文化未必也发生突变,从而在二者之间出现冲突和失调。

主导法律精神文化的传播是具有优势的,国家政权和广大社会成员参与其传递和扩散过程。我国的法律机构和法律职业者有宣传社会主义法制观念的职责。副法律精神文化在特定环境中传播,如老百姓可能会因为一次败诉而传播厌讼心理,违法犯罪分子在暗地里传授违法犯罪方法,鼓动违法犯罪心理,等等。主导法律精神文化与副法律精神文化必然发生冲突。要大力传播主导法律精神文化,并且抑制副法律精神文化的蔓延。《刑法》规定“传授犯罪方法的,处五年以下有期徒刑、拘役或者管制;情节严重的,处五年以上有期徒刑;情节特别严重的,处无期徒刑或者死刑”,旨在抑制副法律精神文化的蔓延。

法律教育和法律研究在传播法律精神文化方面起着重要作用。法制新闻和法制文艺对法律精神文化的传播作用也不应忽视。

第四节　法律制度运行的文化因素

在法律制度的运行过程中,文化因素(包括法律文化和其他文化)作用机制应当予以重视。

法律文化是法律制度中具有创造性的特质的总和。一般来说,法律文化构成法律制度运行的内在动力,其他社会文化可能促进法律制度的合理运行,但副法律文化(特别是犯罪副文化)则阻碍法律制度的有效实施。我们结合中国的实际情况,从文化动力和文化阻力两方面进行分析。

一、法律制度运行的文化动力

法律制度运行的文化动力是指文化在法律制度运行中所发挥的推进作用。

中国封建社会基本上以儒家伦理法文化作为法律发展的动力。“三纲五常”、中庸之道、礼法渗透等原则支配着封建立法、司法和守法。专制集权的政治文化和“三纲五常”的道德文化直接构成了中国封建法律文化的骨架。

在封建社会崩溃之后，中国社会继续寻找新的文化动力。国民党政府的立法吸收了西方国家的某些法律文化特质（法律形式和立法例），但其法律思想难以完全摆脱中国传统法律文化的影响。中国共产党领导的革命根据地政权在建立新的法律文化时做过尝试，积累了宝贵的经验。新中国成立以后，我国的法律文化重新开始建设。

中国的法律文化汲取了五方面的文化营养：

1. 马克思主义政治和法律思想（包括毛泽东、邓小平等领导人的政法思想）；

2. 采借苏联的社会主义法律文化（从法律制度到法学理论、法律思想、法律教育和研究模式等）；

3. 革命斗争经验（特别是革命根据地的法律实践经验）；

4. 中国传统法律文化。新中国的法律文化建设因历史原因遭受严重挫折，被迫终止，各个方面的法律文化也没有得到充分的融合。

5. 西方国家（主要是大陆法系国家）的法律文化。

自实行改革开放以来法律文化建设是积极的，我国的许多法律制度和法律思想不乏创造性，从法律制度运行的实际情况看，我们需要一种强大的法律文化动力。

值得注意的是，有的学者提出弘扬中国传统文化（有的干脆提倡新儒学文化），有的学者提倡采借、移植和引进外来法律文化（指西方法律文化）。我们认为，文化继承和文化采借都是文化积累的方式之一，但不论何者，均应与中国现实生活相适应。中国法律文化的出路还在于中国当代人（特别是法律职业者）的创造。

要形成一股强大的法律文化动力，推进法律制度运行，必须解决法律文化冲突问题。如何协调中国社会主义法律文化与中国传统法律文化的冲突，汲取传统文化的精华，排除传统文化中消极部分的阻力，是重建法律文化的重要课题。

二、法律制度运行的文化阻力

文化具有连续性、继承性，它可以为后代保留历史的财富，也可能给后代背上包袱。法律制度运行的文化阻力是指文化在法律制度运行中所发挥的阻碍作用。

中国传统文化具有高度的整合性。它在历史长河中得到高度的融合,在我们的某些现实生活中依然根深蒂固。旧的法律制度虽然已荡然无存,但某些旧的法律观念、法律习惯、法律心理却保留了下来。中国传统的法律精神文化的能量是不可低估的。

俞荣根在《儒家伦理法批判》一文中认为儒家伦理法是中国古代文化的基本精神,而儒家伦理法具有下列法文化品性:

1. 天下本位的法律意识(包括家族主义、大一统的君主主义、民本主义);
2. 德礼为主、法刑为辅的治理模式;
3. 中庸主义的法律方法论原则;
4. 以人伦道德义务为中心的法行为选择和法心理结构。

因此,俞荣根认为,在传统法文化中,诸如:天下本位的法意识,大一统的法观念,民本主义的法精神,“天、地、人”相参与、相协调的法心理,原始的综合治理模式;“正己”的法行为,“中和”与“和谐”的法律方法论原则,重调解的法律选择等等,都存在着现代化的改造转化的可能。但就在这些较能反映民族性、人民性的优秀层面中,也还同时含有“子民”意识、“厌讼”心理、义务本位、“清官”崇拜等消极内容。因此,在对其进行创造性的改造转化中,必须遵循马克思主义法学思想的基本原则,注意吸取西方法学在民主、自由、平等、权利、法治等方面代表人类社会发展方向的共同成果。①

武树臣等学者在《中国传统法律文化》一书中对中国传统文化进行了深入的阐述,指出中国传统法律文化的总体精神是单向“集体本位”,中国传统法律文化的宏观样式是“混合法”。②

中国传统法律文化中的积极成分可以继承,其成为法律制度运行的文化阻力的消极成分,则应设法消除。当然,排除文化阻力并非仅凭法律制度即可奏效,必须遵循文化变迁的客观规律。中国的传统法律与政治文化、道德文化有千丝万缕的紧密关系,必须在进行法律文化建设的同时,反思政治文化和道德文化,使这三者在民主、科学、平等、正义、自由、法治等原则的基础上重新融合,同时通过各种文化手段促使这三者适当的分化(特别在其文化深层),排除其相

① 耘耕:《儒家伦理法批判》,《中国法学》1990年第5期。
② 武树臣等:《中国传统法律文化》,北京大学出版社1994年版。

互之间消极因素的影响。总之,要在考虑重建新型中华文化前提下,考虑中国法律文化的重建。

【重要概念】

社会文化(social culture) 法律文化(legal culture) 法律制度文化(culture of legal institution) 法律精神文化(culture of legal spirit) 主导法律精神文化(control culture of legal spirit) 副法律精神文化(subculture of legal spirit) 犯罪亚文化(subculture of crime) 文化动力(driving force by culture) 文化阻力(resistance by culture)

【文献指引】

1. 关于法律文化的原理,可参阅刘作翔:《法律文化理论》,商务印书馆1999年版;刘进田、李少伟:《法律文化导论》,中国政法大学出版社2005年版。

2. 关于中国传统法律文化的研究成果,可参阅瞿同祖:《中国法律与中国社会》,中华书局1981年版;武树臣等:《中国传统法律文化》,北京大学出版社1994年版;梁治平:《寻求自然秩序中的和谐——中国传统法律文化研究》,中国政法大学出版社1997年版;马小红:《礼与法》,经济管理出版社1997年版;郝铁川:《中华法系研究》,复旦大学出版社1997年版;俞荣根:《儒家法思想通论》,广西人民出版社1998年第2版;姜军、孙镇平:《中国伦理化法律的思考》,华文出版社1999年版;马作武:《中国传统法律文化研究》,广东人民出版社2004年版。

3. 关于中西法律文化比较以及西方法律文化的研究成果,可参阅张中秋:《中西法律文化比较研究》,中国政法大学出版社2006年版;崔永东:《中西法律文化比较》,北京大学出版社2004年版;董茂云:《比较法律文化:法典法与判例法》,中国人民公安大学出版社2000年版;史彤彪:《中国法律文化对西方的影响》,河北人民出版社1999年版;刘金国主编:《人类法律文化的丰碑》,中国政法大学出版社2005年版;[意]D. 奈尔肯编:《比较法律文化论》,高鸿钧等译,清华大学出版社2003年版;[意]D. 奈尔肯、[英]J. 菲斯特编:《法律移植与法律文化》,高鸿钧等译,清华大学出版社2006年版。

4. 中国社会的法治化进程不可避免受到各种社会思潮的影响,了解各种社会思潮,有助于法律问题的深层次分析。有关中国当代的社会思潮,可参阅马立诚《当代中国八种社会思潮》,社会科学文献出版社2012年版。

【研究选题】

1. 法律文化研究综述。

2.《儒家法思想通论》(俞荣根著,广西人民出版社 1998 年第 2 版)读书报告。

3.《中西法律文化比较研究》(张中秋著,中国政法大学出版社 2006 年版)读书报告。

4. 法家、儒家经典选读。

5. 论法律与道德的互动。

6. 中国法治进程与法律文化建设研究。

第十六章　法律内化

社会化、内化是心理学、社会学研究的课题。心理学是研究人和动物心理活动和行为表现的一门科学，应用心理学的知识分析社会化、内化的心理基础，是不可或缺的。社会化、内化离不开感觉、知觉、思维、情绪、意志等心理活动，并与人格或个性密切相关。教育心理学、发展心理学、社会心理学等心理学分支学科离不开对社会化、内化的研究。

法律制度的社会运行包括外向运行和内向运行两种途径（或方向）。法律制度的内向运行需要通过法律内化来实现。

本章将在阐述社会化、内化理论的基础上，对法律内化的过程、条件进行分析，并研究法律心理与法律实施的关联。

第一节　社会化理论

一、社会化的概念

社会化，在社会学中是指人自身的发展成长过程，即“生物人”转变为“社会人”的过程。

社会化包括初始社会化、预期社会化、发展社会化、逆向社会化和再社会化等五种类型。初始社会化是发生在生命早期的社会化，是整个社会化过程的基础。预期社会化是以未来人生所要扮演的角色做好准备为内容的社会化，主要发生在青少年阶段。发展社会化，或称继续社会化，是指成年人为适应新的角色要求而进行的社会化。逆向社会化是指晚辈向长辈传授知识和规范的社会化。在传统社会中社会化一般以正向即长辈向晚辈传授知识和规范，逆向社会化很少见，但在现代社会中逆向社会化并不罕见。再社会化是指放弃原已习得的价值标准和行为规范，确立新的价值标准和行为规范。再社会化实际上是对人的一种改造。改造罪犯，让罪犯洗心革面，重新做人，是一种再社会化；生活环境发生巨大变化，必须放弃以来的生活方式，重建新的生活方式，也是一种再社会化。

社会化是社会和个人两方面合力的过程。从社会方面来说,社会继替需要培育一代一代新人,需要通过社会教化,使社会成员认同社会发展方向;从个人方面来说,个人进入社会,取得社会成员的资格,需要接受社会的教化,学习和掌握社会生活的知识、技能。社会生存环境与个人生存需要的统一,社会与个人的统一,这就是社会化的实质。

社会化是人类的特征之一。人之所以能够进行社会化,是因为人具有以下条件:

1. 人必须共同生活;
2. 人需要满足自己生理和心理上的需要;
3. 人有较长时间的生活依赖期;
4. 人有大脑及高级神经系统,具有思维能力;
5. 人有语言交往能力;
6. 人有很高的特殊学习能力。

二、社会化与内化

在社会学上,内化与社会化这两个概念并没有被严格地加以区别。社会学的文化学派认为社会化的实质是社会文化的内化。美国的社会心理学家米德认为,把别人的态度内化,并按照社会上其他人的一般期待判断自己的行为的过程,就是社会化过程。某些社会学家在使用这两个概念时稍加区别,强调社会化是生物人向社会人的转化过程,内化则主要是对社会文化的接受。

从一些学者概括的社会化内容看,内化与社会化的内涵是相近的。郑杭生等人认为,社会化的基本内容包括:促进个性形成和发展,培养完善的自我观念;内化价值观念,传递社会文化;掌握生活技能,培养社会角色。① 上述内容也就是个体内化的基本内容。当然不能说两者是完全相同的一个概念。迪尔凯姆最初使用内化概念时,仅指社会规范通过内化过程深植于个人意识之中,而后扩大到社会文化的内化。而社会化的概念也同样从狭义(仅指个体的社会化,特别是指未成年人的社会化)演变为广义(不仅指个体的社会化,也指社会群体的社会化;不仅指未成年人的社会化,而且指个体一生各个阶段为适应社会而进行的社会化)。内化仅强调社会文化的接受,而社会化则强调其明确的目的性。

① 郑杭生主编:《社会学概论新编》,中国人民大学出版社 1987 年,第 110—115 页。

我们认为，内化是社会化的基本途径和方式。虽然它们在词义上有细微差别，但可以认为两者是相近的两个概念。

我们研究法律制度社会化规律的一项内容，就是通过研究法律内化来了解个体的法律社会化过程，即法律制度的内向运行。[①]

法律内化是指个体获取法律文化(包括法律文化和法律精神文化)的过程。我们可以从法律内化过程和法律内化条件两个方面进行研究。

第二节　法律内化过程

有的社会学家认为，内化就是学习，即个体不断获得知识经验和技巧，形成新习惯，改变自己的行为的过程。学习，从狭义上理解，是指学习者有目的、有计划、有系统掌握知识技能和行为规范的活动。

法律内化实际上也是一个法律文化的学习过程，是个体认识法律文化(包括法律制度等)的活动。通过个体的行为反馈和社会影响也可实现法律内化。因此，我们将法律内化过程分为学习、反馈和影响三种途径。

一、学习

学习法律文化，是个体的法律内化的基本途径，既包括个体学习法律制度文化(如学习宪法、法律及其他法律规范，了解法律机构和法律职业者及其手段体系)的内容，又包括个体学习法律精神文化(如学习法学理论、法律思想、体验法律价值、法律观念和法律理想，形成法律心理和法律习惯等)的内容。

法律内化的学习模式如下图：

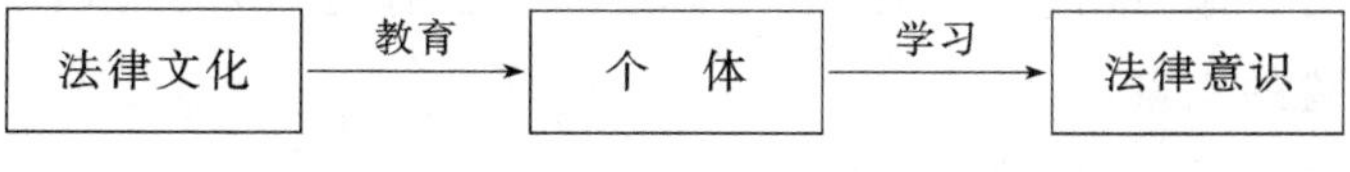

不同的个体心理素质不同，其学习的要求及效果不尽相同。法学专业学生与一般社会成员学习法律的目的、方法和效果都不同。法律学习(不论专业的或非专业的)应符合心理学和教育学的原理。

---

① 塔普、列文首先明确地提出“法律社会化”(legal socialization)的概念，并认为法律社会化的目标是促进相互的权利意识和法律能力。参见琼・路因・塔普、费莱斯・J・列文：《法律社会化》，陈信勇译，载于杭州大学法学院、浙江省法制研究所主编：《法治研究(1997)》，杭州大学出版社1998年版。

值得注意的是,亚法律文化也可以通过学习而获得。美国心理学家班杜拉通过实验证明,儿童们的侵犯行为是通过模仿和酬赏性强化习得的。犯罪心理学的许多理论也证明犯罪亚文化的传播性。犯罪分子之间相互传授犯罪技巧和犯罪暗语,培养反社会意识。犯罪亚文化对犯罪亚群体及其活动具有凝聚力、感召力,具有吸收和同化功能。犯罪团体、集团乃至犯罪黑社会的形成,无不起因于犯罪亚文化的传播。

二、反馈

在个体的法律内化过程中,行为反馈机制不应忽视。个体的法律意识并不完全直接来源于书本,更主要的是来源于日常行为的反馈过程。

法律内化过程的反馈模式如下图:

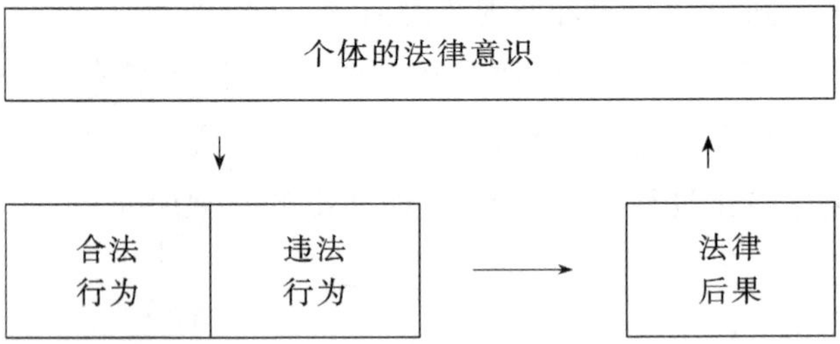

各种法律行为和违法行为均可产生反馈作用,强化个体的法律意识。依法办事,得到预期的法律后果(如依法签订合同,合同产生法律约束力,双方履行了合同义务,就强化了合同法律意识);相反,如果违法犯罪,受到法律制裁,就同样从反面加强了法律意识,了解到法律的权威。当然,根据心理学原理,单纯惩罚或报复,不能有效地改造违法犯罪者的心理,甚至可能适得其反。对违法犯罪者改造,应当将灌输、引导与惩罚结合起来。

一个人的法律习惯、法律心理、法律观念等法律意识的形成,不是先天的,而是后天经验的积累。

三、影响

社会影响在很大程度上促进了法律内化。社会影响以暗示、模仿、感染、时尚、流行、社会舆论、社会规范、命令、说服多种方式实现个体的内化。

法律内化过程中的社会影响模式如下图:

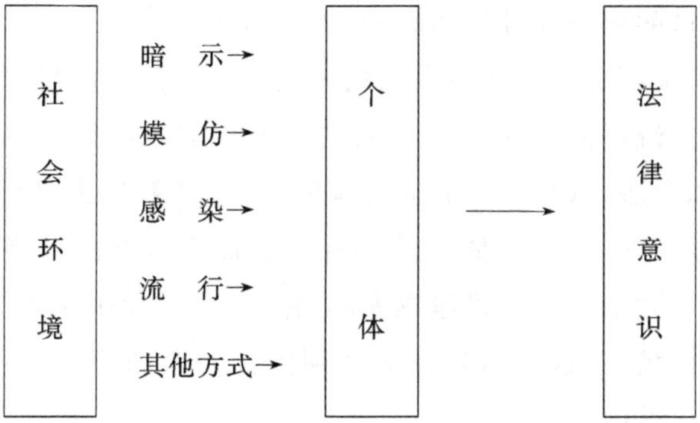

暗示是社会影响的重要方式之一，是指人或环境以含蓄、间接的方式向个体发出某种信息，从而影响个体的心理和行为。法律心理、法律习惯、法律观念在很大程度上是受其他社会成员的暗示而潜移默化，培养起来的。社会暗示通过人们之间的交往实现。在个体与他人和群体交往中，如能创设一定的暗示环境，就能在一定程度上控制个体的行为，形成良性的内化。在法律教育和宣传中应理解和掌握这一原理，利用各种法律活动(特别是公开审判、执行等)和法制新闻、文艺暗示广大社会成员，使之在无意识中接受法律意识，同时应避免不良的暗示。①

模仿是个体受社会刺激而引起的自觉或不自觉地摹拟他人行为特征的行为。模仿是社会行为领域的普遍现象，在法律领域也不例外，如法科学生的模拟法庭、司法实习，某自然人模仿他人订立遗嘱，某盗窃犯模仿惯盗进行撬门作案等。合法行为可以模仿，违法行为也可能模仿。自空中劫持现象产生以后，各国的个别亡命之徒竞相模仿。而在诉讼领域的"告记者热""民告官热"也受到模仿的影响。这种种模仿，加深了法律内化。

感染比模仿更能说明以情绪状态进行传播的社会现象。感染是指个人的情绪反应受社会影响而产生无意识、不自主的遵从。在大规模的群众运动中，感染作用十分明显。法律机构应当利用感染这一机制，向社会传递有影响力的信息，引起社会成员共鸣和相互感染，如利用典型案例的公正处理进行法制教育，在社会大众中造成依法办事的舆论，培养尊重法律权威的心理。在出现反社会情况时，应预见到可能产生大众感染的可能，及早作好防范准备。在法律

① 如在刑事司法中"刮风"的做法给某些违法犯罪分子以不良的暗示。有的同案犯在"运动"期间被抓，被处以重刑甚至极刑，而在逃同案犯在"运动"过后被抓获则处以较轻的刑罚。这种畸轻畸重的量刑政策，暗示某些犯罪分子在"运动"到来时采取"走为上"策。我们认为，为了消除这种暗示，一方面应保持刑事政策的连续性，另一方面可建立刑事诉讼缺席判决制度。

领域中,社会成员的感染促进法律心理、观念的深化。

流行和时尚也可能成为法律内化的方式。流行是时尚得以普及、扩散和发展的手段,时尚是流行的必然结果。人们热衷于学习法律获得法律职业资格,从而形成一种以学法、从事法律职业为荣的风气,这就是法律领域的一种时尚。但是,如流行、时尚失当,则可能造成一种狂热而不理智的时狂状态,甚至酿成社会动乱。温州的"抬会"案、福建惠安的"标会"案以及个别地方的虚开增值税发票案就是一种时狂。这种时狂在短时期内促使违法犯罪心理和投机心理产生,严重影响法律秩序。

其他如社会舆论等方式也影响法律内化过程。法律机构应利用社会影响促进主导法律文化的内化,排除、防范副法律文化的内化。

第三节　法律内化条件

从法律内化过程的分析中可以看出,要实现法律内化需要两个方面条件,即个体的心理素质和社会环境(包括国家政权的活动)。

一、个体的心理素质

个体自身的心理素质在法律内化过程中的作用是明显的。

从法律职业者和法律专业学生的法律内化来看,良好的心理素质是必备条件之一。心理素质是指个体在感觉、知觉、记忆、思维、情感、意志、气质、能力、性格等方面的状态。感觉灵敏、记忆力强、意志坚定、性格正常、智力较高的人能较快、较好地完成法律内化过程,掌握必要的法律和法律技能,培养起稳定的法律观念和法律心理,反之则法律内化过程较为困难和缓慢。

对于普通公民来说也同样如此。特别在文化和行为选择方面,个体的意志力影响较大。意志力坚强的人能抵抗住各种诱因,选择正确的行为和文化;而意志薄弱的人则可能相反,选择违法犯罪行为、其他越轨行为和犯罪亚文化。

因此,提高我国公民(包括法律职业者)的法律意识,要与国民教育同步进行,而国民教育则应注意公民身心素质的全面提高,不能仅仅偏重于智力水平(甚至畸重于记忆水平或应试能力)的提高。

二、社会环境

法律内化是在一定社会环境中完成的。这里的社会环境包括了主持法律内化的各种群体、社会组织和国家机关，以及由各种社会主体共同形成的社会风气。

家庭对于法律内化有重要意义。家庭是社会的细胞，是社会成员最密切的环境。每个人都是在家庭中形成最基本的生活技能和修养，未成年时代形成的观念、习惯和心理特征往往在很大程度上影响个体的行为方式。应当在家庭成员之间传播基本的法律文化，养成良好的法律习惯。

学校教育的作用更为明显。学校在社会化方面应起到主导作用。我国已经开始重视在各级学校中进行法制教育，并取得了良好的成效。但是，个别地区的学校尚未足够重视法制教育，法制教育的方式、方法也有待改进。

法律机构和法律职业者以各种方式、途径促进社会成员的法律内化，是义不容辞的职责。而法律职业者自身也应自觉地进入法律内化过程，以此来加强法律制度的力量。

我们的执政党和有关国家机关对于法律内化工作是重视的。自 1986 年开始，中共中央和全国各级党政机关组织连续实施了普法五年规划，取得了显著成效，为我国社会主义法治事业的发展奠定了一定的基础，提高了领导干部、普通公务员、青少年、企事业经营管理人员和广大农民的法律意识。

我国已将“依法治国，建设社会主义法治国家”载入宪法。建设社会主义法治国家这一治国方略的确定，对全国人民具有极大的号召力。国家和政府应该继续惩治腐败，坚持公正执法与司法，促使广大人民群众对社会主义法治增强信心，国家和政府可以为全国公民的法律内化创造良好的社会环境，从而促进法律内化的顺利进行。

【重要概念】

社会化(socialization)　初始社会化(primary socialization)　预期社会化(anticipatory socialization)　发展社会化(developmental socialization)　逆向社会化(reversal socialization)　再社会化(resocialization)　内化(internalization)　法律内化(legal internalization)

【文献指引】

1. 郑杭生认为，从文化的角度，社会化被看作是一个文化传递和延续的过程，社会化的实质是社会文化的内化；从人格发展的角度，社会化被视为一个人的个性形成和发展的过程，社会人是经由社会化过程而形成有个性的人；从社会结构角度,社会化就是要使人变得具有社会性。社会化的社会主体有家庭、学校、同龄群体、工作单位、大众传播媒体等。参见郑杭生主编:《社会学概论新修》,中国人民大学出版社2003年第3版,第五章“人的社会化”。

2. 戴健林所著《法律社会心理学》是一部具有学科开创意义的创新之作。该书的主要内容包括:法律社会心理学的性质;法律文化心理;法律社会化;社会心理学与违法犯罪行为;司法系统中的社会心理学干预;法制教育与法律意识的现代转型。参阅戴健林:《法律社会心理学》,广东高等教育出版社2002年版。

3. 李振宇所著《法律传播学》也是一部具有学科开创意义的创新之作。该书继承了传播学理论的精华,把法律信息置于更加广阔的传播背景之中。该书的主要内容包括:法律传播论;法律传播准备;法律传播方式;法律传播渠道;法律传播类型;法律传播者;法律接受者;法律传播互动;法律舆论传播;法律活动传播;法律文牍传播;法律文献传播;法律传播决策;法律传播策略;法律传播效果;法律传播现代化;法律传播发展。参阅李振宇:《法律传播学》,中国检察出版社2004年版。

4. 法律职业者的职业意识是一种重要的法律意识。《最高人民法院关于加强法官队伍职业化建设的若干意见》提出强化法官的职业意识,包括增强法官的政治意识、大局意识,增强审判独立意识和中立意识,增强平等意识,增强司法公正意识,增强司法效率意识,增强自尊意识,增强司法文明意识,增强司法廉洁意识。参见《最高人民法院关于加强法官队伍职业化建设的若干意见》(2002年7月18日)。

【研究选题】

1. 《法律社会心理学》(戴健林著,广东高等教育出版社2002年版)读书报告。
2. 《法律传播学》(李振宇著,中国检察出版社2004年版)读书报告。
3. 法律生活中的暗示现象分析。
4. 法律生活中的模仿现象分析。
5. 法律生活中的时狂现象分析。
6. 典型个案及其对立法、司法发展的影响。

第四编　方法论

第十七章　法律社会学研究方法

任何学科都有一套相应的研究方法。学科的研究方法就其层次进行划分，可分为方法论、基本方法和操作方法。

法律社会学既然属于应用社会学学科，就理所当然地以社会学的方法论为其方法论，以社会学的基本方法为其基本方法，以社会学的操作方法为其操作方法。但法律社会学毕竟不同于其他应用社会学学科，由于其研究对象不同于其他应用社会学学科，在方法论、基本方法和操作方法上也具有一定的个性。

本书第四编"方法论"部分分两章：第十七章"法律社会学研究方法"阐述法律社会学方法论、基本方法和操作方法；第十八章"法律社会学研究过程"阐述法律社会学课题设计、课题实施和课题总结。

第一节　法律社会学方法论

社会学方法论是关于社会学研究方法的理论，是社会学方法体系中的最高层次。它主要从哲学角度探讨与学科体系和基本假设有关的一般原理问题，即指导社会研究的原则、逻辑基础以及学科的研究程序和研究方法等问题。

随着社会学作为一门独立学科的形成和发展，社会学的方法论研究逐渐脱离哲学而成为一个独立的研究领域。社会学方法论问题不仅是学科创始人极为关注的课题，也是各学派激烈争论的主要领域之一。

一、马克思主义社会学方法论

马克思主义社会学的创始人马克思认为，对社会的研究可以成为科学，因为社会现象同自然现象一样是客观存在的，社会现象之间也同样存在着因果决定性，它们是可以被科学认识的，并且可由普遍规律来说明。马克思的唯物史观和唯物辩证法"第一次使科学的社会学的出现成为可能"(列宁语)，使社会学与哲学和历史学相分离，并且使社会研究摆脱了传统的思辨哲学方法。

从方法论的角度来看，马克思的辩证唯物主义和历史唯物主义具有哲学方法论和具体研究方法论这两层含义。在哲学层次上,马克思在认识起源问题上摒弃了先验论的假设,强调经验事实先于理论而存在,强调知识来源于实践,主张以现实的"市民社会"和人的活动作为哲学思考的重心。辩证观、历史观和实践观是马克思哲学方法论和社会理论—方法论的基本观点。在研究方法的层次上,马克思的辩证法具有两大特点:一是强调研究过程的经验性与实践性。由于马克思把社会现象作为客观的外在事物加以研究,因此他非常重视以客观的历史事实与社会事实来说明普遍的社会规律;二是把社会作为一个整体来加以研究,侧重分析社会结构及各个分系统之间的相互关系,以便对社会发展变化的原因作出解释。这种解释的最终目的在于对现存社会秩序进行批判和改造。

二、西方社会学的方法论

现代西方社会学的各个流派及其关于方法论的不同观点,大体可以区分为实证主义和反实证主义(人文主义)两大倾向。西方社会学家大多在某种程度上坚持由孔德、迪尔凯姆所开创的实证主义方向,其中包括各种理论流派。尽管各派的观点不尽相同,但是他们都在一定程度上主张社会学应当成为一门科学。20 世纪以来,在不同程度上具有人文主义和历史主义倾向的西方理论流派主要有:符号互动论、现象学社会学、民俗学方法论、历史社会学以及冲突理论的某些学派。以下对孔德、迪尔凯姆、韦伯以及米尔斯的方法论作一简述。

(一) 孔德的方法论

孔德主张,社会学应当是一门类似自然科学的、以研究社会发展规律为目的的学科,这门学科应当采用建立在观察基础之上的实证主义方法。他在社会领域中引入了自然科学形成时建立的基本假设,即知识的经验性或实证性、研究的客观性和世界的统一性。孔德还具体论证了观察方法、实验方法、比较方法和历史方法对社会学的适用性。

(二) 迪尔凯姆的方法论

迪尔凯姆发展了孔德的实证主义,他最先系统、详细地论述了社会学方法论问题。在《社会学方法的规则》一书中,他把社会现象界定为普遍存在于群体间的、由外界的强制力施加于个人所引起的社会行为、社会思想和社会感受。他认为社会现象既不能归结为个人行为,也不能归结为生物现象和心理现象。社会现象是一种集体的行为和观念,它是可以观察的社会事实。通过这种界定，社会学就能够采用自然科学的方法研究社会现象。①

（三）韦伯的方法论

韦伯主张社会学研究的对象是个人及其行为，而人的行为是受“合理化”的理性支配的，与行为者的价值是相关的，但同时受环境的制约，理性行为并不是绝对的意志自由，它受着具体的必然因果律支配。因此，他建立的理解的社会学既反对人文学派的主观唯心论，也反对机械的实证论，主张“价值相关”和“价值无涉”是研究社会现象的两条相互制约、相互补充的基本原则。②

（四）米尔斯的社会学想象力理论

美国最重要的也是最有争议的社会学家和社会评论家之一——C. 赖特·米尔斯在《社会学想象力》一文中提出的“社会学想象力”③，以其所包含的辩证成分，对于今天的社会学研究依然有着重要的启发意义。

米尔斯首先认为“人们往往觉得他们个人的生活就是一系列的陷阱”，而这种落入陷阱之感起因于整个欧洲大陆社会结构的变化。由于历史的进程已超出了人们按价值观作自我调节的能力，过去那些表达情感和思想的老方式已经解体，而新的更始又被旧的道德观念所纠缠，弄得手足失措。因此总觉得自己处处有烦恼和困扰。因此，人们需要一种特有的心智素质——社会学想象力。

社会学想象力能帮助人们理解更大的历史场面，理解它对个人的内部生活、外部生涯所起的作用。社会学想象力能使人们透过起伏不定的人生去探索现代社会的结构，依据现代社会的结构以系统地阐述各种类型的人们的心理——运用这种方法就可以发掘个人的不安状态中隐藏的困扰，发现公众的冷漠态度所包含的社会问题。

米尔斯认为社会学想象力的首要成果是：把自己放进他所处的历史时期来看待，从而理解他本人的经历，评价他自己的命运，通过了解和他有关的人的机会，来认识他自己的机会。社会学想象力能帮助我们把握历史和事件，把握这两者在社会中的相互关系，这就是社会学想象力的相互关系，这就是社会学想象力的任务和宗旨。一个完整的社会研究，其过程必须是从事件和历史以及这两者在社会中互相交错等问题出发，而最后又回到这些问题中去。具有丰富想

① 有关迪尔凯姆的方法论，可参阅迪尔凯姆：《社会学方法的规则》，胡伟译，华夏出版社 1999 年第 2 版。

② 有关韦伯的方法论，可参阅韦伯：《社会科学方法论》，杨富斌译，华夏出版社 1999 年版。

③ 参见[美]赖特·米尔斯、塔尔考特·帕森斯：《社会学与社会组织》，何维凌等译，浙江人民出版社 1986 年版。

象力并意识到自己工作目的的社会学家,自始至终思考下列三类问题:(1)一个特定社会的整体结构是什么?其中的基本构成是什么?它们又如何相互关联?该社会与其他社会的类型有何不同?该社会结构中的每个特性对于社会结构的延续和变化起着怎样的作用?(2)该社会在人类历史中处于何等地位?它发生变化的机理是什么?在人类整体的发展中它占什么位置、起什么作用?该历史时期的基本特点是什么?与其他时期有什么不同?创造历史的根本方式有哪些?(3)该社会和该历史时期中哪类人占了上风?哪类人将占上风?他们是以什么方式挑选和组成的,是如何得以解放或受到压迫的,又是怎样变得敏锐或变得迟钝的?

米尔斯认为,社会学想象力是自我意识的最有效的一种形式。因为当代人的自我意识要求人们跑出自己的范围,即使不作为永久的无关者也起码要以局外人的身份集中注意力,专心致志地认识社会中的依存关系,认识历史的变革动力。

米尔斯指出,社会学想象力最有成效的工作就是区分"局部环境中的个人困扰"和"社会结构中的公众问题"。个人困扰具有个人的特点,它只发生在个人与直接构成的关系区域里,而社会问题所牵涉的事情超出个人的局部环境,超出个人的生活区域。社会作为一个发展的整体而内含种种构成,每种构成又由许多个人环境组织而成。社会问题关系到的是各种各样的个人环境如何互相重叠、相互交叉,以形成更大的社会生活结构。社会的公众问题常常包含着制度、结构上的危机,也常常包含着马克思所说的"矛盾"和"斗争"。

人们在各种局部环境里所经历的各种事情常常是由社会变化所引起的,因此,要理解个人局部环境的变化,必须超越局部环境来看问题,并且,随着各种社会构成的不断扩大,其间的联系越加错综复杂,社会结构变化的数量和种类也就日益增加。熟悉有关社会结构的思想并准确地运用它,意味着要有能力探索各种各样的生活环境之间的联系。这就意味要具备社会学想象力。

米尔斯认为,社会学想象力正成为我们文化生活的主线,正成为文化生活的显著特征。社会学想象力这种特有的心智素质是社会学和心理学发现的,可是它远远超出了这两个研究领域。无论考虑现实问题还是关心道德问题,无论从事文学创作还是进行政治分析,都需要经常具有社会学想象力这种心智素质,这在许多方面已表现为理性作用的主要特征,也表现为文化感受力的主要特征。

米尔斯最后指出了社会学研究普遍存在的三种令人遗憾的趋势:(1)向历史理论发展;(2)成为系统研究"人类和社会本性"的理论;(3)对当前社会现实和社会问题作经验研究。

三、法律社会学的研究坐标

在法律社会学的研究中，有两条基本线索值得关注：一条是纵向线索，即法律制度的理念—法律制度的构成—法律制度的基础的线索（这一线索反映支配法律制度的理念、支撑法律制度的现实基础与法律制度构成的关联）；另一条是横向线索，即法律制度的需求—法律制度的构成—法律制度的运行的线索（这一线索反映法律制度作为一种社会公共产品的需求、生产和消费的过程）。纵向线索与横向线索相交，就构成一个坐标，我们把它称为法律社会学的研究视角或研究坐标（如下图所示）。

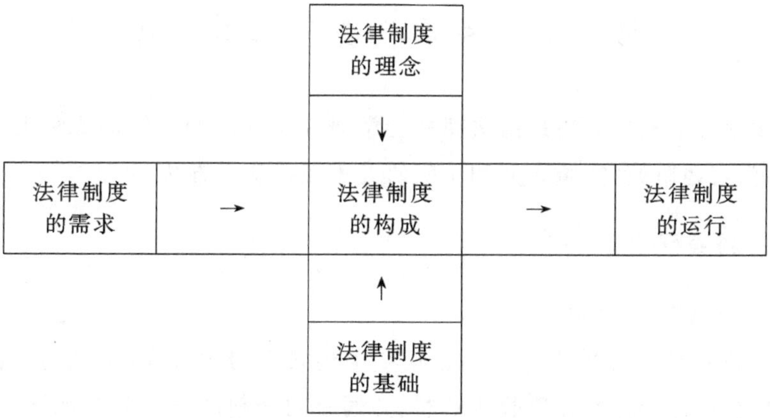

“法律制度的理念”是指建构法律制度的指导思想、理论渊源以及价值。比如公平理念是社会法的核心理念；平等自由理念是私法的核心理念。先有理念，后有制度；理念支配制度。

“法律制度的基础”是指支撑法律制度的现实基础，包括经济基础、政治基础、文化基础以及其他社会基础。没有社会基础的法律制度，是空中楼阁，是不可能存在的，——支撑法律制度的经济、政治、文化等社会基础一旦崩溃，法律制度也就随即倒塌。

“法律制度的需求”是指社会生活对法律制度的生产和消费需求。政治国家与市民社会两个层面都会产生对法律制度这一社会公共产品的需求。社会需求是法律制度的生命之源。①

---

① 叶传星在《论人的法律需求》一文中阐述了法律需求的概念、法律需求的特征、法律需求的生成以及法律需求的分类。参见叶传星：《论人的法律需求》，《法制与社会发展》2003 年第 1 期。

“法律制度的构成”是指法律制度的体系,也就是由三大要素构成的法律制度。“法律制度的构成”还仅仅是初级公共产品,高级公共产品还必须在法律制度的运行过程中生产出来。“法律制度的构成”是“法律制度的需求”的实现,也是“法律制度的运行”的前提条件。

这里的“法律制度的运行”是指法律制度生成以后的外向运行和内向运行。

法律社会学的研究坐标体现了对传统法学研究视野的拓展。“就法论法”的传统法学方法往往将视野局限于法律制度内部体系,既不关注法律制度的社会基础,也不关注法律制度的社会需求,更不关注法律制度的社会运行。法律社会学为法学研究者提供了一个广泛的、开放的、整体的和综合的视角。

第二节　法律社会学基本方法

法律社会学基本方法是指法律社会学研究所采取的具体形式和类型,包括调查研究、实地研究、实验研究和文献研究等四种基本方法。[①]

一、调查研究

(一) 调查研究的概念

调查研究是一种采用自填问卷式或结构式访问的方式,系统、直接地从取自某种社会群体的样本那里收集资料,并通过对资料的统计分析来认识社会现象及其规律的社会学研究方法。

调查研究被广泛应用于社会生活的各个领域,如社会生活状况调查、社会问题调查、市场调查、民意调查、学术性调查等。调查研究的题材主要可分为三大类:(1)某一人群的社会背景;(2)某一人群的社会行为和活动;(3)某一人群的意见和态度。在法律社会学领域,可以进行法律制度实施状况、区域法治状况、治安状况等方面的调查研究。

(二) 调查研究的程序

调查研究的基本程序如下:确定调查课题;设计问卷;培训调查员;联系被调查者;发放问卷或访问;回收问卷或整理记录;分析资料。

(三) 调查研究的特点

调查研究优点是操作程序严格、规范,获取资料丰富和迅速,研究结果信度

① 本节参考风笑天:《社会学研究方法》,中国人民大学出版社 2005 年第 2 版。

较高，应用范围广泛。但调查研究也有弱点，其在分析变量之间的因果关系方面，不及实验研究；其在对事物理解的解释的深入性方面，不及实地研究；其在研究的反应性方面，不及文献研究。

二、实地研究

（一）实地研究的概念

实地研究是一种深入到研究对象的生活背景中，以参与观察和无结构访谈的方式收集资料，并通过对这些资料的定性分析来理解和解释社会现象的社会学研究方法。实地研究包括参与观察和个案研究两种方式。

实地研究来源于人类学，早期用于对非本族文化和相对原始的部落群体的实地考察，后被社会学家们用于研究现代社会。在法律社会学领域，可以进行区域法治状况、治安状况、法律机构工作状况等方面的实地研究。

（二）实地研究的程序

实地研究的基本程序如下：选择研究背景；进入研究场所；获得信任；观察；记录；分析资料。

（三）实地研究的特点

实地研究的主要优点有：(1)适合在自然条件下观察和研究人们的态度和行为；(2)研究的效度较高；(3)方式比较灵活，弹性较大；(4)适合研究现象发展变化的过程及其特征。

实地研究也有以下缺点：(1)概括性较差；(2)信度较低；(3)研究者的参与对研究对象造成了影响；(4)所需时间较长；(5)参与观察中隐藏研究者身份的做法涉及伦理问题。

三、实验研究

（一）实验研究的概念

实验研究是一种通过实验收集资料，并通过对资料的分析来认识社会现象及其规律的社会学研究方法。

实验研究的方法起源于自然科学，后来在心理学的研究中得到应用。目前，实验研究方法在社会学研究中也有所运用。在法律社会学领域，可以进行社区法治状况、单位治安状况、监狱改造工作状况等方面的实验研究。

（二）实验研究的程序

实验研究的基本程序如下：确定实验方案；选择实验类型；选取合适的实验

对象;随机指派实验对象到不同组别;对所有组别进行因变量的前测;对实验组进行实验刺激;对所有组别进行因变量的后测;不同组别资料统计比较;得出实验结论。

(三) 实验研究的特点

实验研究是社会科学研究中最接近自然科学研究的一种方法,其主要特点是:(1)严格的因果推断逻辑;(2)人工化的研究背景;(3)受到政治、伦理等方面的限制很大。由此,社会学实际研究采取实验研究方法的并不多。

四、文献研究

(一) 文献研究的概念

文献研究是一种通过收集和分析现存文献资料,来探讨和分析来认识社会现象及其规律的社会学研究方法。这里的文献资料,包括记载于纸质媒介和非纸质媒介上的各种信息。文献研究主要包括内容分析、二次分析和现存统计资料分析等三种方式。

文献研究在社会学研究中给普遍采用。在法律社会学领域,可以利用进行现存文献资料法治进程、法律制度变迁、法律制度实施变化状况、法律机构及法律职业者变化状况等方面的文献研究。

(二) 文献研究的程序

内容分析、二次分析和现存统计资料分析有不同的研究程序。内容分析的基本程序包括选题、抽样、编码、分析资料;二次分析的基本程序包括选题、选择合适的文献、对资料进行再创造、分析资料;现存统计资料分析的基本程序包括选题、选择合适的文献、比较与分析资料、说明资料来源。

(三) 文献研究的特点

文献研究的优点有:(1)不影响研究对象;(2)费用低、效率高;(3)可以研究无法接触的研究对象;(4)适于作纵向比较分析。

文献研究的缺点有:(1)许多文献的质量难以保证;(2)有的资料不易获得;(3)许多文献由于缺乏标准化形式,难以编码和分析;(4)效度和新度存在一定的问题。

第三节 法律社会学操作方法

法律社会学具体操作方法很多,主要有测量、抽样、问卷、访问、实验、观察、定量分析、定性分析、社会指标等。[①]

一、测量与抽样

（一）测量

测量，就是根据一定法则，将某种事物所具有的属性或特征用数字或符号表示出来的过程。测量不仅在自然科学研究中广泛运用，在社会科学研究中也有所运用。

由于社会学研究中所涉及的现象具有各种不同的性质和特征，对它们的测量具有不同的层次和标准。测量层次可分为定类测量、定序测量、定距测量和定比测量。定类测量实际上是一种分类体系，如将性别分为“男性”和“女性”；定序测量是按照某种逻辑顺序将研究对象进行排列，如对文化程度的测量，可以排出文盲、半文盲、小学、初中、高中、大专、本科、研究生等；定距测量不仅能够将事物区分出不同的类别、顺序，而且还可以确定它们之间的间隔距离和数量差别，如测量人的智商；定比测量具有上述三种测量的全部特性，并且还具有一个绝对的零点，所测量得到的数据既能进行加减运算，还能进行乘除运算，如性别比、离婚率、人口密度等所进行的测量都属于定比测量。

社会学研究中所要测量的变量往往是十分抽象的（如权力），要使其能够被测量，必须进行操作化处理。所谓操作化处理，主要是澄清与界定概念，建立测量指标。如果测量抽象程度较高的概念（如一个社会的法治程度），或者测量人的态度、意见、性格等主观性较强的内容，往往难以用单一的指标进行测量，此时需要以指数形式或量表形式出现的复合测量。

（二）抽样

抽样，是从总体中按照一定方式选择或者抽取样本的过程。样本是指从总体中按照一定方式抽取出的一部分元素的集合。比如从学校 2 万名学生的总体中按照一定方式抽取的 200 名学生进行调查，这 200 名学生就是样本（sample）。

抽样在日常生活中发挥着作用，如厨师尝味，医师验血。在社会科学研究中，抽样方法也不可或缺，如民意测验、市场调查。以现代统计学和概率论为基础的抽样理论，不断地适应着社会学研究的发展需要。

抽样可分为概率抽样和非概率抽样两大类。概率抽样有简单随机抽样、系

---

① 本节参考风笑天：《社会学研究方法》，中国人民大学出版社 2005 年第 2 版。

统抽样、分层抽样、整群抽样和多段抽样等方式;非概率抽样有偶遇抽样、判断抽样、定额抽样和雪球抽样等方式。

二、问卷与访问

(一) 问卷

问卷是测量人们的行为、态度和社会特征需要而精心设计的问题表格,是调查研究中用于收集资料的主要工具之一。问卷一般包含封面信、指导语、问题、备选答案、编码等内容。

(二) 访问

访问是指访问者通过与被访问者的口头交谈来获取信息的过程,是调查研究中用于收集资料的主要工具之一。访问主要由题目和问答组成。访问的方式有当面访问、电话访问等。

三、实验与观察

(一) 实验

实验是根据调查研究的目的,人为地改变或者控制研究对象的条件及其环境,在尽可能排除不相关因素的条件下进行观察和研究的方法。根据实验的场所不同,实验可分为实验室实验、现场实验和自然实验。

实验室实验对条件和环境的控制很严格,精确度高,它力图隔离在日常生活中经常共同发生的因素,控制一些因素,改变一些因素,以便在单纯的理想情况下进行观察。如对某些公民的法律态度可以采用该种方法进行实验。

现场实验是研究人员把事件现场当作实验室进行观察。如在某些法律活动(事件)的现场直接设定一定的条件,进行观察。这种方法可用于观察法律职业者和一般公民的法律行为倾向。

自然实验是指在日常情境中观察两个以上对立的情况对人们心理和行为产生的影响的一种研究方法。例如对法律院校学生进行有关法律职业评价的测验,在这些学生毕业后走上不同的工作岗位后再进行相同内容的测验,可从中发现其变化及规律。

(二) 观察

观察是指研究者有目的、有计划地用自己的感官或借助科学的工具与仪器,对研究对象进行观测和考察,以获取资料的方法。这种方法是一种获得直接资料的经验方法,是法律社会学研究的一种基本方法。作为研究方法的观察具有目的性、计划性和系统性,不同于平常的观察。

社会学研究中的观察可分为实验室观察与实地观察,参与观察与非参与观察(局外观察),结构观察与无结构观察。参与观察是指研究者直接参加到所观察的群体中去进行观察。如有的社会学家在研究监狱内部情况时,以一名犯人的身份进入监狱,观察犯人的生活,了解到监狱里的种种内幕。又如有的社会学家在研究街角社会犯罪团伙时,加入犯罪团伙,从内部进行观察。参与观察一般以隐蔽身份观察为主,因为这样可以不影响研究对象的内部结构。法律社会学研究可以广泛采用参与观察法,如在调查某一系统的法律秩序或工作情况时,参与观察可以取得较好的效果。非参与观察是指研究者置身于被研究群体之外进行观察。非参与观察可以采取公开的,也可以采取隐蔽的方式进行。如以研究者或新闻记者身份观察诉讼活动,等等。

观察最适合于收集非语言行为的资料,同时用来获得有助于解释其他方法或技术所得结果的补充资料,可以在探索性研究中应用。

四、定量与定性分析

(一)定量分析

定量分析,也称作统计分析,是指对研究对象的数量关系的分析。定量分析方法是社会学的基本分析方法之一。

定量分析有单变量分析、双变量分析、多变量分析之别。单变量分析是在一个时点上对某一个变量的分析;双变量分析是对两种变量之间的关系进行分析;多变量分析是对三种以上变量之间的关系进行分析。单变量分析的目的在于描述事实的状态,如频数、比例(比重)、平均数、众数、中位数分析等;双变量分析的目的不仅在于描述事实的状态,还在于比较;多变量分析由于社会现象之间复杂关联的分析,其方法种类较多,如阐释模式、复相关分析、多元回归分析等。

单变量分析、双变量分析、多变量分析均可运用于法律社会学研究。如计算法官的平均办案数,可以进行单变量分析;分析犯罪人数与人口变迁两种变量之间的关系,可以利用这个变量的年度统计数据,进行双变量分析;分析不同职业者其文化程度与法律态度之间的关联,涉及三个变量(法律态度、文化程度和职业),可以进行多变量分析。

(二)定性分析

定性分析是确定研究对象是否具有某种性质的分析。定性分析方法也是社会学的基本分析方法之一。

定性分析的具体方法有连续接近法、举例说明法、比较分析法和流程图方法等。

五、社会指标与法律指标

(一) 社会指标

社会指标是指反映社会结构与社会发展状况的数量特征,是测量社会现象和社会过程的工具。自20世纪60年代中期开始,社会学界采用“社会指标”这一概念并加以运用。此后,全世界各国均重视利用社会指标手段进行社会运行情况的调查分析和预测,以便制定相应的对策。

社会指标的集合,被称为社会指标体系。社会指标体系包括经济指标体系和其他社会指标体系(狭义上社会指标体系仅包含非经济指标的集合)。法律指标体系是非经济指标体系的一种。

各国政府大多数按照公共机构的分类相应建立起社会指标体系。如美国商务部、人口普查局编制的《美国社会指标》将指标体系分为人口与家庭,健康与营养,住房与环境,交通运输,公共安全,教育与训练,工作,社会治安与福利,收入与生产率,参与和社会活动,文化、闲暇与时间利用等11类社会指标。我国国家统计局也于1983年开始着手建立中国社会统计指标体系,分为15个大类,70个中分类,共1100多个指标。15个大类是:自然环境、人口与家庭、劳动、居民收入与消费、住房与生活服务、劳动保险与社会福利、教育、科学研究、卫生、环境保护、文化、体育、社会秩序与安全、社会活动参与、生活时间分配。[①]

在巴黎的国际经济合作与发展组织编制的社会指标体系,涉及15个领域,即寿命、生活健康情况、教育设施的利用、文化程度、就业机会、工作生活质量、时间利用、收入、财富、住房条件、服务设施、环境公害、社会现象、危险事故、受到威胁等。

社会指标可依据不同标准作如下分类:

(1)观察性指标与计划性指标。反映社会现状及其运行状况的指标,都是观察性指标,反映计划工作的指标,则是计划性指标。

(2)描述性指标与评价性指标。仅仅反映社会及其运行状况的指标,是描述性指标;反映社会本质及其运行变化方向的指标,是评价性指标。

---

① 《中国社会统计资料》,中国统计出版社1985年版。

(3)客观性指标与主观性指标。直接来源于社会运行过程中客观现象的指标,属于客观性指标,来源于人们对社会及其运行状况的主观反映(心理、情绪、愿望、满意程度等)的指标,属于主观性指标。

(4)肯定性指标、否定性指标和中性指标。凡是说明社会正常、合理运行的指标,属于肯定性指标,说明社会运行状况恶化的指标,属于否定性指标;与上述二者没有直接关联的指标,是中性指标。

法律指标体系并没有单独成为上述社会指标体系的某一大类,这主要是因为法律制度运行过程是与社会结构的其他部分相互交叉,在对整个社会运行状况制订指标体系时,难以单独划分出法律制度运行状况项目。但是社会指标体系中的某一类或某几类指标则较集中地反映了法律制度运行状况,如社会秩序与安全、公共安全、受到威胁等。

我们在参考各种社会指标体系和我国法律制度实践经验和理论成果的基础上,尝试性地提出中国法律指标体系设想。这仅仅是一种设想,自然是不完善的,需要法学、社会学界和社会实际部门(特别是法律机构)的共同努力予以充实、完善。

（二）法律指标

法律指标是反映法律制度本体和运行状况的数量特征,是测量法律现象和法律运行过程的工具。法律制度各大要素的指标和法律制度运行各阶段、部门和领域的指标的集合,就是法律指标体系。

法律指标按照一定的结构形成法律指标体系。法律指标体系分为下列三个层次:

第一层次:中国法律指标体系分为本体指标系统和运行指标系统两部分(可称为大类);

第二层次:本体指标系统分为法律制度主体体系指标、法律规范体系指标和法律制度手段体系指标三部分;运行指标系统分为法律制度外向运行指标和法律制度内向运行指标两部分(可称之为中分类);

第三层次:经第二层次分出的各类中类法律指标,再分为具体的指标。如法律制度主体体系指标可分为反映各类法律机构状况的指标和各类法律职业者状况的指标。

法律指标具有以下主要功能:

(1)法律指标具有反映功能。通过一系列法律指标,把握法律领域中最重要和最典型的现象,就可以使法律制度运行状况得到较为客观的反映。

(2)法律指标具有监测功能。法律指标反映法律制度运行状况,并从中发现法律制度运行中的不正常变化。法律指标就是法律领域的"气温表"。

(3)法律指标具有比较和评价功能。凭借法律指标提供的明确和有代表性的信息,我们可以对不同时期、不同地区的法律制度运行状况进行比较和评价,从中发现变化的规律,并制定相应的对策。

(4)法律指标具有预测功能。法律社会学要通过过去和现在的法律制度运行状况的研究,预测其将来的变化结果。有了法律指标,法律制度运行的历史特征以数量方式被记录下来,我们就可以凭此发现法律制度运行的趋势。

【重要概念】

调查研究(survey research)　实地研究(field research)　实验研究(experiment research)　文献研究(document research)　测量(measurement)　抽样(sampling)　问卷(questionnaire)　访问(interview)　实验(experiment)　观察(observation)　定量分析(quantitative analysis)　定性分析(qualitative analysis)　社会指标(social indicators)　法律指标(legal indicators system)

【文献指引】

1. 我国已故著名社会学家、人类学家费孝通先生在社会学研究上作出了卓越贡献。费孝通先生尤其提倡实地调查。参见费孝通:《学术自述与反思:费孝通学术文集》,生活·读书·新知三联书店1996年版。

2. 风笑天所著《社会学研究方法》是国内最有影响的社会学研究方法著作。该书将社会研究的方法体系划分为方法论、研究方式和具体方法及技术。社会研究的方法论所涉及的是社会研究过程的逻辑和研究的哲学基础。在社会研究中,存在着两种基本的、同时又是相互对立的方法论倾向:一种是实证主义方法论;另一种是人文主义方法论。社会研究的基本方式可划分为四种类型,即调查研究、实验研究、实地研究和文献研究。社会研究的具体方法和技术有问卷法、访问法、观察法、量表法、抽样方法、测量方法、统计分析方法、定性资料分析方法和计算机应用技术。参阅风笑天:《社会学研究方法》,中国人民大学出版社2005年第2版。

3. 社会指标是社会学的一种重要研究工具。郑杭生在其《社会学概论新修》一书对社会保障的基本理论进行了阐述。参见郑杭生主编:《社会学概论新修》,中国人民大学出版社2003年第3版,第二十四章"社会指标"。

4. 郝大海所著《社会调查研究方法》一书对调查研究的一般问题以及基本抽样方法、抽样实务及问题、题目设计方法、问卷设计与评估、资料收集方法、标准化访问、数据处理等进行了阐述。参见郝大海：《社会调查研究方法》，中国人民大学出版社 2005 年版。

5. 孙小礼主编的《科学方法中的十大关系》，对科学研究中的主体与客体、已知与未知、部分与整体、定性与定量、抽象与具体、简单与复杂、模型与原型、经验与理论、真理与错误、学习与创新等十对基本范畴进行了深入的阐述。这是研究科学方法论的一部文理兼通的学术力作。参见孙小礼主编：《科学方法中的十大关系》，学林出版社 2004 年版。

6. 白建军在《论法律实证分析》一文中分析了什么是实证分析、法学为什么需要实证分析以及法学研究如何应用实证分析等三个问题。参见白建军：《论法律实证分析》，《中国法学》2000 年第 4 期。

【研究选题】

1. 阅读《学术自述与反思：费孝通学术文集》（费孝通著，生活·读书·新知三联书店 1996 年版）或费孝通先生的其他著作。

2. 阅读《社会学研究方法》（风笑天著，中国人民大学出版社 2005 年第 2 版）。

3. 设计一份假期社会调查的方案。

4. 设计一份调查某一特定人群法律意识状况的问卷。

5. 利用文献研究法研究我国法律社会学学科的发展。

6. 利用文献研究法研究某一类案件的司法处理标准。

第十八章　法律社会学研究过程

法律社会学研究过程大致上可分为课题设计、课题实施和课题总结三个阶段。[①] 这里的课题，可以理解为一项研究任务，也可以理解为被研究者选定的进行研究的问题。"罗马不是一天建成的"，法律社会学也是一个问题一个问题研究出来的。

第一节　法律社会学课题设计

法律社会学课题设计，也称作法律社会学研究设计，是指对整个课题研究工作进行规划。课题设计阶段的工作主要包括选题、文献回顾和研究方案设计。

一、选题

选题，就是选择并确定研究的问题（即课题）。法律制度社会化过程为法律社会学提供了丰富的研究问题。研究者在从事实证研究时，首先应根据实际情况确定具体的研究课题。

选题涉及研究范式、研究坐标（视角）、研究性质与任务、研究主题（领域）和研究问题等层面的问题。

（一）研究范式

研究范式（paradigm）是指一段时间里，科学研究共同体成员在进行常规科学研究过程中所共同遵循的规范和理论与方法论模式。[②] 法律社会学借鉴社会学的研究范式作为本学科的研究范式，这些研究范式包括：

---

① 风笑天将研究的主要过程分为选择问题阶段、研究设计阶段、研究的实施阶段、资料分析阶段、得出经过阶段。参见风笑天：《社会学研究方法》，中国人民大学出版社 2005 年第 2 版，第 14—16 页。

朱景文将具体研究分为八个主要阶段：(1)提出和界定问题；(2)回顾别人的相关研究；(3)进行研究设计；(4)收集资料；(5)；整理和分析资料(6)解释中资料中获得的发现；(7)得出结论；(8)发表或出版研究成果。参见朱景文主编：《法社会学》，中国人民大学出版社 2005 年版，第 73 页。

② 朱景文认为法社会学的范式可以概括为四个主要类型：行为主义、功能主义、冲突理论和建构主义。参见朱景文主编：《法社会学》，中国人民大学出版社 2005 年版，第 64—70 页。

1. 制度分析(或称建制分析)

法律社会学把法律制度视为一种社会制度。法律制度是整个社会制度体系的有机组成部分,是现代社会中具有重要影响的社会控制手段。法律制度与其他社会制度相同,由主体体系、规范体系和手段体系三大要素构成,各构成要素各具功能,各项功能构成整体功能。法律制度又与其他各项社会制度之间存在着密切的关联(正关联或负关联),如何找到法律制度与其他社会制度之间的最大功能合力,正是法律社会学制度分析法的应用课题。

2. 角色分析

法律社会学研究法律制度,离不开对人的研究,即对各种法律职业者角色(人大代表、监察人员、法官、检察官、律师、仲裁员、警察等)和普通社会成员的法律角色进行研究。角色分析法广泛应用于各类法律角色的产生、替补、社会化、期望、职业道德及其冲突、差异、失调和失败等问题的研究。

3. 组织分析

过去乃至今日的法学界对法律机构的研究仍然是有欠缺的。法律社会学运用组织分析法分析各类机构,如研究权力机关、监察机关、审判机关、检察机关、行政执法机关、法律服务机构、法律教育机构和法律研究机构等。在上述机构的内部结构和社会功能,以及它们之间的相互关系等方面,组织分析法都能发挥作用。

4. 文化分析

在法律社会学领域,文化分析同样不可缺少。法律制度,是人类的文化产物,既是一种制度文化,又是法律意识等精神文化的集中体现。制度的运行过程,实际是一种文化的创造、传播、冲突、分化和整合的过程。

5. 比较分析

研究某一法律制度的社会化全过程,须与其他不同历史时期或不同国家、地区的法律制度社会化过程进行比较,或者与其他社会制度的运行状况进行比较。

6. 系统分析

运用系统法对法律制度本体及法律制度社会化过程进行分析,不失为一种普遍有效的方法。实际上,我们的法律社会学研究处处离不开这一基本方法。

我们还可以从国内外的社会学理论和方法中汲取更多的精华,如结构功能理论、互动理论、交换理论、冲突理论、批判理论等。只要我们遵循科学精神,就一定能掌握、运用和发展更为先进的研究范式。

(二) 研究坐标(视角)

在选题过程中,我们必须确定要研究的问题所处的坐标。这个研究的问题坐落于法律制度的理念,还是坐落于法律制度的需求、法律制度的基础、法律制度的构成、法律制度的运行?一个选题可以涉及不同的坐标位置(如法律制度的理念与法律制度的构成),但这个选题的"本座"往往是其中一个坐标位置。以下试举以某一坐标位置为"本座"的学术论文:

研究法律制度理念的学术论文:(1)徐璐、刘万洪:《社会转型背景下的立法者——从1980—2004年人大常委会公报看立法理念的发展变化》,《法律科学》2005年第6期;(2)王公义:《论〈违法行为教育矫治法〉的立法理念及原则》,《中国司法》2005年第7期。

研究法律制度基础的学术论文:(1)胡威:《论社会保障制度的政治道德基础——分配正义》,《行政与法》2005年第2期;(2)汪太贤:《论中国法治的人文基础重构》,《中国法学》2001年第4期。

研究法律制度需求的学术论文:(1)叶传星:《论人的法律需求》,《法制与社会发展》2003年第1期;(2)陈甦:《物权法应满足经济活动的基本制度需求》,《人民法院报》2005年8月24日。

研究法律制度构成的学术论文:(1)孔祥俊:《建立与WTO要求相适应的司法审查制度》,《中国法学》2001年第6期;(2)陈信勇、蓝邓骏:《失土农民社会保障的制度建构》,《中国软科学》2004年第3期。

研究法律制度运行的学术论文:(1)沈宗灵:《论法律的实行》,《法学研究》1988年第2期;(2)徐昕:《法律的私人执行》,《法学研究》2004年第1期。

(三) 研究性质与任务

根据研究性质,课题研究可分为理论性研究和应用性研究。理论性研究,是侧重于建立和检验法律社会学学科中的概念、原理的研究。应用性研究,也称为对策性研究,是侧重于分析具体社会法律问题及其原因,并提出制度完善建议对策的研究。

根据研究任务,课题研究可分为探索性研究、描述性研究和解释性研究。探索性研究是指一种对研究的对象或问题进行初步探讨,以便为今后更周密、深入的研究提供基础和方向的研究类型;描述性研究一种对研究对象的特征及其发布状况进行描述的研究类型,其主要目的是收集资料,发现情况,提供信息;解释性研究是探寻现象背后原因,揭示现象发生、变化规律的研究类型。

（四）研究主题（领域）

研究主题是指某一课题研究所涉及的某一类社会现象领域和问题领域。如所有权、诉讼程序、社会保障、劳动、社会政策、社会变迁等都可以成为研究主题。研究主题显得比较宽泛，不等于研究问题，不能直接成为研究题目。某些文章直接将研究主题确定为研究题目，如“××制度研究”“××法研究”，就会显得选题不清和过于宽泛。

（五）研究问题与题目

研究问题是研究者确定进行研究并需要通过研究进行回答的中心问题。一个课题应当只有一个中心问题，如果出现多个中心问题，则课题研究就无所适从，也不能形成一条清晰的研究思路。

题目是研究问题的文字表现。正如法律规范不等同于法律条文，研究问题也不等同于题目。个别题目直接点出研究问题，但大部分论文的研究问题只是隐含在题目中，——有些题目甚至看不出研究问题。本人一篇论文题目为《法治是一种社会生活方式》，[①]其研究问题就是“法治是什么”。

研究问题往往会苦于找不到。实际上，正如诗人歌德所言“生活之树常青”，放眼社会生活，感受跳动着时代脉搏的法律制度，研究问题就会出现在面前。我们可以沿着以下线索寻求研究问题：

第一，研究范式的线索。不同的研究范式会启发出不同的研究问题。如角色分析范式，可以启发出法官角色分析、检察官角色分析、助理法官角色分析等相关研究问题。

第二，研究坐标的线索。研究坐标的五个位置（可以形象地称之为上、下、前、后、中，分别为法律制度的理念、基础、需求、运行和构成）上潜伏着诸多研究问题。以社会保障为例，可以研究社会保障制度的理念问题，社会保障制度的政治基础、经济基础、文化基础等社会基础问题，社会保障制度的社会需求问题，社会保障制度的运行问题，社会保障制度的构成问题，其中每一类问题又包含着一串问题。

第三，研究性质与任务的线索。理论性研究可以按照学科理论体系寻求研究问题（当然学科理论体系也不是一成不变的）；应用性研究可以按照立法、行政、司法的需要，寻求对策研究的课题。比如，社会法部门还比较薄弱，其立法研究的任务还比较繁重。按照不同的研究任务，可以选择探索性研究课题、描

① 载于《光明日报》2002年12月31日理论周刊第4版。

述性研究课题或者解释性研究课题。

第四,学科交叉的线索。法律社会学就是学科交叉的产物,法律经济学、法律政治学、法律伦理学、法律逻辑学、法律心理学、法律传播学等也都是学科交叉的产物。法律社会学不能在基本原理区域画地为牢,还必须与部门法学交叉,形成宪法社会学、民法社会学、刑法社会学等法律社会学的分支学科,并开拓出宽阔的研究领域和视野。

在选择研究问题时,还要考虑:(1)所选择的课题是否具有理论价值?从该课题中能否得出创造性的理论见解?(2)所选择的课题是否具有实践价值?对该课题的研究是否有助于法律制度的具体实践?(3)所选择的课题是否可行?所提供的研究条件和研究人员的研究能力和经验是否能保证该课题任务的完成?[①]

二、文献回顾

(一)文献检索与整理

法律社会学研究最主要的文献包括四个部分:一是相关的著作;二是相关的论文;三是相关的法律法规;四是相关的统计资料和案件资料。

与研究主题相关的著作往往能为我们提供相对全面、深入的研究背景和理论。我们可以从中国国家图书馆、研究者所在学校、城市的图书馆检索所需要的著作,可以通过“题名”“作者”“主题词”等进行检索。

与研究主题相关的论文往往比著作更具有针对性、时效性。我们可以从中国知网、中国人民大学复印报刊资料以及法学、社会学相关刊物检索所需要的论文。

与研究主题相关的法律、法规、规章、司法解释、条约等资料可以从纸质法律全书或相关法律网站(如全国人民代表大会、中央人民政府网站、最高人民法院网站、最高人民检察院网站、司法部中国普法网、国务院各部委网站、地方各级政府网站、各大学法学院网站、各法学和社会学专业网站)检索。

与研究主题相关的统计资料和案件资料可以成为研究者考察某一问题的背景资料和宏观依据。我们可以从政府白皮书、国家统计局等有关部门出版的统计资料和年鉴、《中国法律年鉴》以及学者编辑出版的各类蓝皮书以及国家统计局等政府网站获取所需要的统计数据,可以从最高人民法院公报、各级人民

---

① 风笑天认为选题的主要标准有:(1)重要性;(2)创造性;(3)可行性;(4)合适性。参见风笑天:《社会学研究方法》,中国人民大学出版社2005年第2版,第52—56页。

法院出版的裁判文书选编、中国裁判文书网以及各级人民法院、人民检察院网站获取所需要的案件资料。

对上述收集到的文献要进行归类,必要时进行编码。

（二）现有文献分析

对收集到的现有文献要认真阅读,并进行分析。文献分析可以从研究成果和缺陷两个方面进行。

首先根据现有文献,明确在有关研究主题、研究问题上,主要有哪些研究成果?现有文献已经解决和回答了哪些问题?主要有哪几类观点?各代表性观点的代表人物是谁?

其次根据现有文献,明确有关研究主题、研究问题上,存在哪些缺陷?哪些问题没有被关注?哪些问题没有被深入研究?哪些观点存在明显缺陷或值得商榷?哪些观点没有被充分论证?

现有文献分析是进行下一步研究的必经程序,不可忽略。

三、研究方案设计

研究方案设计是课题设计的核心内容。研究方案设计要提出课题的具体构想并进行论证。我们可以从全国哲学社会科学规划办公室提供的《国家社会科学基金项目申请书》分析研究方案设计的主要内容。

《国家社会科学基金项目申请书》的主要内容包括:

1. 课题设计论证。包括:(1)选题,本课题国内外研究现状述评,选题的意义;(2)内容,本课题研究的基本思路和方法,主要观点;(3)预期价值,本课题理论创新程度或实际应用价值;(4)研究基础,课题负责人近年已有相关成果,主要参考文献。

2. 完成项目研究的条件和保证。包括:(1)负责人和主要成员曾完成哪些重要研究课题;(2)科研成果的社会评价(引用、转载、获奖及被采纳情况);(3)完成本课题研究的时间保证,资料设备等科研条件。

3. 预期研究成果。包括:(1)主要阶段性成果;(2)最终成果。

4. 经费预算。包括:(1)经费开支科目,包括资料费、调研差旅费、小型会议费、计算机及其辅助设备购置和使用费、咨询费、印刷费、管理费及其他费用;(2)经费年度预算。

由于研究课题规模不同,研究方案设计的深度也有所不同,但一项规范的法律社会学研究课题,应当包括上述各项内容。

第二节　法律社会学课题实施

法律社会学课题实施，是指法律社会学课题设计方案的落实。课题实施阶段的工作主要包括收集资料、整理和分析资料、解释从资料中获得的发现、得出研究结论等。

一、收集资料

资料收集是法律社会学课题研究中的一个重要环节。调查研究、实地研究、实验研究和文献研究等四种基本方法都包含着不同的资料收集方法：调查研究有统计报表、自填式问卷、结构式访问等资料收集方法；实地研究有无结构观察、无结构访问等资料收集方法；实验研究有自填式问卷、结构式访问、结构式观察和量表测量等资料收集方法；文献研究有收取官方统计资料、他人原始资料和文字声像文献等资料收集方法。①

二、整理和分析资料

整理资料主要是对收集到的资料加以编码、汇总、归类，并进行审核、补充和统计，为分析资料做好准备。整理资料的目的在于提高利用的效率。资料整理完毕以后，就需要对资料进行分析(包括定量分析和定性分析)，从中发现新的问题。

三、解释从资料中获得的发现

在资料分析中发现新的问题之后，就需要对其进行理论解释，也就是对所发现的变量之间的关系，从理论和实际的角度加以描述和解释。

四、得出研究结论

通过上述工作，研究者可以回答课题设计阶段提出的问题，即得出明确和完备的研究结论。这些研究结论是进行课题总结的根据。

① 参见风笑天：《社会学研究方法》，中国人民大学出版社2005年第2版，第8页。

第三节　法律社会学课题总结

法律社会学课题总结，是指研究成果的产生与应用，是法律社会学课题的完成阶段。课题总结阶段的工作主要包括研究成果的撰写以及研究成果的发表与应用。

一、研究成果的撰写

法律社会学课题的主要研究成果形式是研究报告和学术论文，大型课题的研究成果形式可能是专著。

（一）研究报告的撰写

法律社会学研究报告是反映法律社会学研究成果的一种书面报告。它以文字、图表等形式将研究过程、方法和结果表现出来。

根据研究报告的性质和主要功能的不同，我们可以将研究报告划分为描述性研究报告和解释性研究报告。描述性研究报告着重于对所研究的现象进行系统、全面的描述，以展示某一社会现象的基本状况、发展过程和主要特点；解释性研究报告着重于解释某一类社会现象产生的原因，或说明不同社会现象之间的关系。

各种研究报告在结构上通常包括可以分成以下几个部分：(1)题目；(2)引言(一般包括研究背景、研究问题的界定、研究的目的和意义)；(3)研究方法(说明研究所采取的方法、研究程序和步骤)；(4)研究结果；(5)讨论(说明新发现所具有的意义以及继续研究的课题)；(6)小结；(7)参考文献；(8)附录(如问卷、量表、计算公式的推导、数据计算方法等)。

（二）学术论文的撰写

学术论文是在科学领域内表达科学研究成果的文章。学术论文也是法律社会学研究的主要研究成果形式。

完成一篇学术论文的过程，就是一个研究课题的过程，也同样包括设计、实施和总结阶段。倘若不认真设计，不认真做好文献回顾(综述)工作，也不可能写出高质量的学术论文来。

根据任务不同，学术论文有一般学术论文和课程论文、学年论文、本科毕业论文、硕士研究生学位论文、博士研究生学位论文、博士后出站报告、课题论文等。不同的学术论文有不同的内容和形式规范，但作为学术论文应具备的基本逻辑结构应当是相同的。学术论文的基本逻辑结构包括提出问题、阐述和分析问题、解决问题。法律社会学的学术论文一般应包括：(1)题目，要求确切(不能过泛)、恰当、有新意(新领域、新视角、新问题)；(2)引言，要求说明研究背景、研究问题的界定、研究的目的和意义；(3)阐述、分析和解决问题的主体部分，其中阐述问题部分可以从现实层面、制度层面和理论层面陈述存在的问题，分析问题部分是对基本论点展开深入的理论分析，解决问题部分需要明确解决的方案并对其构成进行说明。阐述、分析和解决问题各部分要求结构逻辑严密、完整，层层递进，脉络明晰，论证充分、有力，资料引用准确、翔实，解决方案具有建设性，对法律理论的发展和法律实践有参考价值；(4)结语，对研究结果作简要概括，并可说明继续研究的课题；(5)参考文献。学术论文的形式规范请参考权威学术刊物的格式以及学位论文的规范要求，此处不赘述。

二、研究成果的交流、发表与应用

(一) 交流

研究报告、学术论文还可以通过课堂、学术年会、专题研讨会等方式进行交流。交流使人进步，学术交流是活跃学术气氛、促进学术进步的重要方式。

(二) 发表

研究报告、学术论文可以通过发表成为被正式承认的研究成果，专著可以通过出版被正式承认。

(三) 应用

一些具有应用价值的研究报告可以被实际部门应用。如立法项目研究报告、立法论证报告、法律草案专家建议稿及理由说明等可能被立法机关采纳，行政许可论证报告以及其他行政事项的研究报告可能被行政机关采纳(行政机关也有繁重的立法研究、论证任务)，有关司法完善的研究报告可能被司法机关采纳。

【重要概念】

课题设计(project design)　研究范式(paradigm)　理论性研究(theoretical research)　应用性研究(applied research)　探索性研究(exploratory research)　描述性研究(descriptive research)　解释性研究(explanatory research)　研究主题(research sunbject)　研究问题(research question)　题目(topic)　课题实施(project practice)　课题总结(project sumup)　研究报告(research report)　描述性研究报告(descriptive research report)　解释性研究报告(explanatory research report)　学术论文(thesis, dissertation, treatise)

【文献指引】

1. 戴维·波普诺所著《社会学》认为社会学研究过程分为六个阶段：第一阶段，仔细地陈述所要研究的问题并且提出假设以供调查研究；第二阶段，进行研究设计；第三阶段，按照研究设计收集资料；第四阶段，依据假设分析资料；第五阶段，解释调查结果并且得出结论；第六，发表调查结果。参见[美]戴维·波普诺的《社会学》，李强等译，社会科学文献出版社 2006 年版，第二章。

2. 风笑天所著《社会学研究方法》第七章至第十章，分别介绍了调查研究、实验研究、实地研究和文献研究实施过程中的具体方法、技巧和问题。参阅风笑天：《社会学研究方法》，中国人民大学出版社 2005 年第 2 版。

3. 美国社会学家华莱士(Walter L. Wallance)在其名著《社会学中的科学逻辑》一书中，提出并阐述了社会研究的逻辑过程，其所概括的这一过程被人们称为"科学环"并广泛运用。华莱士的"科学环"示意图，可从风笑天所著《社会学研究方法》参阅(第 32—34 页)。

4. 郑杭生认为社会学研究过程包括一般的逻辑过程和某项具体研究的实施过程两个方面。研究的逻辑过程是研究和理论之间的往复循环过程。参见郑杭生主编：《社会学概论新修》，中国人民大学出版社 2003 年第 3 版，第二十一章"社会学研究方法概述"。

5. 李强主编的《应用社会学》是应用社会学领域的一部创新之作。该书包括三编：第一编，应用社会学概述与应用社会学方法(包括应用社会学概述、应用社会学研究方法综述、社会调查抽样方法及应用、社会研究中属性数据的列联表分析、定性分析方法及其应用、社会项目评估方法、社会态度研究及其应用等章)；第二编，应用社会学与分科社会学(包括人类学方法及其应用、社会心理学及其应用、性社会学及其应用、环境社会学及其应用、人口研究及其应用、家庭社会学及其应用、民族研究及其应用、人际关系研究及其应用、组织社会学及其应用、社会分层研究及其应用、城市社会学及其应用、现代化理论及其应用、医学社会学及其应用、语言社会学及其应用、犯罪社会学及其应用等章)；第三编，应用社会学与社会工作(包括社会工作及其应用、社会保障及其应用、就业劳动问题及其应用等章)。法律社会学是应用社会学领域的一门重要的分科社会学,本书的研究对法律社会学研究具有启发和借鉴意义。参见李强主编:《应用社会学》,中国人民大学出版社 2004 年第 2 版。

【研究选题】

1. 阅读[美]戴维·波普诺的《社会学》(李强等译,社会科学文献出版社 2006 年版)。

2. 阅读李强主编的《应用社会学》(中国人民大学出版社 2004 年第 2 版)。

3. 选择三篇法律社会学调查报告,逐一分析其构成部分,并进行比较。

4. 选择三篇法律社会学论文,逐一分析其构成部分,并进行比较。

5. 利用最高人民法院公布的司法统计数据,分析恢复法制建设以来各类案件的变迁情况。

6. 设计一份法律社会学的调查问卷,并在合适时间进行调研。